民族地区工业化阶段消费率变化实证研究

任军 著

中国财经出版传媒集团
经济科学出版社
Economic Science Press

图书在版编目（CIP）数据

民族地区工业化阶段消费率变化实证研究/任军著．
—北京：经济科学出版社，2017.12
 ISBN 978-7-5141-8927-8

Ⅰ.①民… Ⅱ.①任… Ⅲ.①民族地区-消费水平研究-中国 Ⅳ.①F126.1

中国版本图书馆 CIP 数据核字（2017）第 327481 号

责任编辑：程新月
责任校对：徐领柱
责任印制：李 鹏

民族地区工业化阶段消费率变化实证研究
任 军 著
经济科学出版社出版、发行　新华书店经销
社址：北京市海淀区阜成路甲 28 号　邮编：100142
教材分社电话：010-88191309　发行部电话：010-88191522
网址：www.esp.com.cn
电子邮件：esp@esp.com.cn
天猫网店：经济科学出版社旗舰店
网址：http：//jjkxcbs.tmall.com
北京季蜂印刷有限公司印装
710×1000　16 开　15.75 印张　220000 字
2017 年 12 月第 1 版　2017 年 12 月第 1 次印刷
ISBN 978-7-5141-8927-8　定价：48.00 元
（图书出现印装问题，本社负责调换。电话：010-88191510）
（版权所有　侵权必究　举报电话：010-88191586
电子邮箱：dbts@esp.com.cn）

序　言

　　10 年前，也就是 2008 年 6 月我的学生任军在吉林大学西方经济学专业毕业，在校期间，就确定了民族经济研究方向。博士毕业以来，任军凭借着多年积淀的深厚经济学理论素养和对家乡经济生活可持续发展的深切关怀，感到消费率持续下降肯定会制约内蒙古经济长期可持续发展。深切的家国情怀促使他选择了这个课题，就内蒙古投资、消费与发展方式转型等一系列问题进行了深入研究。2011 年获得了国家社科基金项目《民族地区快速工业化阶段消费率持续下降的深层原因及对策研究》。民族地区具有资源富集、后发优势、区位重要等三个基本属性。进入 21 世纪，在国家西部开发战略推动下，内蒙古进入到快速工业化阶段，在投资拉动下经济出现高速增长。2002~2014 年，内蒙古的年均经济增长率达到了 20.26%，但消费率却持续下降，由 2002 年的 58.6% 下降到 2014 年的 40.30%，比全国平均水平的 51.4% 低出了 11 个百分点。

　　如何保持民族地区在快速工业化阶段消费率的合理水平，是一项重要的理论与实践课题。因此，关于民族地区消费率变化的深入研究，对于进一步完善占国土面积 64% 的民族地区的相关经济政策具有极其重要的意义。该项研究将为民族地区进入到快速工业化阶段以后，摆脱单纯依靠投资拉动经济增长的被动局面，消除经济增长动力失衡，促进经济发展方式由投资主导型向消费主导型转变，更加注重提高城乡居民消费能力和消费水平，让百姓共享经济发展成果，实现民族地区创新发展、协调发展、开放发展、绿色发展、共享发展，提供强有力的理论支撑和政策支持。同时，也为民族地区适应新常态，充分发挥自然资源优势的同时，更加注重人力资源开发和技术创新的作用，建立新经济体系，走创新型发展之路提供了必要的决策参考。

关于中国消费率研究的成果比较丰富，主流学术观点一般认同中国消费率偏低的判断，并就此进行了大量研究，围绕消费率标准、消费率持续下降的原因、对策等方面研究，产生了较为丰富的学术成果，但针对民族地区快速工业化发展阶段消费率变化的研究成果还处于空白状态。我的学生任军立足国内外关于消费率的一般性研究方法和成果，以内蒙古为典型案例，并基于内蒙古经济高增长阶段的数据分析，对民族地区快速工业化进程中消费率变化情况进行全面系统的研究，在研究内容及其方法上实现了创新，弥补了国内学术界关于民族地区消费率变化研究的空白。该书的创新点具体表现在以下两个方面：

一是在研究内容上实现了创新。该书将研究范围界定在民族地区、将研究时段界定在快速工业化这个特殊的发展阶段，研究的指向性非常明确。同时，研究自始至终着眼于民族地区快速工业化阶段"两高一低"（高投资、高增长、低消费）的特有现象，以民族地区消费率持续下降为研究的切入点，将研究目的锁定在破解民族地区工业化进程中投资与消费的比例失衡、经济增长与生态环境的破坏、经济发展与人的发展无法共享等一系列发展中所表现的矛盾困境。并基于大量的数据分析和比较研究，通过揭示民族地区消费率持续下降的深层次原因，说明了民族地区在"工业优先"发展背景下，过度以大规模投资拉动资源型产业发展，导致经济结构畸形并引发分配结构、消费结构畸形，而反过来又进一步加剧经济结构畸形，这种不合理的经济发展方式是民族地区经济发展陷入矛盾困境的根本原因。基于上述结论，本项研究提出了破解民族地区消费率持续下降的路径选择，这就是主动适应新常态，实施供给侧改革，调整经济结构，压缩过剩产能，改变对资源型产业的过度依赖，实现经济发展方式从投资主导型向消费主导型、从要素投入型向创新驱动型转变。

二是在研究方法上也有所创新。该书充分借鉴了国内外学术界关于消费率研究的各种方法，但并没有局限于某一种方法，而是综合使用多种方法，如定性与定量分析、实证与规范分析、横向与纵向归纳分析、比较分析等多种研究方法，从民族地区进入快速工业化阶段的实际出发，并从理论经济学、发展经济学、区域经济学、资源经济学、民族学、公共政策学等多学科、多视角，深入研究内蒙古进入快速工业化阶段以后消费率变化的特点，找出导致消费率持续下降的深层次原因，进而揭示出民族地区单纯以扩大资源型产业投资的方式推进工业化与消费率持续下降之间的因果关系，并进一步分析消费率长期偏低、内需不振对内蒙古经济实现可持续增长所产生的负面影响，并据此提出民族地区避免消费率持续下降和实现经济可持续发展的有效路径及政策支点。

总之，本书的突出特色和主要建树在于通过深入研究民族地区快速工业化阶段消费率持续下降这一经济现象，发现了消费率持续下降与高投资、高增长的内在联系，从而揭示出消费率持续下降的发生机理，以及民族地区工业化进程中过度发展粗放型的资源型产业所带来的一系列发展中的困境。内蒙古在经济高增长阶段所出现的消费率持续下降不是偶然的，具有内在的发生机理。内蒙古长期的大规模粗放型资源型产业投资虽然换来了经济高增长，但库兹涅茨倒"U"型收入分配假说表明，处于工业化中期之前的经济增长通常会扭曲收入分配结构，并拉大收入差距，而收入结构扭曲及收入差距拉大又会导致消费结构扭曲和消费疲软，消费结构扭曲和消费疲软又会导致经济结构畸形和经济增长动力失衡，最终导致经济结构调整积重难返、转型升级困难重重，以及经济增长乏力甚至停滞等一系列问题。很自然地要解决这些问题，也只能加快经济结构调整，加快建立新经济体系，促进经济发展方式转变。

我国不同地域之间特别是地处祖国边疆的民族地区与发达地区之间，工业化进程明显不同，由此所决定的发展中的问题也不同。长期以来关于消费率的一般性研究和发达地区的研究比较多，而这些研究方法、结论与建议对解决民族地区经济发展中的问题通常是不适用的。因此，本项研究不仅填补了民族地区消费率研究的空白，从而进一步丰富了学术界关于消费率研究的成果，而且也丰富了民族经济学和区域经济学的相关研究成果。

当然，任何一项研究都不可避免存在一定的不足之处，该书同样如此，虽然揭示了消费率持续下降的发生机理，但消费率与投资、经济增长、收入结构、消费倾向等变量之间的内在联系还缺乏一个精准的数量模型加以表达；关于民族地区经济发展方面的问题还有许多需要进一步拓展。一是关于民族地区快速工业化阶段消费率变化的合理区间还需要展开研究；二是关于新常态下民族地区经济发展方式转变还需要细化研究；三是关于民族地区经济发展与人的发展关系还需要深入研究。

该书关于内蒙古消费率变化的分析，发现了民族地区经济发展方式存在的突出问题，也提出了解决问题的路径选择以及必要的政府政策支点。实践层面的经济发展方式转变必须有强大的理论研究作为支撑，在这方面，下一步需要研究的问题很多，如怎样启动消费，重构民族地区经济增长动力机制，以摆脱对投资的过度依赖；怎样更好发挥技术创新、制度创新的作用，提高全要素对经济增长的贡献率，实现内生性增长，摆脱对自然资源的过度依赖；怎样协调好工业化与城镇化的关系，统筹城乡发展，更好地走新型工业化与城镇化道路，摆脱对传统工业化与城镇化的路径依赖。因此，在新常态下首先要认识新常态，正确把握民族地区经济的发展前景；更要主动适应新常态，积极探索民族地区新的经济增长点；还要引领新常态，努力使民族地区增长潜力转化为现实生产力。

值此书稿即将付梓印刷之际，欣然提笔作序，特向任军博士在学术研究领域取得新的成果表示祝贺！同时，也希望任军继续努力、持之以恒，为繁荣民族学研究成果做出新的更大贡献！

吉林大学经济学院教授、博士生导师
纪玉山
2017年12月20日

摘　　要

10多年来,内蒙古的经济增长主要是高投资拉动下取得的,消费对经济增长的拉动作用明显偏弱。伴随着高投资、高增长,而消费率处于持续大幅度下降状态。深入研究内蒙古消费率持续偏低的问题,对于重构内蒙古经济增长动力,促进经济发展方式由投资主导型向消费主导型、由要素投入型向创新驱动型转变,增强内蒙古经济可持续发展能力,特别是改善民族地区收入分配关系,着力提高城乡居民收入水平,促进居民消费能力和消费水平的提升,让百姓共享经济发展成果,进而实现内蒙古的社会和谐与边疆稳固,都具有重大的理论与现实意义。

自2002年以来,内蒙古经济伴随着快速工业化,出现了高速增长。据统计,2002~2014年内蒙古GDP总量由1940.94亿元增加到17769.5亿元,年均增长20.26%。在经济高速增长的同时,消费率出现了大幅度持续下降,由2002年的58.6%下降到2014年的40.30%,累计下降了18.3个百分点。内蒙古的消费率不仅下降速度快,而且低于全国平均水平,2014年全国平均消费率为51.4%,相比较内蒙古低了11.1个百分点。根据美国经济学家钱纳里所确定的标准,当一个国家或地区的人均国民生产总值从100美元上升到1000美元(1964年的美元)的阶段中,消费率则呈现明显的逐年下降趋势,而当人均国民生产总值高于1000美元以后,消费率则呈现逐步上升趋势,大约稳定在77%左右。2014年,内蒙古人均国民生产总值达到了71046元,按当年人民币对美元汇率6.2折算,人均达到11459美元,已经达到中上等收入国家水平,大大超过钱纳里模型所设定的1000美元的水平,但与钱纳里的77%标准消费率相比,内蒙古的消费率低了36.7个百分点。这说明内蒙古在快速工业化阶段和经济高增长阶段的消费率,既偏离了国际上公认的标准值,也偏离了我国工业化阶段所允许的变化区间。

依靠高投资虽然实现了内蒙古经济阶段性高增长,但从长期来看,内蒙古消费率偏低是一个比较突出的问题,这将对内蒙古经济的可持续增长构成严重挑战。如果内蒙古在今后发展期内,特别是"十三五"期间消费率得不到有效提升,内蒙古经济要实现自治区第十次党代会所提出的中高速增长目标将会面临着极大困难。因为相对于消费,投资所产生的需求只是中间需求,是为了满足消费而产生的派生需求,而消费需求才是最终需求。消费率长期偏低就意味着经济增长的动力系统已经出现衰竭,单纯的投资增长失去最终需求支撑,将造成生产能力结构性过剩,加大经济下行压力。事实上自2013年,内蒙古经济增长首次跌破两位数,为9%,此后逐年下降,2013年和2014年分别只有7.8%和7.7%。可见保持内蒙古经济中高速增长就会面临着严峻挑战。

一般来说,消费率主要受收入分配结构和投资结构变化的影响,具体来说,内蒙古自快速工业化阶段以来,导致消费率持续下降,主要有以下几个原因。

(一)内蒙古长期投资规模偏大且结构不合理导致消费率下降

内蒙古从2002年以后出现消费率持续下降,这正是内蒙古依靠大规模投资拉动经济高速增长时期。这种高投资如果长期持续下去,最终结果必然降低消费的比重,引发消费率下降。2002~2014年内蒙古固定资产投资从729.4亿元增加到13453.9亿元,年平均增长27.5%。正是由于长期高投资,投资率持续上升,不断挤压消费,致使消费率持续下降。近10年来,快速增加的固定资产投资,有效地促进了内蒙古经济的增长,初步完成了工业化的大布局,并形成了特色支柱产业。而事实上,正是由于长期高投资,投资率持续上升,不断挤压消费,致使消费率持续下降。2002~2014年内蒙古投资率由44.4%上升到77.4%,而消费率从56.8%下降到40.3%。这说明在拉动经济增长速度方面,投资的作用愈来愈强,而消费相对表现得愈来愈弱,这充分说明内蒙古投资挤压消费,导致消费率长期偏低的结论是成立的。

(二) 内蒙古城乡居民收入占比下降是消费率下降的主要原因

内蒙古在工业化进程中,伴随着经济增长和物质财富的增加,社会收入分配结构发生了剧烈变化,即经济高增长引发收入分配差距扩大和结构扭曲。这是符合库兹涅茨倒"U"型收入分配假说的。据统计分析,2000~2013年内蒙古政府收入占比由11.19%上升到13.40%,上升了2.21个百分点,企业收入占比上升得最快,由13.96%上升到31.40%,上升了17个百分点。但同期劳动收入占比由62.51%下降到45.32%,下降了17.19个百分点。政府收入占比变化不大,但是劳动收入占比和企业收入占比出现了相反变化态势,且变化幅度较大。这说明内蒙古的社会收入初次分配正在向越来越有利于资本而不利于劳动者的方向倾斜,直接引发了城乡居民收入相对下降。在初次分配不利于劳动者的情况下,内蒙古的再分配结果又怎么样呢?1995~2013年,内蒙古的地方财政总收入占地方总收入的比重从5.10%提高到15.75%,提高了10多个百分点,但同期居民可支配收入却从50.40%下降到24.95%,下降了近26个百分点。可见,在初次分配不利于劳动者的基础上,经过再分配的调整,政府的收入占比继续提高,居民的收入占比继续下降,整体仍然不利于居民。总的来看内蒙古城乡居民可支配收入占比下降是导致内蒙古消费率持续下降的主要根源。

(三) 城乡居民收入差距拉大是消费率下降的又一个主要原因

内蒙古居民收入扩大特别是城乡收入扩大是导致内蒙古消费率下降的主要原因。进入2000年以后,伴随着内蒙古经济高速增长,居民收入差距迅速扩大。从内蒙古城乡居民收入绝对数比较情况看,2000

年内蒙古农牧民人均纯收入为2038元,到2015年增加到10776元,增加额8738元,年均增长率为11.74%。同期城镇居民可支配收入由2000年的5129元增加到2015的30594元,增加额25465元,年均增长率为12.64%,相比农牧民纯收入年均增长率,高出近0.9个百分点。同时,城乡居民收入比也由2000年的2.5扩大到2015年的2.8。这表明城镇居民与农村居民无论是绝对收入还是相对收入差距均呈现扩大趋势。从消费倾向来分析,在2000年内蒙古农牧民居民消费倾向是0.84,到2010年内蒙古已经实行了多年的经济高速增长,经济总量迅速增加,城乡居民的整体收入水平也有明显提高,但令人奇怪的是农牧民的消费倾向只有略微增加,为0.85。而与此形成反差的是,同期城镇居民消费倾向,却随着经济高速增长和城镇居民可支配收入的提高,得到了不断提升,由2000年的0.80跃升到2010年的0.91。这也从另一个侧面印证了内蒙古城乡居民收入差距不断拉大的事实。因此,农牧民长期收入水平没有明显提高,限制了他们消费能力和消费倾向的提升,近而又制约了居民消费率的提升,这极有可能是内蒙古消费率持续下降的主要因素之一。

对于一个地区来说,消费率长期偏低对经济发展会产生两个负面影响:一是消费率偏低会制约不服务业发展空间,使产业结构升级面临着巨大挑战。一方面因为内需不足使得许多依赖消费需求的服务业发展缓慢,如文化、旅游、医疗保健等服务产品供给不足,难以满足居民消费结构升级的需要。另一方面,由于内需不足,我国很多产品不得不出口到国外,由此导致围绕产品销售的设计、维修、物流及售后服务等为生产服务的第三产业也在国外。二是消费率偏低会导致投资驱动型增长模式不断自我强化。特别是很多投资不能与国内市场需求相匹配,内蒙古的许多资源型产业投资是属于低附加值的生产,当遇到国际经济不景气或国内经济下行压力时,极易产生产能过剩现象。与此同时,市场所需要的高档产品与消费品又缺乏有效供给。这时政府为了稳增长,又会启动新一轮更大规模投资,结果又会进一步强化投资驱动的经济增长模式,制造出更加严重的低端产品产能过剩,从而使经济增长陷入低水平恶性循环的怪圈。

内蒙古如何走出消费率持续偏低的困境？其基本路径就是从根本上改变失衡的经济增长模式，即以优化内蒙古投资结构为切入点，重构内蒙古经济增长动力机制，改变对资源型产业过度依赖的被动局面，改造提升传统产业，大力发展战略性新兴产业和现代服务业，调整不合理的经济结构，通过供给侧改革，压缩过剩产能，促进经济发展方式从投资主导型向消费主导型、从要素投入型向创新驱动型转变；要加快调整国民收入分配结构，确保城乡居民收入增长速度不低于经济增长速度，加快构建农民增收长效机制，缩小城乡收入差距，促进城乡居民收入水平不断提升，为提振消费，发挥消费对经济增长的拉动作用，改善经济增长动力机制提供有效支撑。同时，还要加快推进以经济体制改革为核心的各项改革，充分发挥市场在资源配置中的基础作用，处理好政府、市场和社会各自的范围和责任，注重培育一批创新型企业，为促进经济发展方式的根本转变创造有利条件。具体来说，要积极采取以下四个方面的对策。

（一）改革投资体制机制，为企业创造良好的投资环境

内蒙古之所以在经济发展过程中始终面临着产能过剩的困扰，从表层看是经济结构问题，但深层次的问题是投资结构不合理，而投资结构不合理又根源于现有的投资体制机制，即各级地方政府基于政绩压力下的"投资冲动"。对于内蒙古来说，解决投资结构不合理，经济增长过度依赖投资拉动的问题，必须通过深化投资体制改革，消除投资规模膨胀的体制机制根源。当前要注意解决好以下四个问题。

第一，加快转变政府职能，建立市场化的投资体制。党的十八届三中全会明确提出全面深化改革的核心问题是处理好政府和市场的关系，使市场在资源配置中起决定性作用。并且提出要从广度和深度上推进市场化改革，大幅度减少政府对资源的直接配置，推动资源配置依据市场规则、市场价格、市场竞争实现效益最大化和效率最优化。这就明确了投资体制改革的方向是推进市场化，而关键在于转变政府

职能，为此，必须按照"有所为，有所不为"的原则，合理界定政府职能，划清政府与市场、政府与社会的边界，凡是市场可以做的事情要交给市场，凡是社会能办的事情就交给社会，从而真正做到法定职责必须为、法无授权不可为。党的十九大报告更加明确指出转变政府职能，深化简政放权，创新监管方式，增强政府公信力和执行力，建设人民满意的服务型政府。政府要放弃管不了也管不好的事情，集中精力做好自己该做的事情，即实现内蒙古自治区第十次党代会所提出的"提高政府效能，激发市场活力和社会创造力"。按照党的十八届三中全会的提法，今后地方各级政府的主要职责应该是加强"公共服务、市场监管、社会管理、环境保护等职责"。

第二，明确企业投资主体地位，真正落实企业投资自主权。强化市场配置资源的基础作用，必须落实企业的投资主体地位，这是现代市场经济的基本要求。现有的投资管理体制暴露了政府对企业投资干预过多的弊端，影响了企业投资活动的效率和效益最大化，必须进一步改革。党的十八届三中全会明确指出："企业投资项目，除关系国家安全和生态安全，涉及全国重大生产力布局、战略性资源开发和重大公共利益项目外，一律由企业依法依规自主决策，政府不再审批。"因此，今后要按照谁投资、谁决策、谁受益、谁承担风险的原则，最大限度地缩小各级政府审批、核准、备案的范围。实践也已经证明，投资项目的行政审批制度并不能做到对投资规模和投资结构的有效调控，结果恰恰相反，有效率的投资项目无法准入，而低效率甚至是无效率的项目却容易准入。行政审批的结果不是"优胜劣汰"，而是"优汰劣胜"。因此，政府从市场退出并转变职能是建立市场化投资体制的关键所在。

第三，加快推进体制机制创新，优化民营企业投资环境。自2008年以来，民间投资和私人企业的发展势头受到国有资本和国有企业的强烈挤压，内蒙古也不例外。由21世纪经济研究院课题组发布的关于全国《2016年投资环境指数报告》，选取了6大类指标，分别是软环境（权重30%）、市场环境（权重20%）、商务成本环境（权重15%）、基础设施（权重15%）、生态环境（权重10%）、社会服务环境（权重10%）来测算各地投资环境。结果内蒙古排在倒数第8位，且民间投资增长速度列后3位。这说明内蒙古民间投资环境还有很大的改进空间，当前应该加大改革力度，加快推进体制机制创新，改善民间投资环境，落实中央关于开放民间资本投资的各项政策以及自治区非公有制经济工作会议精神，促进民间投资从传统产业向现代产业转移，特别是破除民间投资进入现代制造业、高新技术产业和现代服务业的"门槛"。同时，积极推动金融体制改革，加快建立多层次、广覆盖、有差异的地方现代金融服务体系，经济发展普惠金融，除了银行业的改革以外，还要大力发展股权市场、债券市场等直接融资市场以及互联网金融，鼓励发展风险投资、天使投资、创业投资等多种投资形式引导民营企业从多种渠道获得融资。从根本上改变低效的国有银行长期将有限的资金投放给低效的国有企业的被动局面。

第四，开放公共领域投资，重点加强公共基础设施投资。基础设施是基础性投资环境，国际金融危机过后，公共基础设施投资在国际上已经成为经济增长战略的重要部分。美国成立了基础设施银行。日本提出了"新增长战略"，计划未来10年基础设施投资增加50%。根据《2016年投资环境指数报告》，基础设施指数最低的是沿边地区，包括西藏、黑龙江、内蒙古、吉林、广西、新疆，以及西部的青海、甘肃都严重滞后。因此，内蒙古在"十三五"要重点加强公共基础设施的投资，主要包括高铁、机场、城市基础建设、农村垃圾和水处理、空气质量的改善、保障性住房等。公共消费投资不是一般的固定资产投资，因为它不形成新的生产能力，不带来产能过剩。但却能够拉动相关产业的增长，特别是提高居民特别是城市居民的幸福感，缩小与发达国家居民生活质量的差距，如交通、环境质量等。目前这方面投资全国大概占固定资产投资的25%，内蒙古的比例更低，还有很大的提升空间。要按照"非禁即入"的原则，加快清除公共领域投资壁垒，允许和鼓励民营企业以多种形式投资交通、水利、环境、文化、教育、卫生、安居工程、城市基础建设等公共项目建设。要按照公平、开放、透明的市场规则，对各类企业一视同仁，让他们平等地参与市场竞争。当前，民间投资下滑因为传统行业产能过剩，房地产库存压力也较大，这方面的投资无利可图，应该加快开放公共领域，引导民间资本进入，特别是在经济下行压力加大，政府应将有限的财力投向关乎经济可持续增长的基础领域和民生领域，其他要做的就是通过PPP融资模式，支持鼓励民间资本进入绝大多数公共领域，与政府投资形成互补。地方政府要积极建立民间投资项目库，做好项目推介和政策扶持。

（二）加快化解过剩产能，调整优化产业供给结构

第一，健全防范和化解资源型产业产能过剩长效机制。如煤炭、电力、钢材、水泥及其他有色金属都已经是全行业过剩，必须认真落实"去产能、去库存、去杠杆"的国家供给侧改革政策，凡是这一类新增产能项目一律不予审批。对于非经审批或环评，违规上马的建设项目，要进行问责，一查到底。据统计，截至2012年底，我国传统行业产能普遍过剩，钢铁、水泥、电解铝、平板玻璃、船舶等行业的产能利用率仅为72%、73.7%、71.9%、73.1%和75%，大大低于国际通常水平。这5个过剩行业，除船舶制造以外，其余4个行业均与内蒙古有关。再不控制这类产业投资，资源型产业过度依赖症的后果是十分可怕的，不仅仅会加剧经济结构失衡，而且，还会对自治区生态环境构成巨大压力，从长期看势必要降低可持续发展能力。

内蒙古要积极利用当前经济转型期的有利时机，积极落实自治区第十次党代会提出的"坚决有力化解过剩产能、淘汰落后产能"，加快对内蒙古资源型产业进行调整，要着力培育和发展大项目、大企业，走大产业的发展路子；要通过市场化的办法，落实"去产能、去库存、去杠杆"，主要是淘汰"高污染、高能耗"的小煤矿、小焦炭、小水泥等落后产能，而不是不分具体情况，对所有企业一律平均限产。这样做不仅达不到淘汰落后产能的目的，反而给技术水平较低落后产能企业以发展机会，因此不可取。煤炭、电力、钢材、水泥及有色金属等资源型产业，已经是全行业过剩，必须淘汰技术落后、环境污染严重

的落后产业，压缩过剩产能的行业，严格控制新增产能投资。煤炭产能要稳定在9亿吨以下；钢铁生产能力控制在3000万吨左右，优质钢铁比重提高到70%以上。当然淘汰落后产能，也要采取市场的办法。实践证明，过多依赖行政干预，只能增加产能过剩，而不会减少产能过剩，原因就是在现行的体制机制下，增加项目投资，政府有巨大的利益驱动在里面，行政审批越多，越适得其反。因此，实施供给侧改革，减少内蒙古资源型产业投资，压缩过剩产能，应该有新观念、新思路，就是按照党的十八届三中全会所提出的强化节能节地节水、环境、技术、安全等市场准入标准，建立健全防范和化解产能过剩长效机制。地方政府应尽快清理对资源型企业的保护政策，减少土地、税收、财政贴息等各项优惠，使生产要素价格市场化；严格执行企业市场准入的环境标准，抬高市场准入门槛，建立地方环境问题责任追究制度。

第二，加快传统产业的改造升级。防止新上项目，不是对传统产业不投资，而是实现现有生产能力的绿化和智能化。据测算，对高能耗、高污染行业的升级改造每年将拉动GDP1%的增长。因此，应该保持合理的投资规模和合理的投资机构。防止投资断崖式下跌。为了将内蒙古的资源优势真正转换成为经济优势，必须在资源深加工方面做足文章，积极支持发展资源开发后续产业。比如霍林河实行煤电铝产业一体化、循环发展的资源型经济发展模式，将褐煤发电，附加值提高4倍，用电搞电解铝，附加值提高11倍，用电解铝发展铝后加工，附加值就增值22倍。随着煤电铝产业链条不断延伸，不仅提升了资源型产业效益，而且也有效化解了因电解铝的附加值比较低、价格波动大而潜在的企业市场风险。再比如内蒙古煤炭资源的深度开发利用，也有文章可做，按照"煤—天然气或汽油—烯烃粒料（PP、PE）—硫黄和其他高分子产品—食品级干冰、石膏装饰板、灰渣水泥、粉煤灰建材"等也会形成一个完整煤炭深加工产业链条。如内蒙古通辽市的金煤化工企业在煤炭深加工方面，充分利用自己拥有自主知识产权的煤制乙二醇技术和工艺流程，对当地充足的褐煤深加工，既延长了煤产业链条，增加了附加值，同时也有助于消耗通辽电厂的过剩电量，形成煤电一体化产能链，最主要的是实现了对煤炭资源的循环利用，做到了"榨干吃尽"，对资源真正做到了无污染、环保、可持续利用。

第三，积极发展战略性新兴产业。战略性新兴产业是具有知识技术密集、物质资源消耗少、成长潜力大、综合效益好的产业，代表着未来产业发展的方向和重点。新兴产业既是内蒙古产业发展的薄弱环节，也是产业升级的重要内容。党的十九大报告提出建设现代化经济体系，建设制造强国，加快发展先进制造业，推动互联网、大数据、人工智能和实体经济深度融合，在中高端消费、创新引领、绿色低碳、共享经济、现代供应链、人力资本服务等领域培育新增长点形成新动能。内蒙古更要立足自身优势条件，确定新能源、新材料、大数据云计算、节能环保、高端装备制造、节能建筑、稀土产业、蒙中医药、生物科技等一系列战略新兴产业作为重点支柱产业加以培育。如内蒙古有得天独厚的稀土资源优势，要利用这一优势资源在钢铁、煤化工、有色金属和机械装备等领域的应用，积极培育和发展技术成熟的稀土永磁、稀土发光、稀土催化材料等生产项目，打造国内外一流的集研发、生产和应用为一体的现代稀土产业集群。光伏产品是新能源产业发展的需要，虽然近几年国内存在产品过剩，但从长远看市场前景很大，应该积极支持，关键在于利用内蒙古硅矿石及电力资源优势，提高技术水平，改进生产工艺，打造"多晶硅—单晶硅—电子级硅片以及太阳能级硅片—太阳能电池"等产业链条，在全区重点培育几个具备一定规模和竞争优势的光伏产业集群。石墨烯作为高科技材料在未来的新兴产业中有着广泛的应用前景，应该给予足够重视，当前要积极发展超高功率石墨电极、石墨复合材料、高纯石墨碳块、柔性石墨、石墨乳和石墨制品等一系列产品，加快培育出在全国具有特色和竞争实力的石墨和碳素产业集群。电子信息产品制造业和信息服务业是朝阳产业，也应该重点支持发展，如高清晰度彩电、液晶显示器、光存储设备、高性能计算机以及配套元器件，发光二极管和高能电池等电子元器件的软件开发等项目，属于技术和人力比较密集产业，这方面自治区也有一定的优势,关键在于产业各个环节的配套规划和建设,要形成上下游产品互相衔接的现代电子信息产业集群。自治区在生物制药和生物产品等领域也有着得天独厚的资源优势,可以重点发展生物制药和生物高科产业。如动植物蛋白和农畜产品有效成分提取、微生物制剂、新型药物等现代生物制药项目具有非常广阔的应用前景,关键是产品技术含量要高,应该达到国内外领先水平,且生产设备和工艺流程是最先进的,这样产品才有竞争实力。

内蒙古发展新能源具有明显的资源优势。目前在国内约26个省区的风能资源中,大约有32亿千瓦装机容量可以开发,而内蒙古可供开发的风能达14.6亿千瓦时,占到了全国的约一半,是我国风能储备最丰富地区。并且内蒙古自治区风速的季节变化和日变化规律基本上与生产和生活用电规律相吻合,且大部分地区为平坦的草场,十分适宜建设大型风电场。内蒙古应充分利用新能源发展的优惠政策,加速风电产业化发展,提升风力发电企业和制造企业竞争力,促进风电产业的健康发展。内蒙古属于干旱和半干旱大陆性季风气候,太阳能资源也极为丰富。日照时数长,年日照时数在2600~3200小时,年太阳辐射总量在1331~1722千瓦时/平方米,每平方米辐射量在4800~6400兆焦耳,居全国第二位,仅次于西藏。因此,内蒙古应在"十三五"规划中加大对太阳能产业发展的政策支持力度,加快太阳能开发和利用。这不仅可以改变多年来内蒙古对以煤炭为主的能源的严重依赖,还可以减少温室气体排放和环境污染,促进节能减排目标的及早实现。

第四,大力发展现代装备制造业。内蒙古的包头市历史上就是全国的重工业基地,在重型设备、重型卡车等制造业方面已经具备了相当的发展基础和发展规模,也有着广泛的市场认可。在此基础上,内蒙古要顺应"中国制造2025"和智能制造时代产业发展方向,主动促进现代信息技术与传统装备制造业的融合。今后应根据市场需求,发展具有特色和竞争力的装备制造业,在现有产业基础上,发挥资源和人才优势,重点发展煤炭设备、化工设备、火力和风力发电设备及其配套零部件生产。特别是包括电动汽车、混合动力汽车在内的新能源汽车制造,由于减轻了对传统的石化能源的依赖,降低甚至是实现了污染物零排放,代表了未来汽车业的发展方向,具有强大的潜在市场空间和广阔的发展前景。为此,内蒙古应该利用自己独特的资源优势,依托国内企业,积极谋划并打造新能源汽车技术研发和制造为一体的现代产业基地,并力争在"十三五"迈出重要一步。

第五,积极支持发展现代服务业。2013年,内蒙古三次产业结构为9.5∶54.0∶36.5,与全国同时期的10.0∶43.9∶46.1的比重相比,第一产业的比重与全国平均水平持平,第二产业比重远高于全国平均水平,第三产业的比重则低出了9.6个百分点,明显偏低。第三产业发展滞后,不仅导致经济结构不合理,而且,还严重制约着城乡居民收入水平和消费水平的提升。要积极鼓励和引导民间资本投向服务业,实行生产服务业和生活服务业齐头并进、协调发展。生产服务业在现代服务业体系当中的地位和作用正在凸显,在自身创造产值的同时,对内蒙古产业结构升级有着巨大的推动作用。要积极推动生产服务业与制造业深度融合,用现代信息技术和高科技改造传统产业,提升产业技术水平。重点是支持信息服务、技术研发、工业设计和质量体系认证等现代生产性服务业项目,以及大型物流中心、集散基地和专业化市场建设项目,打造现代生产性服务业产业集群,在服务领域培育支柱产业。要把发展现代服务业、现代物流业、金融保险业和信息业作为重点。同时大力培育需求潜力大的旅游业、商会会展、健康养老、文化产业等。要运用现代服务技术和互联网技术,全面改造提升旅游、商贸、餐饮等行业,加快商贸流通组织创新,推动传统服务业的改造升级。

(三)建立更加科学规范、公平公正的收入分配体系

国际经验表明,改善国民收入分配格局,不仅有利于提高居民收入水平和扩大居民消费,而且有利于启动内需,改善经济增长动力结构,实现经济健康可持续发展。如日本在20世纪60年代实施了"国民收入倍增计划",实行最低工资制、提高农民收入、削减个人收入调

节税、社会保障计划等一系列有利于增加劳动者收入的措施，全面启动了国内需求，成为日本经济起飞的转折点。日本这一成功经验，对我们均有重要的借鉴意义。为此，必须通过调整"两大关系"、着力"两个提高"来稳定提高居民收入，即调整政府、企业和居民三者在国民收入分配中的关系，提高居民收入在国民收入分配中的占比；调整资本和劳动两者在初次分配中的关系，提高劳动报酬在初次分配中的占比。针对内蒙古的实际情况，要经过认真调研分析，出台"一揽子"改善收入分配的实施方案。

第一，调整资本和劳动两者在初次分配中的关系，提高劳动报酬在初次分配中的比重。实施有利于提高劳动者收入的工资决定制度。这项制度在经济发达国家早已有之，在确保劳动者与资方对等协商，实现劳动收入合理增长方面发挥着无可替代作用。现在绝大多数国有垄断企业内部普遍实行两套工资制度，人为造成了企业内部分配不公。一套是多年形成的固定用工和高工资制度，主要面向企业管理层面，工资水平普遍较高；另一套是近几年形成的市场化的合同用工和低工资制度，主要面向生产一线，工资较低。两套工资制度之间的工资水平差异非常悬殊，不符合同工同酬的公平分配原则，表面是市场化用工制度改革，其实是人为压低克扣劳动者工资，必须加以纠正。近几年来，民营企业工资增长缓慢，其主要原因是劳资双方地位不对等，劳动一方明显处于劣势，缺乏有效的保护机制。解决这一问题要参考发达地区的做法，就是建立起劳资双方的谈判协调机制，每年随着企业效益提高和物价变动，合理增加工人工资。同时全面落实"营改增"，用足用好国家税收优惠政策，降低企业税负成本，使企业有更大的利润空间提高职工工资，实现企业职工收入稳步增长。各级劳动监管部门要积极做好监督检查，同时要根据地区物价水平变动，及时提高最低工资标准。通过以上办法调整收入初次分配格局，力争使劳动者收入分配占比到"十三五"结束时，提高到60%左右。

第二，要加大收入再分配调节力度，降低政府收入占比，提高城乡居民收入占比。政府和企业要加大社会福利、社会保险支出以及增加其他社会转移支付的力度,确保"五险一金"支付到位,并随着企业收入和地方财力增加稳步提高。完善个人收入信息系统建设,准确掌握居民收入分配状况,为发挥税收调节作用提供基础,同时加强对高收入群体税收征管。要深化企业和机关事业单位工资制度改革,缩小地区和行业工资差距。2002~2012年内蒙古财政收入由110.68亿元增加到1552.8亿元,年均增长22.5%,同期职工平均工资由6974元增加到51388元,年均增长16.6%,低于财政收入增长5.9个百分点。直到2014年,内蒙古职工工资与全国平均水平相比还有1879元差距。在"十三五"到来之际,内蒙古应以党的十八届五中全会提出的"创新、协调、绿色、开放、共享"五大发展理念为指导,通过经济结构调整,促进经济发展转型,改革工资制度,提高职工工资水平,为内需拉动经济增长创造条件。为此,要大幅度提高职工工资,达到并逐步超过全国平均水平。其他事业单位也要结合新的绩效工资制度,建立合理的增资机制。

第三,多渠道增加农牧民收入缩小城乡收入差距。首先要增加农业投入,推广现代化设施、工具和运营方式,加快发展现代农业,促进农业技术进步,大幅度提高农业生产效率。其次,大力发展农村非农产业。农村传统产业以种植业为主,近几年随着我国粮食产量"六连增",再加上粮食进口,总体上粮食供给超过了市场需求,因而出现粮价低迷、增产不增收的现象。解决这一问题的出路在于主动调整农村经济结构,大力发展非农产业,促进农村牧区第一、第二、第三产业融合发展。再次,进一步明晰农村土地产权,加快土地流转进程。探索建立农牧民与政府或企业的协商谈判机制,确保农村土地向第一产业和第二产业转移过程中所产生的增值收益主要返还农民和农业。城市用地政府除了从土地给予失地农民以补偿外,还要进行必要的就业安置,如在征地企业安排力所能及的工作,并纳入城镇社会保障,从根本上解决农牧民生活后顾之忧。工业采矿用地更要保证失地农牧民的必要和基本权益,既可以采取买断期权收益的办法,让农牧民获得合理补偿,也可以通过土地入股的办法,让农牧民参与企业分红。

农牧民一旦进城，可以出售或转让土地的经营使用权，保持对土地资产的收益权，为将来在城市遇到就业、养老等困难保留后路。从次，要健全农村房屋产权制度，保护农牧民住房权益。在旗县一级政府应该成立农牧民住宅交易置换中心，为农牧民房屋产权交易、评估、抵押提供便利服务。一旦盘活农牧民房屋产权，这将是一笔巨大资本，广大农牧民就可以凭借自建房产权证向银行抵押贷款，参与市场融资，为增加农业投入和发展非农产业提供有效资金来源。最后，积极引导农村牧区各类非正规金融组织的发展，将其纳入国家金融监管体系之中，消除不公平的歧视政策，促进农村牧区金融组织健康发展。

（四）积极改善消费结构，提升城乡居民消费能力和消费水平

第一，培育消费热点，拓宽消费领域。主动适应经济发展新阶段新要求，顺应城乡居民消费转型升级的变化趋势，挖掘消费热点，拓展消费市场，促进消费升级，适时扩大居民消费领域，增加服务性消费。加快规范和改善消费环境，为扩大内需、增加消费、提高消费率、改善民生提供必要保障。在温饱型消费满足以后，应该适时促进消费转型升级，鼓励高端消费。主要是教育消费、养老消费、医疗消费、信息消费等。

第二，改善消费环境，实施鼓励消费政策。就当前的消费环境来看，最主要的就是落实国家有关食品质量安全的各项政策法规，将开展专项整治、严厉打击假冒伪劣整治市场秩序等落到实处。要以建立食品药品安全标准体系、监测体系、生产流通全过程可追溯体系、市场准入制度、召回制度、诚信体系等为重点，建立覆盖各环节的食品药品安全监管制度，严厉打击各种消费侵权行为，为社会交易和居民消费打造一个规范、安全、舒适、可信的消费环境，提高人们的消费意愿。要研究制定促进中低收入者消费需求的财税政策和收费优惠政策；积极提倡绿色消费、循环消费、生态消费，加大节能、节水和环保产品的消费政策支持力度。

第三，改善最终消费内部结构，提高居民消费占比。应该通过政府管理体制、预算体制和收入分配制度改革，促进政府转变职能，大幅度压缩"三公经费"，降低各级政府运行成本支出，以此调整最终消费构成中，政府消费占比，提高居民消费占比，用政府的"紧日子"换来老百姓的"好日子"。

第四，推进人口城镇化，培育新的消费群体。2013年全国名义城镇化率53.7%，而人口城镇化率只有35%，低于世界50%人口城镇化水平。内蒙古名义城镇化率为58.7%，人口城镇化率只有41.3%，二者相差17.4个百分点。人口城镇化的快速发展过程，就是中等收入群体不断形成的过程。这部分人将是拉动内需、扩大消费的主体力量。人的城镇化关键在于农民工市民化，也就是实现"四个融入"，即"个人融入企业，子女融入学校、家庭融入社区、群体融入社会"。

目　录

第一章　导论 …………………………………………………… 1
　第一节　问题的提出 ………………………………………… 1
　　一、内蒙古经济高速增长的外生因素 …………………… 3
　　二、内蒙古经济高速增长的内生动力 …………………… 5
　　三、消费率偏低制约了内蒙古经济可持续增长 ………… 8
　第二节　研究的目的和意义 ………………………………… 10
　　一、研究的目的 …………………………………………… 10
　　二、研究的意义 …………………………………………… 11
　第三节　国内外研究现状及其评价 ………………………… 13
　　一、关于判断消费率是否合理的方法和标准 …………… 13
　　二、关于我国消费率持续下降的原因 …………………… 17
　　三、关于消费率长期偏低的影响和后果 ………………… 22
　　四、关于提高消费率的对策 ……………………………… 25
　　五、对国内外现有研究成果的评价 ……………………… 30
　第四节　研究思路与主要内容 ……………………………… 31
　　一、研究思路 ……………………………………………… 31
　　二、主要内容 ……………………………………………… 32
　　三、研究的重点难点 ……………………………………… 39
　　四、主要创新 ……………………………………………… 40
　　五、研究方法 ……………………………………………… 42

第二章 改革开放以来内蒙古消费率变化的实证分析 ……45

第一节 内蒙古消费率变化的轨迹分析 …………………45
 一、前30年内蒙古消费率处于高位起稳阶段
  (1947~1978年) …………………………………45
 二、改革开放以来消费率逐步趋于下行阶段
  (1978~2000年) …………………………………47
 三、快速工业化阶段消费率步入快速下降阶段
  (2001~2010年) …………………………………50
 四、经济调整期消费率步入低位稳定阶段
  (2011~2015年) …………………………………55
第二节 内蒙古消费率变化的合理判断 ………………58
 一、内蒙古消费率与全国及其他地区消费率比较 ……58
 二、内蒙古消费率变化的国际比较 ……………………65
第三节 本章主要结论 ……………………………………68

第三章 内蒙古消费率持续下降的成因分析 ……………70

第一节 已有的研究成果 ……………………………………70
 一、投资挤压消费论 ……………………………………70
 二、消费倾向下降论 ……………………………………71
 三、收入比重下降论 ……………………………………72
 四、发展方式决定论 ……………………………………74
 五、对现有成果的评价 …………………………………75
第二节 内蒙古消费率下降的主要原因 ………………76
 一、消费率的决定因素 …………………………………76
 二、内蒙古城乡居民收入占GDP比重偏低导致
  消费率下降 ……………………………………………77
 三、内蒙古居民收入差距拉大导致居民消费率下降 ……82
 四、内蒙古投资挤压消费导致消费率偏低 ……………91

第三节　本章主要结论 …………………………………… 102

第四章　内蒙古破解消费率不足的路径选择 …………………… 105

第一节　优化固定资产投资结构，促进经济结构调整 ……… 105

一、投资结构与经济结构 ………………………………… 105

二、投资结构与投资效率 ………………………………… 107

三、构建市场化投资体制，严格控制固定
资产投资规模 …………………………………………… 109

四、调整固定资产投资重点指向，优化固定
资产投资结构 …………………………………………… 113

第二节　推进收入分配制度改革，提高城乡居民消费能力 … 127

一、调整国民收入分配格局，提高劳动报酬在国民
收入初次分配中的比重 ………………………………… 128

二、加大收入再分配调节力度，提高城乡居民收入占比 … 131

三、积极引导和规范民间融资，多渠道增加财产性收入 … 132

四、多渠道增加农牧民收入，缩小城乡居民收入差距 … 134

五、坚持大众创业、万众创新，建立各类人群
创业激励机制 …………………………………………… 151

第三节　本章主要结论 …………………………………… 152

第五章　破解内蒙古消费率偏低的政策支点 …………………… 156

第一节　实施创新驱动发展战略，转变经济增长方式 ……… 156

一、坚持以技术创新为核心，在重点产业领域
实现突破 ………………………………………………… 158

二、实施企业创新工程，构建以企业为主体的
创新体系 ………………………………………………… 159

三、要增加科技投入，提升科研创新能力 ……………… 160

四、注重营造区域创新生态，积极培育创新集聚区 …… 160

五、增加教育投入，重视科技人才培养 ………………… 161

第二节　启动内需，发挥需求对经济增长的拉动作用 …… 162
　　一、增加城乡居民收入，提高居民消费水平 …… 163
　　二、培育消费热点，拓宽消费领域 …… 165
　　三、扩大消费信贷，加大居民消费的金融支持力度 …… 166
　　四、改善消费环境，实施鼓励消费政策 …… 167
　　五、改善最终消费内部结构，提高居民消费占比 …… 168
第三节　完善城乡社会保障体系，促进社会公平和谐 …… 168
　　一、逐步建立社会公平保障体系 …… 169
　　二、建立覆盖全社会的医疗保障制度 …… 172
　　三、大幅度增加政府教育经费投入 …… 174
第四节　深化行政体制改革，转变政府职能 …… 175
　　一、加快转变政府职能 …… 177
　　二、深化行政审批制度改革 …… 179
　　三、深入推进财政税收制度改革 …… 180
　　四、转变政府绩效考核方式 …… 180
　　五、塑造内蒙古经济发展软环境 …… 182
第五节　以绿色发展理念引领内蒙古生态文明建设 …… 184
　　一、实施生态保护工程 …… 185
　　二、合理开采和有效利用资源 …… 186
　　三、完善生态保护和建设补偿机制 …… 187
　　四、改革生态环境监管体制 …… 188
　　五、将生态环境建设指标纳入干部考核体系 …… 188
第六节　本章主要结论 …… 189

第六章　结论与展望 …… 194

第一节　研究结论 …… 194
　　一、内蒙古的消费率持续下降有着深刻的内在
　　　　发生机理 …… 195

二、内蒙古在快速工业化阶段消费率持续下降具有
　　深层次原因 ……………………………………… 195
三、内蒙古消费率持续下降暴露了投资驱动的经济增长
　　模式是不可持续的 ……………………………… 196
四、破解内蒙古消费率持续偏低的路径选择 ………… 197
五、解决内蒙古消费率持续偏低的政策支点 ………… 198
第二节　研究展望 ………………………………………… 200
一、关于民族地区快速工业化阶段消费率变化的合理
　　区间的研究 ……………………………………… 201
二、关于新常态下民族地区经济发展方式转变的
　　细化研究 ………………………………………… 201
三、关于民族地区经济发展与人的发展关系的
　　深入研究 ………………………………………… 202
四、关于民族地区新常态下经济增长动力
　　机制的研究 ……………………………………… 203

参考文献 ……………………………………………………… 205

第一章

导 论

第一节 问题的提出

改革开放以来,中国经济经历了30多年高速增长,GDP增长接近年均10%。但是这种高速增长主要是由东部沿海地区的引领下实现的,整个经济增长格局呈现出"先东后西,东高西低"的基本特征。内蒙古自治区(以下简称内蒙古)是我国成立的第一个少数民族自治区,人口2400万,面积118万多平方公里,横跨东北、华北和西北地区,共有12个盟市,在相当长的时期内,内蒙古一直是落后的农牧业大省(区)。随着改革开放时代到来,内蒙古经济也出现了长足发展,但与其他省区特别是东部发达地区相比,作为北部边疆西部省份的内蒙古经济增长速度相对较低。但是进入21世纪,内蒙古迎来了经济发展的机遇期。经济出现了跨越式增长,社会总产值由2001年的1539亿元增加到2010年的11672亿元,按可比价计算,是2000年的7.6倍,10年翻了近3番,跻身全国万亿元俱乐部行列,年平均经济增长速度达到了23.8%,这期间曾经连续8年经济增长速度居于全国第一(见表1-1、图1-1)。2010年内蒙古人均GDP达到42000元,是2000年的3.8倍,年均增长17%,按平均汇率计算人均达到6000美元(见图1-2)。由此可以看出,经过近10年的快速增长,内蒙古的GDP总量以及人均GDP无论在西部省区还是全国已处于相对领先水平。进入

"十二五",内蒙古受到国际金融危机的影响,全国经济增长出现下行趋势,经济增长速度明显放缓,但2010~2015年内蒙古年均经济增长率仍然达到了9.1%。2015年,内蒙古GDP总量达到了18032.8亿元,人均GDP达到71903元,按年均汇率计算折合为11547美元(见图1-2)。内蒙古十多年来经济的迅速崛起,成了西部省份乃至全国的"一匹黑马",被外界称为"内蒙古现象"。完全可以称得上是民族地区经济增长的典范,因为内蒙古的经济高增长在全国少数民族省份是绝无仅有的。因此,凡是关注民族地区经济发展的学者,不可能不关注内蒙古这十多年来所取得的巨大成就。如何看待和研究内蒙古的经济高增长?从现成的理论中不可能直接找到答案。但也不可能脱离理论分析,关键是需要理论与实际相结合。从经济理论的视角研究分析绝不应该仅仅局限于现象本身,而是需要运用相关经济理论,从内蒙古实际出发,经过深入思考、理性判断,真正做到透过现象看本质,以期揭示出内蒙古经济增长的真相。既要看到内蒙古与全国及其他地区,特别是民族地区经济增长的共性,更需要看到内蒙古在特定时期、特定资源及特定市场条件下所成就的经济增长的特殊性。是什么成就了内蒙古的经济高增长?这种高增长是否是可持续的?回答这些问题需要对内蒙古的经济增长动力机制进行深入研究。但是有一点特别重要,必须予以高度重视,那就是投资和消费在内蒙古经济增长过程中分别起了多大作用;投资和消费是否协调。在这方面,进行大量的比较研究与调查研究显得十分必要。

表1-1　　　　2000~2015年内蒙古经济总量及其增长速度

年　份	2000	2001	2002	2003	2004	2005	2006	2007
GDP(亿元)	1539.12	1713.814	1940.94	2388.381	3041.07	3905.03	4944.25	6423.18
增长率(%)	10.8	10.6	13.2	17.6	20.9	23.8	19.1	19.2
年　份	2008	2009	2010	2011	2012	2013	2014	2015
GDP(亿元)	8496.2	9740.25	11672	14359.88	15880.58	16832.4	17769.5	18032.8
增长率(%)	17.8	16.9	15	14.3	11.7	9	7.8	7.7

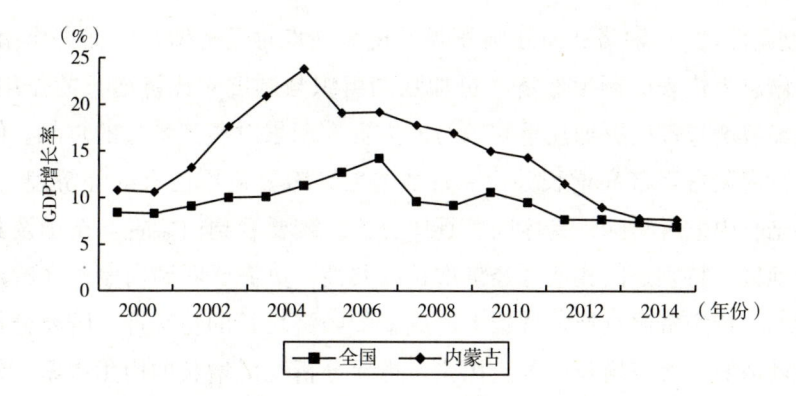

图 1-1　2000~2015 年内蒙古与全国 GDP 增长率比较

资料来源：《中国统计年鉴》2015 年。

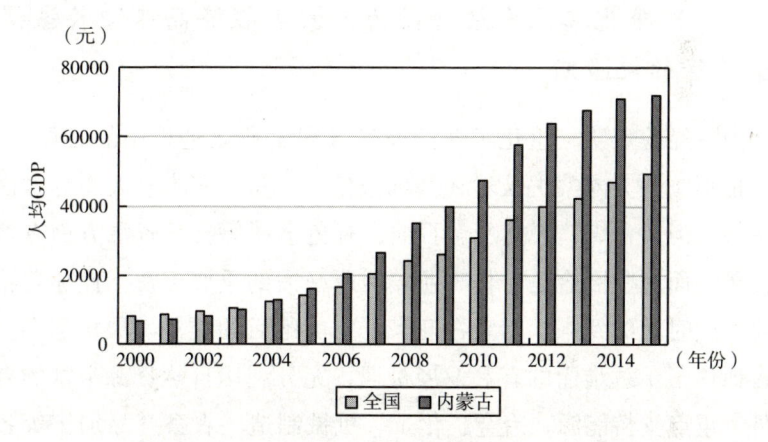

图 1-2　2000~2015 年内蒙古与全国人均 GDP

资料来源：《中国统计年鉴》2015 年。

一、内蒙古经济高速增长的外生因素

关于经济增长为什么会发生，已有的经济理论给出了各种解释。以斯密为代表的古典经济学把劳动力、土地、资本看作经济增长的基本要素；以马歇尔为代表的新古典经济学用规模收益递增来解释经济增长的持续性；熊彼特则认为推动经济增长的根本原因是企业家的

"创新活动";索洛和斯旺则强调了技术进步对经济增长的促进作用;以诺思为代表的制度经济学更加强调组织与制度对经济增长的作用;新经济增长理论更加注重知识与人力资本积累对经济增长的贡献。但解读内蒙古经济高增长并没有现成答案,需要运用已有的经济理论,并结合内蒙古实际,具体问题具体分析。既要看到内蒙古与全国及其他地区,特别是民族地区经济增长的共性,更需要看到内蒙古在特定时期、特定资源及特定背景下所成就的经济增长的特殊性;既要分析成就内蒙古经济增长的外生因素,也要分析经济增长的内生因素。外生因素是内蒙古实现经济高速增长的基础和前提,这方面的因素很多,但最为重要的莫过于机遇、资源、战略等几个方面。

(一)重化工业发展阶段为内蒙古经济高速增长赢得了千载难逢的机遇期

国际经验表明,重化工业阶段是各国工业化进程中的必经阶段,中国也不例外。内蒙古虽然在基础条件、区位、资本、人才等方面不占优势,但是在煤、天然气、石油、有色金属等自然资源方面有着独特优势,而这些恰恰是重化工业发展所必需的重要资源。伴随着我国重化工业时代的到来,内蒙古迎来了空前绝后的经济发展机遇期。内蒙古抓住了千载难逢的有利发展机遇,充分利用自然资源丰富的有利条件,重点支持能源、冶金、化工、机械制造、农畜产品加工等各类资源型产业发展,带动了经济的快速增长。

(二)得天独厚的自然资源是成就内蒙古经济高速增长奇迹的资源基础

内蒙古的经济资源得天独厚,这是发展经济的十分有利条件。据不完全统计,内蒙古已查明煤炭资源矿产地445处,查明和预煤炭储量7413.9亿吨,居全国第一位。内蒙古的石油、天然气蕴藏非常可观,石油资源总量为30亿吨,天然气总资源量为10.7万亿立方米,内蒙古已查明铁矿产地241处,储量达到26.48亿吨。内蒙古的稀土资源更是得天独厚,已探明的稀土氧化物储量占全国的90%左右。丰富的自然资源是成就内蒙古经济高速增长的基础条件。经过多年的大规模投资,内蒙古以煤炭开采、火力发电、煤化工等煤炭资源的开发利用为主所形成的资源型产业,已经成长为对地方经济具有决定意义的支柱产业。

(三)"工业优先发展战略"使内蒙古的经济高增长由可能变成现实

随着1999年国家西部开发战略的实施,内蒙古抓住这一有利时机,不失时机地启动了"工业优先发展战略"。优先发展哪些工业?内蒙古在工业化初期并不具备发展制造业所需的条件,只能在自然资源开发利用上做文章。所以,内蒙古非常务实地确定了能源、冶金、化工、机械制造、农畜产品加工等产业作为五大支柱产业,给予重点扶持发展。事实上,内蒙古黄金10年的固定资产投资也主要是集中在这五大支柱产业上。这五大支柱产业的发展不仅拉动了内蒙古经济的高速增长,更重要的是提高了内蒙古的工业化水平,增强了内蒙古的经济实力。

以上分析说明,丰富的自然资源再加上特殊的机遇期、适当的工业化发展战略等一系列因素的集合是成就内蒙古的经济高速增长不可或缺的外生因素。

二、内蒙古经济高速增长的内生动力

分析评价一个区域经济增长,不仅要看经济增长的外生因素,还要看这种增长的内生动力。一般来说,在不考虑出口的条件下,经济增长的内生动力主要来自投资和消费。也就是说,研究内蒙古经济增长的动力必然要分析投资和消费发挥了多大作用,以及投资和消费的比例是否适中的问题。

（一）固定资产投资拉动了内蒙古经济的高速增长

资源是经济增长的重要基础条件，但不是唯一条件，具备资源禀赋，还需要投资去开发，才可能出现经济增长，资源优势才有可能转化为经济优势。进入21世纪，随着中国工业化中期阶段的到来，重化工业发展对各类自然资源产生了强大的市场需求，而资源的开发离不开大量资金的支持。在2002年以后，内蒙古固定资产投资规模呈现出非常明显的加速态势，当年达到了715.09亿元，比2001年增长了44.04%，以后逐年增加接近或超过千亿元增长。2002～2013年内蒙古固定资产投资从715.09亿元增加到14217.38亿元，年平均增速31.23%。其中，内蒙古资源型产业集中的采矿业、制造业、电力燃气水生产和供应三个行业的固定资产投资分别从2002年的8.24亿元、62.6亿元、26.91亿元增加到2013年的1587.2亿元、4516.0亿元、1296.3亿元，年均增长速度分别为61.32%、47.54%、42.23%。近10年来，快速增加的固定资产投资，有效地促进了内蒙古经济的增长，初步完成了工业化的大布局，并形成了特色支柱产业。而事实上，在内蒙古经济增长最快的时期，同时也是固定资产投资增长最快的时期，且投资增长速度高于经济增长速度（见图1-3）。

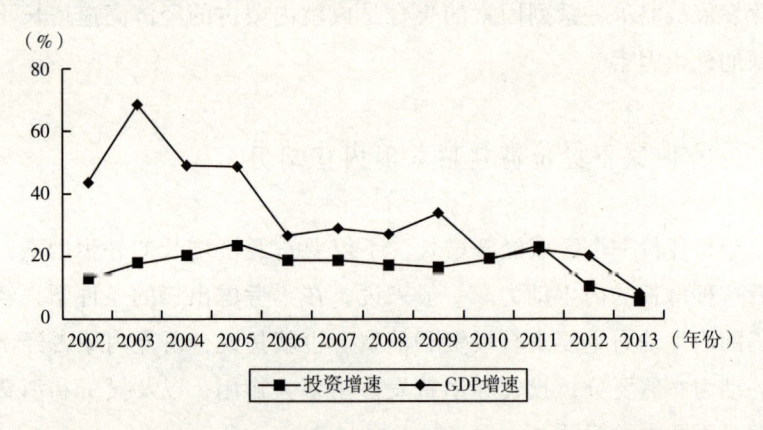

图1-3 2000～2013年内蒙古的投资增长速度与GDP增长速度

资料来源：《内蒙古统计年鉴》2013年。

(二) 消费对内蒙古经济增长拉动作用较弱

经济学一般要用投资率和消费率来判断投资和消费的比例是否适中。美国发展经济学家钱纳里对 101 个国家从 1950~1970 年经济发展过程的数据进行回归分析得出了投资率和消费率的变化规律，即当一个国家的人均国民生产总值从 100 美元上升到 1000 美元（1964 年的美元）的阶段中，投资率会呈现逐年上升趋势，消费率则呈现明显的逐年下降的趋势，而当人均国民生产总值高于 1000 美元以后，投资率又呈现逐年下降趋势，大约保持在 23% 左右，而消费率则呈现逐步上升趋势，大约保持在 77% 左右。[①] 尽管钱纳里模型所采用的是 20 世纪 50~70 年代的数据，但这些数据由于是基于对 101 个国家的分析，因而，其关于投资率和消费率标准值及其变动规律的分析还是被国内外学者所接受。一般来说，在钱纳里模型标准值上下的变动都属于投资率和消费率的合理变化区间。我国由于正处在工业化中期阶段，受投资效率、居民储蓄率均较高影响，一段时期内相对较高投资率和相对较低的消费率将是无法避免的。据乔为国的研究，对于当前发展阶段的我国来说，不超过 32.4% 的投资率以及不低于 67.2% 的消费率是可以接受的最大界限，超出这一限度就是对合理变化区间的偏离。[②]

由于内蒙古正处在快速工业化发展阶段，产业结构又多以资本密集型的重化工业为主，内蒙古的投资率有可能会略高于全国的平均水平，而消费率则有可能略低于全国平均水平，这仍然属于合理的变化区间。据统计，2014 年内蒙古的投资率为 77.4%，消费率为 40.30%。从这两个统计数字看，内蒙古的投资率比全国的 45.9% 高出了 31.5 个百分点；而消费率又比全国的 51.4% 低出了 11.1 个百分点（见图 1-4）。当然，与钱纳里模型所确定的 23% 的投资率和 77% 的消费率相比差距

---

① 钱纳里，鲁宾逊，塞尔奎因. 工业化和经济增长的比较研究 [M]. 上海：上海三联书店，1995.
② 乔为国. 中国高投资率低消费率研究 [M]. 北京：社会科学文献出版社，2007.

过大。

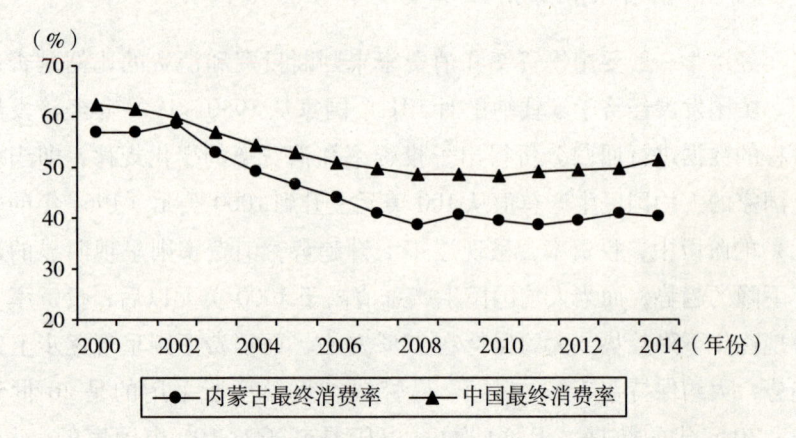

图 1-4　2000～2014 年内蒙古最终消费率与全国最终消费率比较

资料来源：《内蒙古统计年鉴》，2015 年。

这说明内蒙古的投资率和消费率既偏离了国际上公认的标准值，也偏离了我国工业化阶段所允许的变化区间。这种偏离一方面说明投资对于拉动内蒙古的经济高速增长具有举足轻重的作用，同时也说明投资和消费对经济增长的拉动作用是不均衡的。由此可以得出结论，虽然内蒙古保持了多年的经济高增长，但经济增长的动力结构已经出现失衡。

这说明在拉动经济增长速度方面，投资的作用愈来愈强，而消费相对表现得愈来愈弱，从而证明内蒙古投资挤压消费，导致消费率长期偏低的结论是成立的。内蒙古近 10 年来的投资率和消费率走势呈现明显的剪刀形状（见图 1-5）。

三、消费率偏低制约了内蒙古经济可持续增长

从上面分析来看，内蒙古的经济高速增长是在高投资的支撑下取得的，这 10 多年来，内蒙古的投资率一直呈现持续上升状态，而消费率则呈现持续下降状态，且目前的投资率与消费率均已偏离了大家所

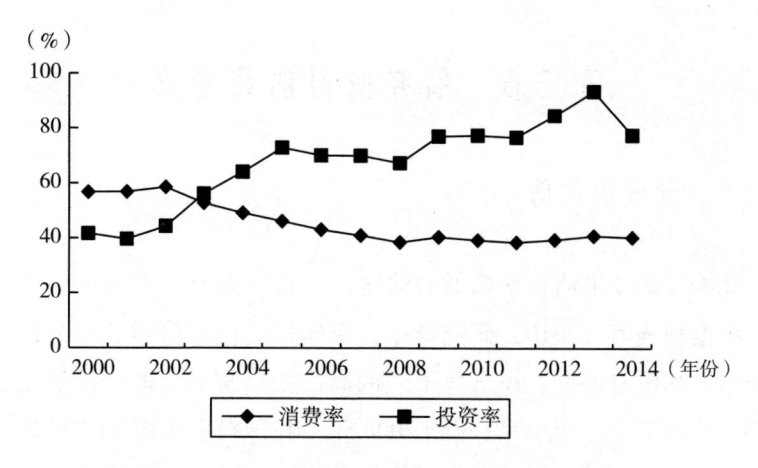

图 1-5　2000~2014 年内蒙古消费率与投资率比较

资料来源:《内蒙古统计年鉴》2014 年。

公认的合理变化区间。依靠高投资虽然实现了内蒙古经济高增长,但从长期来看,内蒙古消费率偏低是一个比较突出的问题,这将对内蒙古经济的可持续增长构成严重挑战。如果内蒙古在今后发展期内,特别是"十三五"期间消费率得不到有效提升,内蒙古的经济持续增长将很难维持下去。因为相对于消费,投资所产生的需求只是中间需求,是为了满足消费而产生的派生需求,而消费需求才是最终需求。消费率长期偏低就意味着经济增长的动力系统已经出现衰竭,单纯的投资增长失去最终需求支撑,最终将造成生产能力过剩,因而经济增长很难持续下去。

因此,深入研究内蒙古经济高增长背景下消费率持续偏低的问题,对于尽快提升内蒙古城乡居民消费水平,解决经济增长动力结构失衡,通过加快经济结构调整促进产业结构高度化和经济转型发展来改变单纯依赖投资和资源型产业拉动经济增长的被动局面,增强内蒙古经济可持续发展能力,实现内蒙古经济健康可持续发展,都具有重大的理论与现实意义。

第二节 研究的目的和意义

一、研究的目的

我国近些年来消费率偏低的问题,一直是专家学者关注的热点问题。根据马晓河(2010)研究结果,多年来我国经济增长很快,但增长的结构却没有改变,还出现了"两高一低"现象,即"投资高、出口高、消费低"。"从 2000 年到 2008 年,我国投资率由 35.3% 持续上升到 43.5%,净出口率由 2.4% 不断上升到 7.9%,而消费率由 62.3% 一直下降到 48.6%,其中居民消费率由 46.4% 下降到 35.3%。和世界部分国家人均国民收入达到 3000 美元左右时的最终消费率相比,我国消费率明显偏低。2008 年我国人均国民生产总值达到 3268 美元,当年消费率只有 48.6%,远远低于美、英、法、日、韩等在人均收入 3001 美元水平的消费率。"[①]

民族地区具有资源富集、后发优势、区位重要等三个基本属性。由于自然、地域和历史的原因,民族地区多处于祖国边疆地区,经济发展水平与内地有较大差距,阶段性的超常规经济增长是改变民族地区贫穷落后现状,缩小与内地经济差距的必经阶段。近 10 年来,在国家西部开发战略推动下,先后进入到快速工业化阶段,在投资拉动下经济出现高速增长,但消费率却持续下降。从内蒙古的情况来看,最终消费率已经从 1999 年的 57.7% 下降到 2008 年的 38.6%,10 年间累计下降超过了 20 个百分点,比全国平均水平的 48.6% 低出了近 10 个百分点。进入 21 世纪以来,内蒙古经济增长速度逐步放缓,但消费率并没有显著提升,到 2014 年也只有 40.3%,而全国为 51.4%,内蒙古同全国的差距继续拉大到 11 个百分点。如何保持民族地区在快速工业

[①] 马晓河. 我国消费率偏低并持续下降的成因解析[J]. 前线,2010(1).

化阶段消费率的合理水平,是一项极为重要的理论与实践课题。消费率的持续偏低虽然是表面现象,但它反映出经济增长的动力结构、产业结构、消费结构、收入分配结构和发展方式等一系列深层次问题。民族地区长期依赖大规模投资拉动,消费率偏低,需求拉动经济增长偏弱,说明经济增长动力正处在失衡状态,而且,生态环境承载能力、资源可承受开采强度等也是民族地区选择经济增长模式不得不面对的现实问题。这些问题是否能够妥善解决,决定了民族地区是否可以实现可持续增长。因此,对这些问题的深入思考和研究,不仅关乎民族地区经济结构调整、经济增长模式转变以及经济发展前景,更关乎民族地区的社会安宁与和谐稳定。这对于进一步完善占国土面积64%的民族地区的相关经济政策、社会政策具有极其重要的战略意义。

本书以内蒙古为典型案例,对民族地区快速工业化阶段的消费率变化进行实证研究。即在科学发展观的指导下,以促进民族地区经济发展和社会和谐为主题,以内蒙古"高投资、低消费"为典型案例,以破解内蒙古高增长背景下的低消费难题为切入点,从内蒙古倚重资源型产业投资推进工业化的实际出发,运用相关经济学理论,特别是国内外关于消费率研究的一般性方法与成果,深入研究内蒙古进入快速工业化阶段以后消费率变化的特点,找出导致消费率持续下降的深层次原因,进而揭示出民族地区单纯以扩大资源型产业投资的方式推进工业化与拉动经济增长的粗放型发展方式与消费率持续下降之间的因果关系。从民族地区进入快速工业化阶段的实际出发,确定消费率的合理水平,并从经济发展方式的全新视角,提出民族地区抑制或避免消费率持续下降的有效路径及政策支点。

二、研究的意义

(1)本书将为民族地区进入到快速工业化阶段以后,摆脱单纯依靠投资拉动经济增长的被动局面,消除经济增长动力失衡,实现经济发展方式由投资主导型向消费主导型转变,提供强有力的理论支撑和重要的政策支持。在不考虑出口因素的条件下，投资与消费通常被认为是拉动经济增长的主要动力。而事实上，内蒙古10多年来的高速增长主要是靠大规模投资拉动实现的。2000年内蒙古的固定资产投资额只有430.42亿元，到2010年猛增到8971.63亿元，10年间增加了8541.21亿元，年平均增长速度达到了38%，比同期GDP年均增长速度22.46%高出了15.54个百分点。进入"十二五"时期，内蒙古累计完成固定资产投资5.2万亿元，是"十一五"时期的2.6倍，年均增长18%，比同期GDP增长速度的10%仍然高出8个百分点。依靠大规模投资可以拉动经济短期内实现快速增长，但从长期来看却是不可持续的。因此，摆在内蒙古经济面前的头等大事是尽快实现经济增长从投资主导型向消费主导型方向转变，这也正是本书的主要目的之所在。

（2）本书为民族地区充分发挥自然资源优势的同时，更加注重人力资源开发和技术创新的作用，走新型工业化道路提供必要的决策参考。近10年来，内蒙古依赖资源优势和大规模投资，造就了经济高速增长的奇迹，但同时也在某种程度上抑制了技术引进与创新。这是因为高强度、大规模资源开发导致了矿产、冶金、能源、电力等各类资源型产业的不断膨胀，扭曲了经济要素的流动方向和配置方式，削弱了技术型和服务型产业的发展机会，抑制了技术引进与创新，限制了产业结构的高度化，带来了产业结构单一、城市化滞后、外部不经济、发展后劲匮乏等一系列问题，最终使区域后发优势演变为后发劣势。因此，内蒙古当前应该采取强有力措施，加快区域内技术创新步伐，创设良好的制度与政策环境，以接受转移的新技术和人才，带动区域内产业竞争力的不断提升。

（3）本书为内蒙古调整工业化和城市化发展战略，改变单纯为了GDP、为了增长而增长的不合理发展方式，建立以人为本的由消费拉动的健康、可持续的发展方式提供必要的政策支持。这对于提高内蒙古城乡居民的生活水平和生活质量，促进人的全面发展，实行经济与社会同步协调发展，全面建设小康社会具有重大的现实意义。随着经济发展，内蒙古的财政收入水平一直超过GDP的增长速度，但从地方财政对公共需要投入的主要指标来看，内蒙古都低于全国的平均水平。2012 年，内蒙古教育经费占 GDP 的比重只有 3.17%，与全国平均水平的 5.34% 相比，低 2.17 个百分点，差距比较大；公共财政教育支出占公共财政支出的比例为 13.07%，比全国平均水平的 16.84% 低 3.77 个百分点，差距也比较大。2012 年，内蒙古财政支出中卫生经费占公共财政支出的比重为 5.51%，与全国平均水平的 5.89% 相比，还有 0.38 个百分点的差距。正因为社会保障水平较低，教育、医疗、养老等成了老百姓的后顾之忧，即使有钱也不敢消费，严重制约着城乡居民生活水平和生活质量的提高。这是内蒙古在今后发展过程中必须要加以重视并认真解决的重大问题。

（4）本书对于维护民族地区团结稳定、巩固国防具有重要的现实意义。进入到快速工业化阶段，伴随着经济快速增长和社会财富增加，民族地区应更加注重提高城乡居民消费能力和消费水平，让百姓共享经济发展成果，这不仅是一个经济问题，更是一个关系到社会和谐与边疆稳固的政治问题。

第三节　国内外研究现状及其评价

自改革开放以来，我国的投资率与消费率发生了很大变化，引起了国内外学者的广泛关注，有关这方面的研究成果非常多。从主流的学术观点来看，绝大多数学者认同中国消费率偏低。国内外关于我国消费率变化的研究文献非常多，但针对某一区域的研究比较少，特别是关于民族地区所做的研究更为少见。尽管如此，国内外关于消费率变化的一般性研究对本书将要做的研究还是具有重要的启示与借鉴意义。

一、关于判断消费率是否合理的方法和标准

从主流学术观点来看，主要是采用比较方法，也就是将中国消费

率与世界平均消费率作比较,特别是与同发展水平的国家作比较,得出中国消费率偏低的结论。具体来说,目前学术界常用的有三种标准:

(一) 钱纳里模型所提供的标准

美国发展经济学家钱纳里(Chen-ery)1975年对101个国家从1950~1970年经济发展过程的数据进行回归分析所得到的标准。即当一个国家的人均国民生产总值在上升到1000美元的阶段中,消费率会呈现明显的逐年下降的趋势,而高于1000美元以后,消费率又逐步上升,并稳定在77%左右。如何看待钱纳里的分析模型及其标准值的解释意义,我国学者有不同观点。一些学者认为钱纳里模型对合理解释我国当前阶段的消费率是有效的,但也有少部分学者认为钱纳里模型已经过时,其理由是钱纳里模型基于30多年前世界各国的数据分析,且样本国当时的发展状况与我国目前的情况差异较大,因此,用钱纳里模型解释当前我国消费率现状并不合适。如罗云毅(2000)认为目前还"没有一个经过严格理论论证和实践检验的标准的优化消费率"。晁钢令、王丽娟等人(2009)则认为,"虽然不能说钱纳里的分析模型一定十分科学并具有普遍的解释意义,但是其毕竟是站在世界银行的角度通过对100多个不同样本国的上万个数据进行分析和研究的结果。至今为止,还尚未有人做过更好的或类似的研究,因此不能对其科学性及解释意义轻易加以否定。"[①] 但晁钢令、王丽娟等人也认为"钱纳里在做此项研究时是基于1964年价格水平和汇率水平来采集数据的,所以其得出的计算结果当然也应当是在当时的价格水平和汇率水平下的数值,同我们用现值表示的人均国民生产总值不具有直接的可比性,当我们要用钱纳里的相关标准值来解释我国当前消费率合理性时,就必须进行相应的折算。"[②] 基于这一看法,晁钢令、王丽娟等人结合我国当前经济发展的数据对钱纳里模型的标准值进行了修正,再用此标准值对我国消费率进行分析,进而得出了我国消费率确实偏低的结论。

[①②] 晁钢令,王丽娟. 我国消费率合理性的评判标准——钱纳里模型能解释吗?[J]. 财贸经济,2009(4).

杜焱（2105）提出："通过对照钱纳里和塞尔奎因的工业化进程人均国民收入假说，中国经济增长过程中私人消费占GDP比重等需求动力结构的变化趋势与之基本相同，但各结构的指标值却明显异于钱纳里和塞尔奎因标准图示中的结构指标值。"①

（二）詹姆斯·莫里斯提出的标准

诺贝尔经济学奖得主詹姆斯·莫里斯（2009）所提出的用资本回报率和经济增长率进行比较的方法。这一方法相对简单，特别适合对一个国家或地区作历史的纵向分析，不涉及横向比较的问题，即当一个国家或地区的资本回报率低于经济增长率时，则说明消费率已经偏低。

（三）经验比较标准

多数国内学者所采用的经验比较方法，即根据我国同其他国家的横向比较，对我国消费率是否偏低加以判断。如刘国光（2002），董辅礽（2004），樊纲（2005），梁东黎（2006），魏杰（2007），张卓元（2009），郭克莎、尹世杰、徐诺金、方福前（2009），马晓河（2010）等学者认为我国与一些国家相似发展阶段相比，目前的消费率明显偏低。刘国光在2002年就认为我国消费率水平明显低于发达国家和一些发展中国家。"发达国家长期经验表明，最终消费总额的增长大体上保持与国内生产总值相近的增长率。但我国最终消费总额年均增长速度长期低于国内生产总值的增长速度。1952~2000年，按1952年不变价格计算，最终消费总额增长了25.5倍，年均增长为7.1%；同期GDP增长了33.4倍，年均增长为7.7%。这个差距长期累积下来，使得我国原来很低的消费水平与发达国家相比的差距越来越大。"② 吴忠群

---

① 杜焱. 大国经济增长的需求动力结构调整——以中国为例的研究[M]. 上海：格致出版社，上海人民出版社，2015.

② 刘国光. 促进消费需求提高消费率是扩大内需的必由之路[J]. 财贸经济，2002（5）.

(2009) 经过研究认为："消费率具有稳定性与合理性，并且存在一个合理的消费率区间，他认为最优消费率是从现在到无穷远的生产和再生产过程达到最优的消费率，不可能通过宏观经济状况来确定。他同时认为中国目前的消费率偏低。"[1] 张卓元（2009）认为："最终消费占 GDP 比重降到 50% 以下，其中，居民消费 2008 年降到占 GDP 的 35.3%，比一般国家的占 60% ~ 70% 低近一半。这是我国内需不足的主要根源。"[2] 马晓河（2010）研究结果大体上与刘国光和张卓元的结论一致："从 2000 ~ 2008 年，我国投资率由 35.3% 持续上升到 43.5%，净出口率由 2.4% 不断上升到 7.9%，而消费率由 62.3% 一直下降到 48.6%，其中居民消费率由 46.4% 下降到 35.3%。和世界部分国家人均国民收入达到 3000 美元左右时的最终消费率相比，我国消费率明显偏低。"[3] 熊学华（2008）从更长的时间跨度即"六五"计划以来我国消费率变动情况作了研究，同样得出了消费率呈现持续下降的结论，消费率从"六五"期间的 66.4% 下降到"十五"期间的 56.8%，下降近 10 个百分点。"消费率在'六五'期间平均为 66.4%，'七五'期间平均为 63.9%。'八五'期间平均为 60.1%，'九五'期间平均为 60.3%，'十五'期间平均为 56.8%。"[4] 田为民（2008）采用建立消费内生增长模型的方法，对中国 1978 ~ 2006 年的数据进行分析，求得了中国消费率的最优值为 66.46%。[5]

也有学者认为不存在判断消费率合理的标准。罗云毅（2006）认为由于消费率涉及问题的极端复杂性，目前没有一个经过严格理论证实和实践经验的标准的最优消费率，企图从规范性的理论角度找到一个最优消费率是不现实的。[6]

---

[1] 吴忠群．最优消费率的存在性及其相关问题［J］．中国软科学增刊（上），2009．
[2] 张卓元．"十二五"规划应着力解决经济发展面临的几个失衡问题［J］．经济纵横，2009（9）．
[3] 马晓河．我国消费率偏低并持续下降的成因解析［J］．前线，2010（1）．
[4] 熊学华．中国消费率和投资率的合理性判断：1978 ~ 2005［J］．广东金融学院学报，2008（1）．
[5] 田为民．基于经济增长的最优消费规模：1978 ~ 2006［J］．财贸研究，2008（6）．
[6] 罗云毅．关于最优消费投资比例存在性的思考［J］．宏观经济研究，2006（12）．

二、关于我国消费率持续下降的原因

国外学者如 Kuijs（2005）通常将我国消费率下降归结于高储蓄率，认为中国的高储蓄是由于企业储蓄、政府储蓄和居民储蓄均较高造成的[①]。国内学者从多视角进行研究，形成的文献也比较多提出了以下七种观点。

（一）居民消费倾向下降论

许永兵、李永红（2005）从居民消费倾向变化的视角作了探索，认为我国最终消费率下降主要是由居民消费率下降引起的，所以分析我国消费率下降的原因主要是分析居民消费率。"20 世纪 90 年代以来我国居民消费率下降并非是由于居民总收入占 GDP 比重下降。因此，我国居民消费率下降的主因只能是居民平均消费倾向下降过快。事实也印证了这一结论。1989 年，我国城乡居民平均消费倾向分别为 0.88 和 0.89，1997 年降为 0.81 和 0.77，2003 年进一步降为 0.77 和 0.7。"[②] 由于居民平均消费倾向主要取决于居民个体的自身消费（储蓄）偏好，所以寻找居民平均消费倾向下降的主因，应从居民个体的消费（储蓄）决策开始。"恰好是在 20 世纪 90 年代以后，居民的支出与收入预期发生了改变。比如各项社会保障制度改革相继出台，消费者对养老、医疗等新的保障制度的保障程度心存疑虑。教育产业化、住房商品化改革，也大大增加了个人支出的预期。因此，居民收入和支出预期的改变，导致了我国居民消费倾向的下降，从而引起居民消

[①] Kuijs, L., "Investment and Saving in China", World Bank Policy Research Paper Series, June, 2005. Kuijs, L., "Investment and Saving in China", World Bank Research Working Paper No. 1, 2005.

[②] 许永兵，李永红. 我国消费率持续走低的原因及其经济影响 [J]. 生产力研究，2005（10）.

费率的持续下降。"① 王雪峰（2013）认为一般采用比较法得出的我国消费率偏低的结论需谨慎对待。他认为："城乡居民消费倾向持续下降，特别是1995年以来城镇居民消费倾向快速下降，是居民消费率下降的主要原因之一。"②

（二）供给要素决定论

梁东黎（2006）从我国经济转轨的特殊性视角提出公共产品较低的供给效率、劳动要素的弱势地位、企业投资的预算软约束等是导致消费率下降的重要原因。他认为："我国高投资率、低消费率现象和我国转轨经济的特殊性有着非常密切的关系。在影响该现象的因素中，公共品供给效率和劳资力量对比关系都具有长期性；国内贷款规模具有短期性，但增长的压力使其难以收缩。由此看来，我国高投资率、低消费率是长期性的现象。"③

（三）投资挤压消费论

樊纲（2009）认为"过去几年GDP中消费比例过低，投资比例过高，不是因为消费增长下降了，而是由于投资增长过快，使投资在GDP中的比例扩大，把消费的比重挤小了。"④ 马晓河（2010）也认为长期以来我国的储蓄率一直偏高，高储蓄率必然导致高投资率，这种高投资如果长期持续下去，最终结果必然降低消费的比重，引起消费率下降。⑤ 郭克莎（2009）分析了改革开放以来我国投资消费关系失衡的趋势和特点，提出自20世纪90年代以来，我国投资与消费关系失衡的根本原因是储蓄率过高，最终消费不足；固定资产投资增长过快，

---

① 许永兵，李永红．我国消费率持续走低的原因及其经济影响［J］．生产力研究，2005（10）．
② 王雪峰．中国消费率问题研究［M］．北京：社会科学文献出版社，2013：207．
③ 梁东黎．我国高投资率、低消费率现象研究［J］．南京师大学报（社会科学版），2006（1）．
④ 樊纲．让"三驾马车"均衡前行［J］．金融经济，2009（10）．
⑤ 马晓河．我国消费率偏低并持续下降的成因解析［J］．前线，2010（1）．

国民储蓄不断转化为投资和净出口，固化了消费增长滞后的格局。郭克莎同时分析了我国特殊的经济增长阶段、居民高储蓄低消费倾向以及体制转轨不彻底等三大因素共同决定了我国低消费现状。①

（四）收入差距扩大论

更多学者如刘国光（2002）、乔为国（2007）、尹世杰、段炳德、王宁、钱龙、杨燕（2009）、周绍东（2010）等人认为我国消费率偏低的根本原因在于城乡居民收入分配差距严重扩大。乔为国认为："宏观收入分配格局中居民可支配收入份额偏低、居民可支配收入中直接用于消费比例偏少，以及较少储蓄转化为居民消费等的共同作用造成我国居民消费率低"。② 根据汪同三、张涛（2003）等人研究："我国居民、企业和政府的实际可支配收入分别约为 GDP 的 65%、12% 和 22.5%。而同为大国的美国，1992 年后宏观收入分配格局也相当稳定，居民、企业和政府可支配收入占 GDP 的比重分别约为 73.5%、12% 和 14%。美国和中国企业部门所得份额大体相当，也为 GDP 的 12% 左右，但居民的可支配收入在 GDP 中份额要低约 8.5 个百分点，而政府的相应要高 8.5 个百分点"。③ 由于居民可支配收入占 GDP 比重偏低，必然会使最终居民消费率偏低。

方福前（2009）通过对 1992～2004 年中国国民收入核算的资金流量表（实物交易）进行计算和分析，发现"自 1996 年开始，中国的国民收入分配一直是向政府倾斜的，自 2004 年开始，收入分配又开始向企业倾斜。在中国 GDP 的初次分配中，1995 年政府占有的份额最低，为 15.14%，1996 年上升到 15.53%，此后不断上升，到 2001 年达到 18.36%，6 年之间上升了将近 3 个百分点，2002 年和 2003 年分别维持

---

① 郭克莎. 我国投资消费关系失衡的原因和"十二五"调整思路 [J]. 开放导报，2009 (6).

② 乔为国. 我国居民低消费率的成因——以国民收入流量循环为框架的分析 [J]. 学海，2007 (5).

③ 汪同三，张涛. 注意从收入分配角度促进经济结构平衡 [J]. 数量经济技术经济研究，2003 (12).

在17.48%和17.98%。1996~2003年，中国居民的收入在GDP初次分配中占有的份额由67.23%下降63.12%，下降了4.03%；2004年由于企业收入在GDP初次分配中的比重上升过快，居民收入的比重大幅下降到57.68%，比上一年降低了5.52%。也就是说，1996~2004年，中国居民的收入在GDP初次分配中占有的份额由67.23%下降到57.68%，下降了9.55%"。① 方福前进一步分析得出结果，在中国的国民收入再分配（即全部可支配收入分配）中，政府占有的比重由1996年的17.15%上升到2003年的21.85%，上升了4.7%，而居民可支配收入在的比重则由69.29%下降到62.68%，下降了6.61%。这说明，在经济总量不断做大的过程中，通过财政和分配政策调整，政府和企业所占比重越来越大，而居民的比重却越来越小。从方福前分析结果来看，无论是初次分配还是再分配城乡居民收入所占比重均呈现下降趋势，这是导致我国居民消费率下降的根本原因，只有在经济发展的同时保持较高的劳动报酬率，提高居民的消费购买能力才能真正带来居民消费率的稳步提高②。

李子联（2016）从收入分配制度影响消费需求内在机理的视角，揭示了我国因收入分配不平等而导致消费水平下降和消费结构失衡的变化过程。收入分配不平等所带来的收入阶层的划分使得不同经济个体具有不同的边际消费倾向，在不考虑消费阶段（基本性消费需求阶段和额外性消费阶段）的情况下，高收入者往往具有较低的边际消费倾向，且其是导致的需求结构失衡将随着不平等程度的加重而越来越严重③。

（五）发展方式决定论

个别学者从我国经济体制与发展观的视角探寻我国长期以来消费

---

①② 方福前. 中国居民消费需求不足原因研究——基于中国城乡分省数据[J]. 中国社会科学, 2009（2）.

③ 李子联. 收入分配与增长质量——中国经济模式的解读与重塑[M]. 北京：经济科学出版社, 2016.

率偏低的根源。王仕军（2009）从"发展阶段—发展观—发展战略"三位一体的解释框架，探究我国居民消费率低迷的形成机理。他认为："我国工业化、城市化加速发展的特定发展阶段、'GDP 崇拜'的发展观与地方政府主导的外向型经济发展战略耦合在一起，使得我国的投资与消费比例关系长期、大幅度的失调成为必然，其内在逻辑如下：一是工业化、城市化加速发展的特定发展阶段，投资率高，消费率低具有一定的合理性；二是'GDP 崇拜'的发展观使 GDP 成了地方政府发展经济的指挥棒；三是为追求 GDP 的增长，地方政府主导的外向型经济发展战略使得地方政府产生两大'热衷'，即上项目和大量出口创汇。"①

樊明（2009）基于中美政治制度比较对我国的高投资率、低消费率作出解释："在美国制度下，资本和政府受到劳动的约束，必须顾及劳动者的利益，从而实现了劳动者的收入随经济发展而增长，呈现低投资率和高消费率。而在中国，地方政府官员主要由上级任命，长期以来，GDP 是地方政府官员最主要的政绩指标。GDP 的增长需要资本和劳动等生产要素，资本相对稀缺而劳动则相对富裕。这样地方政府往往更多地重视资本利益而相对忽视劳动利益，在相当程度上导致了高投资率和低消费率的发生。"②

（六）城乡二元结构及其城市化滞后论

还有学者从城乡二元结构或城市化与投资率和消费率关系的视角探索我国消费率持续下降的深层次原因。范剑平（1999）从城乡二元结构分析中国消费率偏低的原因。他认为："城乡收入差距是造成中国居民消费不足的首要原因，现行城市化模式不利于消费率的提高；改革开放以来城市化对居民消费率提高的贡献不大。同时，'候鸟式'人

---

① 王仕军. 发展阶段—发展观—发展战略——我国消费率低迷问题的形成机理及其解决路径［J］. 宏观经济研究，2009（2）.

② 樊明. 中国高投资率、低消费率的政治因素——基于中美政治制度比较的一种解释［J］. 经济经纬，2009（2）.

口流动也不利于进城农民消费方式城市化，使人口城市化改变消费方式带动需求扩张和消费结构升级受阻。"[1] 陈昌兵（2010）将城市化分为城市规模化阶段和市民化阶段。"在城市规模化阶段，投资率随着城市化率的提高而增大，消费率随着城市化率的提高而减少；而在市民化阶段，投资率随着城市化率的提高而减少，消费率随着城市化率的提高而增大。这样，投资率与城市化率间存在着倒"U"型的关系，消费率与城市化率间存在着"U"型的关系。中国城市化正处于城市规模化阶段向市民化阶段转变。"据陈昌兵研究结果，"中国各省（市）消费率与城市化率间存在着如下的非线性关系：当城市化率小于54.31时，消费率随着城市化率的增大而减少；当城市化率大于54.31时，消费率随着城市化率的增大而增大。当前我国由于城市规模化过快，而市民化相对滞后，从而导致了与其他国家城市化与投资率和消费率间的差别。"[2]

（七）消费心理决定论

个别学者从消费心理视角研究中国消费率偏低的原因。江林、马春荣（2009）通过实证检验分析，认为"消费成本上升，可靠消费信息渠道少等原因导致居民的消费知识停留在较低水平；中国居民家庭意识较重、经济意识过强和时尚意识薄弱；居民生活消费领域参照群体消费行为总体比较节俭的影响比较明显；中国居民总体上个性趋于保守谨慎等"。[3]

三、关于消费率长期偏低的影响和后果

关于消费率长期偏低的影响及其后果，国内学者研究成果较多，

---

[1] 范剑平．中国居民消费率偏低的原因分析与开拓城镇市场的对策选择［J］．宏观经济研究，1999（6）．
[2] 陈昌兵．城市化与投资率和消费率间的关系研究［J］．经济学动态，2010（9）．
[3] 江林，马椿荣．中国最终消费率偏低的心理成因实证分析［J］．中国流通经济，2009（3）．

但大家的看法比较一致,成果内容也相对集中。目前,主要集中于以下几个方面。

(一)我国当前的最终消费率尤其是居民消费率明显偏低,影响了经济自主增长机制的形成

熊学华(2008)提出中国消费率长期偏低已经影响到经济的可持续增长。"如果消费率和投资率不协调的问题得不到解决,中国经济持续增长很难维持。因为投资需求是中间需求,是为了满足消费的派生需求,而消费需求才是最终需求,投资率的长期偏高和消费率的长期偏低,会使投资增长失去最终需求支撑,最终将造成生产能力过剩和总供求失衡,因而经济增长难以持续。"[1] 尹世杰也提出了同样观点:"多年来由于投资率偏高,消费率一直偏低,直接影响着居民消费需求的扩大,必然影响居民消费水平、消费质量的提高,影响消费结构的优化、升级,从而影响产业结构的优化、升级,影响经济增长。"[2] 许永兵、李永红(2005)的分析表明,消费率持续下降会加剧经济的波动,影响经济增长质量,同时也不利于长期经济增长和人民生活水平的提高。[3]

(二)导致经济增长质量下降,不可避免地会形成我国普遍存在的重复建设和盲目建设的现象

许永兵、李永红(2005)提出:"经济增长质量不高是我国经济生活中的一个'老大难'问题。理论和实践都证明,经济增长质量的高低与消费率水平是否合适密切相关。如果消费率长期偏低,没有和投资率形成合理的比例关系,就会使投资增长失去最终需求的支撑,投资所形成的生产能力不能得到充分利用,不可避免地会形成我国普遍

---

[1] 熊学华. 中国消费率和投资率的合理性判断:1978~2005[J]. 广东金融学院学报, 2008(1).

[2] 尹世杰. 再论以提高消费率拉动经济增长[J]. 社会科学, 2006(12).

[3] 许永兵, 李永红. 我国消费率持续走低的原因及其经济影响[J]. 生产力研究, 2005(10).

存在的重复建设、低水平建设和盲目建设的现象，导致大量的社会产品价值不能及时得到实现，造成大量生产能力闲置和企业库存积压。"① 车春鹂、高汝熹、李铁霖等（2008）研究认为由于消费率过低，经济的增长过分依赖投资带动，这不仅会降低投资的边际效益，导致无效投资增多，而且将使日益紧张的资源环境难以承载，还会助长高投入、高消耗、低产出的粗放型经济增长模式。②

（三）容易造成产能过剩，诱发通货膨胀或通货紧缩，从而导致宏观经济的大起大落

黄泰岩（2009）研究认为："1978 年我国居民消费率为 48.8%，到 2008 年降为 35.3%，远低于美国的 70.1%，也低于印度的 54.7%。消费率对经济增长的贡献不断下降。随着我国投资与消费结构失衡所导致的严重产能过剩，投资拉动型经济发展方式已经走到了尽头。据统计，2006 年国务院将 10 个行业列为产能过剩行业，2009 年 8 月达到 19 个，2009 年三季度在国家统计局监测的 24 个行业中，有 21 个行业存在不同程度的产能过剩。更为严重的是，产能过剩不仅发生在传统行业，而且如风能、多晶硅等新兴行业也出现了产能过剩。"③

杜亚丽、孟耀（2010）研究认为在一段较长时期内，如果投资率持续偏高，消费率持续偏低，容易造成建设规模过大，诱发经济泡沫、通货膨胀等问题；矛盾集中爆发后投资最终失去消费的支撑，反过来又会引起通货紧缩，从而导致投资增长的大幅波动和宏观经济的大起大落，严重损害经济增长。④

---

① 许永兵，李永红．我国消费率持续走低的原因及其经济影响 [J]．生产力研究，2005（10）．
② 车春鹂，高汝熹，李铁霖．消费率对中国经济危害的实证分析及对策 [J]．宏观经济研究，2008（11）．
③ 黄泰岩．增加居民消费的渠道与措施 [J]．前线，2010（2）．
④ 杜亚丽，孟耀．投资与消费比例失调的影响及其对策 [J]．东北财经大学学报，2010（2）．

四、关于提高消费率的对策

关于提高消费率的对策，各位学者针对国内消费率持续下降的事实，根据原因分析，各抒己见，提出了较多对策。概括起来，主要有以下六个具有代表性的观点。

（一）改善投资与消费关系论

一些学者针对我国投资与消费比例失衡的现状，提出应从改善失衡的投资与消费关系入手，实施有利于促进居民消费政策，把提高消费率作为经济发展的一项重要任务。

刘国光早在2002年就提出了"要处理好经济建设与人民生活的关系，在保持投资适当增长的同时，促使消费需求增长快于投资需求的增长，以此作为一定时期内的准绳，调控投资与消费的关系，逐步改变我国高投资、低消费的经济发展格局。要采取扩大居民消费的各项政策措施，促进居民消费的快速增长。"[①]

钱龙、周绍东、胡成恩等人（2008）提出：政府可以从两个方面入手，一方面应该采取相关措施适当控制投资规模过快增长，优化投资结构，限制高能耗、高物耗、污染重行业投资的过快增长，支持有利于提高产业技术水平、有利于发展循环经济、有利于加强薄弱环节的行业投资和建设，制止盲目投资和低水平重复建设，努力提高投资效率；另一方面应该积极完善收入分配制度，以增加中低居民收入为重点，建立覆盖城乡的社会保障体系，免除居民的后顾之忧，积极开拓农村消费市场，增加农民收入，引导居民消费结构升级，最终实现经济增长由"投资拉动型"向"消费拉动型"转变。[②]

---

① 刘国光．促进消费需求提高消费率是扩大内需的必由之路［J］．财贸经济，2002（5）．
② 钱龙，周绍东，胡成恩．我国投资率与消费率之间变动规律分析［J］．西安财经学院学报，2008（2）．

马晓河（2010）提出要通过改善消费环境，培育消费增长点，促进消费率回升到正常水平。"继续实施 2008 年下半年以来出台的一系列刺激消费增长的政策，对于家电、汽车摩托车下乡和家电、汽车以旧换新，应该扩大品种范围，提高补贴标准。在继续增加廉租房、经济适用房供给的同时，可考虑对城镇中低收入者购买一定面积的商品住房提供定额补贴，对农村居民在新农村建设规划内建设或改造住房提供补贴或贴息贷款。为了刺激消费，还要加大消费信贷推广力度，扩大消费信贷品种范围，放宽信贷条件，为城乡居民消费提供金融支持。"①

（二）调整收入分配关系论

部分学者倾向于从调整收入分配关系和提高城乡居民收入水平方面采取对策，促进我国居民消费率的提高。

古炳鸿、李红岗、叶欢等人（2009）认为："目前的国民收入分配结构导致大部分居民整体收入水平低下和我国整体消费率偏低。要增强居民消费对 GDP 的拉动作用，应调整国民收入分配结构，提高住户部门收入占国民可支配收入的比重。"② 方福前（2009）提出"当前和今后我国经济要保持稳定、健康与和谐发展，需要通过提高我们国内消费率尤其是居民消费占比的话，我们的政策重点应当着力于：一要改善国民收入分配格局，使广大城乡居民获得更多的经济增长的成果；二要积极发展资本市场，拓展投资渠道，不断增加居民的财产收入；三要鼓励居民创业，为居民创业提供政策支持和体制环境保障，增加居民的经营性收入"。③ 黄泰岩（2010）也认为"提高居民收入水平、调整收入分配结构、加大民生工程投资，是提高居民消费倾向、增加

---

① 马晓河．我国消费率偏低并持续下降的成因解析［J］．前线，2010（1）．
② 古炳鸿，李红岗，叶欢．我国城乡居民边际消费倾向变化及政策含义［J］．金融研究，2009（3）．
③ 方福前．中国居民消费需求不足原因研究——基于中国城乡分省数据［J］．中国社会科学，2009（2）．

居民消费的有效路径。"[1]

郭克莎（2011）则进一步提出应该从我国收入分配改革入手，促进居民消费率提高。为此，要抓紧制订深化收入分配制度改革的方案，推进国民收入分配格局调整，加快提高中低收入居民收入水平。具体包括加强对初次分配的调控和监管，处理好效率和公平的关系，在初次分配中，提高劳动报酬的比重，加大对劳动、技术等要素参与分配过程的支持和保护，加强对资本、管理等要素主导分配过程的调节和监管；进一步运用税收、补贴、转移支付、社会保障、公共服务等手段，调节收入分配关系，提高低收入居民收入，遏制收入差距扩大的趋势；多渠道增加居民收入来源，在初次分配和再次分配中多方面拓宽居民收入渠道，在发展经济、活跃市场的基础上扩大中等收入群体规模和比重。[2]

（三）转变经济增长方式论

有学者主张建立劳动和资本的力量平衡，引导各地政府把追求 GDP 增长转变为追求居民收入增长。

樊明（2009）认为："中国要提高消费率、降低投资率，根本的途径有两条：从制度设计上一是要建立政府和民众之间的力量平衡，二是要建立劳动和资本之间的力量平衡。以上两条途径最根本的就是要完善民主制度。只有在民主制度条件下，政府才能在处理劳资关系时采取中立和兼顾两方利益的立场，因为资本用 GDP 来约束政府，而工人用选票来约束政府。"[3] 郭克莎（2011）也提出在"十二五"期间应该转变地方政府过度依靠投资发展经济的思维和行为模式，而更多地依靠扩大居民消费来拉动经济。促使各地政府把追求 GDP 增长转变为追求居民收入增长，采取有效措施增加低收入居民收入，提高居民消

---

[1] 黄泰岩. 增加居民消费的渠道与措施 [J]. 前线, 2010 (2).
[2] 郭克莎. 努力提高我国居民消费率的几点建议 [J]. 当代经济, 2011 (11).
[3] 樊明. 中国高投资率、低消费率的政治因素——基于中美政治制度比较的一种解释 [J]. 经济经纬, 2009 (2).

费倾向，扩大消费市场规模，增强本地消费需求对经济发展的拉动力。①

（四）完善社会保障体系论

一些学者针对我国社会保障薄弱的现状，提出逐步完善我国社会保障制度，促进居民消费水平不断提升，从而使消费率偏低的状况得到改善。

马晓河（2010）提出：为了解除居民消费的后顾之忧，应该"围绕城乡居民的基本养老、基本医疗、最低生活保障、基础教育等重点领域，一要完善制度，在城乡、地区之间，建立全国统一的社会保障体系，特别在医疗保险、养老保险等方面，要消除城乡、地区制度壁垒，实现社会保险关系跨区域转移接续。二要提高保障标准，扩大覆盖面。在国力不强财力有限的情况下，我国实行有差别、低标准、低覆盖的社会保障制度有其必然性。但是，随着国力不断增强、财力规模不断扩大，我们已经有条件也有能力提高医疗、养老、低保等保障标准，并实现全社会覆盖。各级政府应该在每年的财政支出中，加大医疗、养老、低保、基础教育等支出，提高这些支出占总支出的比重。"②

李方（2009）认为："由于我国的社会保障体系尚不健全，大多数消费者对未来预期不稳定，即使收入增加，也不愿增加当期消费，而为可能出现的失业、医疗支出等进行储蓄。为此，加快社会保障体系建设、改善居民消费预期十分紧迫，应规范和完善居民低保工作；扩大社会保险覆盖面，提高个体私营等非公有制企业的社会保险参保率，完善灵活就业人员的参保办法；完善社会统筹和个人账户相结合的基本养老保险制度；妥善解决关闭、破产企业退休人员医疗保障

---

① 郭克莎．努力提高消费率特别是居民消费率的建议，http://www.sina.com.cn 2011年9月7日10:40.
② 马晓河．我国消费率偏低并持续下降的成因解析［J］．前线，2010（1）.

问题。"①

（五）加快城市化进程论

陈昌兵（2010）从加快市民化进程，大大提高中国城市化水平的视角提出了促进消费率提高的政策建议。他认为我国市民化需要解决两个问题：一是城市提供就业岗位；二是城市提供住房。中国的工业化和城市化提供了大量的城市就业岗位，解决了城市就业问题，剩下的问题是如何提供住房。政府可通过向收入较低的农民工提供廉租房，向收入较高的农民工提供平价商品房或平价租赁房，这样就可大大减小农民工市民化的成本，加快城市化发展。同时要改革现有的城市户籍制度，放宽城市户籍限制，使得城市户籍管理满足城市化发展的需要。②

（六）适当降低经济增长速度论

宋立（2010）研究了经济增长率与消费率之间的变化关系，提出了以适当降低经济增长率的办法换取居民消费率的适度提高。宋立提出："要实现我国居民消费率提高 5~10 个百分点的目标，必须将经济增长率降到比较低的水平，使经济增长率平均水平低于居民消费增长率。只有在经济增长率下降，而居民消费增长率明显提高的情况下，居民消费率才有可能提高。在经济增长率下降的情况下，要提高居民消费增长率需要：要么提高居民收入份额；要么提高居民消费倾向。如果未来几年能够在收入分配和社会保障体制改革等方面有所突破，推动居民收入份额明显提高居民消费倾向稳定并有所提高，则居民消费率提高 3.65~8.55 个百分点的可能性比较大。"③

---

① 李方. 我国消费率偏低的原因与对策探析 [J]. 商业时代，2009（2）.
② 陈昌兵. 城市化与投资率和消费率间的关系研究 [J]. 经济学动态，2010（9）.
③ 宋立. 提高消费率途径探析 [J]. 宏观经济管理，2010（9）.

五、对国内外现有研究成果的评价

关于消费率研究存在的不足：国内外关于消费率研究大多属于一般性研究，结合不同区域的特定发展阶段所做的研究还很少见。钱纳里模型已经向我们揭示出，一个区域的消费率变化与其所处的发展阶段和发展水平密切相关。民族地区目前的消费率偏低现象与其进入快速工业化阶段过度依赖资源型产业投资拉动经济增长，并推进工业化是分不开的。从目前国内外的此类研究文献来看主要存在着三方面不足：一是多数研究成果往往是就消费率而消费率，没有深入研究与消费率相关的经济结构及经济增长方式问题。二是主流学术观点基本认同中国消费率偏低，但关于导致消费率偏低的原因，多数运用凯恩斯的需求理论，从需求的角度分析中国消费率下降的原因。如居民可支配收入占比下降、居民消费倾向下降以及中国的传统消费观念等。另外一些学者认为中国处在工业化、城镇化特殊的发展阶段，需要维持较高的投资率，因为投资率偏高而引发消费率偏低。很少有学者对中国消费率持续下降的综合原因进行深入全面分析，找出各种因素如何共同发生影响，并由此揭示中国消费率持续下降的发生机理。三是以破解民族地区高增长背景下最容易出现的消费不足这个难题为目的，对民族地区消费率变化情况进行全面系统的实证研究，以揭示其变化的特殊性和复杂性，目前还未见到。本书的目的就是通过对消费率持续下降的分析，以及持续的大规模投资既拉动内蒙古经济实现了经济高速增长的同时，也会导致经济增长动力结构失衡、资源消耗加快、生态环境破坏和结构上的不合理、技术创新的滞后等一系列问题，进而分析对内蒙古经济可持续增长所提出的严峻挑战。

第四节 研究思路与主要内容

一、研究思路

本书在科学发展观的指导下，以促进民族地区经济发展和社会和谐为主题，以内蒙古"高投资、低消费"为典型案例，以破解内蒙古高增长背景下的低消费难题为切入点，从内蒙古倚重资源型产业投资推进工业化的实际出发，运用相关经济学理论，特别是国内外关于消费率研究的一般性方法与成果，深入研究内蒙古进入快速工业化阶段以后消费率变化的特点，找出导致消费率持续下降的深层次原因，进而揭示出民族地区单纯以扩大资源型产业投资的方式推进工业化与消费率持续下降之间的因果关系，在此基础上进一步分析消费率长期偏低、内需不振对内蒙古经济实现可持续增长所产生的负面影响。应该看到，持续的大规模投资发挥了内蒙古潜在的资源优势，加速了内蒙古的工业化进程，更带动了内蒙古的经济高速增长。但长期高投资，也使得内蒙古的经济增长面临着资源和环境的双重约束，要在约束下使内蒙古经济获得又好又快发展，就要从深层次调整经济增长的动力结构。即以调整内蒙古投资结构为切入点，改变对资源型产业的过度依赖，尽快调整不合理的经济结构，通过供给侧改革压缩过剩产能，促进经济发展方式从投资主导型向消费主导型、从要素投入型向创新驱动型转变。本书从民族地区进入快速工业化阶段的实际出发，以深入分析内蒙古消费率持续下降的深层原因为突破口，但不局限于消费率本身的研究，而是从转变经济发展方式的全新视角，考察与分析内蒙古工业化进程中一系列问题，在此基础上提出民族地区抑制或避免消费率持续下降和实现经济可持续发展的有效路径及政策支点。

二、主要内容

本书大体包括八部分内容。

（一）关于国内外消费率变化研究现状及其评价

自 1975 年美国发展经济学家钱纳里（Chen-ery）对世界上 101 个国家消费率与经济增长率的变化关系进行研究以来，对消费率的关注一直是经济学的热点问题之一，国内外有很多经济学家从不同背景、不同视角对这一问题展开了深入研究，并取得了丰硕成果。这其中对中国改革开放以来消费率变化的研究尤其丰富，也特别引人关注。本书将首先对我国的消费率变化的研究成果进行认真系统的梳理，从消费率变化的评价标准、消费率持续下降的原因，以及后果、解决对策四个方面对国内外相关研究成果加以介绍，在此基础上从笔者研究的视角下并根据本书的研究需要作出必要的评价。这部分研究内容具体包括以下几个问题。

1. 关于判断消费率是否合理的方法和标准。主要介绍学术界常用的三种方法和标准：一是钱纳里模型所提供的标准；二是诺贝尔经济学奖得主詹姆斯·莫里斯（2009）所提出的用资本回报率和经济增长率进行比较的方法；三是多数国内学者所采用的经验比较方法。

2. 关于我国消费率持续下降的原因。国外学者通常将我国消费率下降归结于高储蓄率，认为中国的高储蓄是由于企业储蓄、政府储蓄和居民储蓄均较高造成的；国内学者从多视角进行研究，提出的观点比较多，大体包括支出与收入预期变化论、公共产品供给低效论、投资挤压论、居民收入比重偏低论、体制决定论、城市化滞后论六个基本观点。

3. 关于消费率长期偏低的影响和后果。国内学者对消费率长期偏低可能出现的影响和后果普遍持认同态度，但侧重点有所不同。看法主要集中于以下几个方面：一是认为我国当前的最终消费率尤其是居民消费率明显偏低，影响我国经济自主增长机制的形成；二是导致经济增长质量下降，不可避免地会形成我国普遍存在的重复建设和盲目建设的现象；三是容易造成产能过剩，诱发通货膨胀或通货紧缩，从而导致宏观经济的大起大落。

4. 关于提高消费率的对策。国内学者大体提出了以下五种观点：一是从改善失衡的投资与消费关系入手，实施有利于促进居民消费政策，把提高消费率作为经济发展的一项重要任务；二是从调整收入分配关系和提高城乡居民收入水平方面采取对策，促进我国居民消费率的提高；三是通过完善民主制度建立政府和民众之间的力量平衡，劳动和资本的力量平衡，从而达到降低投资率，提高消费率的目的；四是改变政府政绩考核方式、建立健全社会保障体系和加强税收调节力度等政策措施，促进居民消费率提高；五是逐步完善我国社会保障制度，促进居民消费水平不断提升，从而使消费率偏低的状况得到改善。

5. 对国内外研究成果的评价。国内外关于消费率研究成果极其丰富，特别是关于我国改革开放以来消费率变化的成果比较多，基本揭示了我国工业化城市化特殊发展阶段消费率持续下降的特殊成因，同时也提出了解决问题的合理对策。而且这些对策很全面，具有针对性和可操作性，是值得充分肯定的。但是也要看到，就目前所看到的研究成果大多属于一般性研究，结合不同区域的特定发展阶段所做的研究还很少见。民族地区目前的消费率偏低现象与其进入快速工业化阶段过度依赖资源型产业投资拉动经济增长，并推进工业化是分不开的。从目前国内外的文献来看，以破解民族地区高增长背景下最容易出现的消费不足这个难题为目的，对民族地区消费率变化情况进行全面系统的实证研究，以揭示其变化的特殊性和复杂性，目前还未见到。

（二）关于内蒙古消费率变化的实证分析

这是本书的第二部分内容，主要是对内蒙古消费率的变化进行实证分析。主要从历史纵向视角分析内蒙古自改革开放以来消费率的变化轨迹，重点对最近十多年来内蒙古经济高速增长阶段，投资率快速上升和消费率快速下降加以描述。当然研究并不止于此，消费率的变化仅仅是一种经济现象，经济研究的目的是透过现象分析，揭示出经济现象背后的本质性规定，亦即导致某种经济现象产生及其演变的规律。

同时进一步将内蒙古消费率变化与全国平均消费率作比较分析，说明自改革开放以来内蒙古的消费率同全国的消费率在多大程度上存在着一致性，又在多大程度上存在着非一致性，以及为什么会存在这种现象，从而为下一步深入研究内蒙古消费率变化的特殊性复杂性奠定一定的基础。

（三）关于内蒙古选择资源型产业投资推进工业化的动因分析

国际经验表明，一个国家或地区消费率和投资率的变动与其经济增长或经济结构变动具有某种内在联系。在工业化阶段尤其是重化工业阶段往往伴随着投资率的快速上升与消费率的快速下降。我国也不例外，从20世纪90年代中期开始，重化工业呈现出加速发展态势。内蒙古由于在煤、天然气、石油、有色金属等自然资源方面有着独特优势，抓住这一有利时机，确定了能源、冶金、机械制造、化工、农畜产品加工等资源型产业产业作为五大支柱产业，给予重点支持。经过10多年的发展，实践证明内蒙古的发展思路和产业政策是正确的，"五大支柱产业"不仅拉动了内蒙古经济的高速增长，更重要的是提升了内蒙古的工业化水平，使经济结构发生了翻天覆地的变化，增强了内蒙古的总体经济实力。但这一产业政策的实施也使得内蒙古经济发展对资源型产业产生了过度依赖症，其直接后果就是投资和消费关系的失衡，在结构和动力方面出现了新的问题。

（四）关于民族地区快速工业化阶段消费率变化的合理区间分析

内蒙古在快速工业化和经济高速增长阶段所出现的消费率持续下

降无疑是有人关注的经济现象，问题是这种现象在多大程度上是合理的，在多大程度上又是不合理的，判断合理与不合理的标准又是什么？美国经济学家钱纳里1975年对101个国家从1950~1970年经济发展过程的数据进行回归分析，得出了投资率和消费率的变化规律，即当一个国家的人均国民生产总值从100美元上升到1000美元（1964年的美元）的阶段中，投资率会呈现逐年上升趋势，消费率则呈现明显的逐年下降的趋势，而当人均国民生产总值高于1000美元以后，投资率又呈现逐年下降趋势，大约稳定在23%左右，消费率则呈现逐步上升趋势，大约稳定在77%左右。国内学者乔为国对我国改革开放以来消费率变化进行了深入研究，提出了我国在当前的发展阶段消费率变动的一个大概区间，即"不超过32.4%的投资率和不低于67.2%的消费率是可以接受的最大限度，超出这一限度则被认为是不合理的"。而内蒙古的投资率和消费率在2013年已经达到了93.4%和40.9%，与乔为国提出的标准相距甚远。这足以说明内蒙古近10年来的投资率和消费率变化已经偏离了国内外所公认的标准值，同时也偏离了快速工业化阶段所能允许的最大变化区间。据此可以判断，内蒙古持续多年的经济高速增长正面临着"高投资、低消费"的困扰和新的挑战。对此应该作进一步的深入研究。

（五）关于内蒙古消费率持续下降的发生机理分析

根据库兹涅茨的倒"U"型收入分配假说，收入分配结构扭曲是经济快速增长的结果，同时收入分配结构的扭曲导致消费结构的扭曲。内蒙古在经济高增长阶段所出现的消费率持续下降有着深刻的内在发生机理。内蒙古的高投资虽然换来了经济高增长，但处于工业化中期之前的经济增长通常会拉大收入分配结构扭曲以及收入差距扩大，而收入结构扭曲及收入差距拉大又会导致消费结构扭曲和消费疲软，进而导致经济结构畸形和经济增长动力失衡，最终使经济结构调整积重难返、转型升级困难重重，以及经济增长乏力甚至停滞。特别是在政府主导资源配置的体制下，很容易出现政府替代市场配置资源现象。

政府为了消除增长乏力、实现"保增长",往往要进行不适当的甚至相反的干预调控,如通过产业政策,支持企业扩大投资。其结果只能是进一步加重经济增长的动力结构失衡,甚至导致经济增长脱离了消费,出现"为了增长而增长"的可怕结果。

内蒙古自进入快速工业化阶段以来,居民消费率持续走低,既有国内外公认的与工业化阶段相关的共性原因,也有由内蒙古特定时期、特定资源条件及其特定产业政策所决定的特殊原因。首先内蒙古的产业政策长期以资源型产业为导向,造就了以高投资拉动经济增长的发展模式,投资规模的过快增长加之结构不合理进一步导致内蒙古快速工业化阶段投资率偏高、消费率偏低这一不正常现象。这是引发内蒙古消费率持续走低的最主要原因。另外一个原因就是内蒙古在经济快速增长阶段,国民收入分配结构随着社会财富增加,不合理的问题愈发突出。具体表现就是在初次分配中劳动者收入占比长期偏低;在再分配中仍然没有使城乡居民收入占比得到有效改善。再加上社会保障制度不公平,总体保障水平偏低,最终因为城乡居民收入水平偏低导致内蒙古城乡居民消费水平提高缓慢。这也是引发内蒙古消费率持续走低的一个重要原因。鉴于此,关于内蒙古如何避免消费率持续下降的路径选择研究,主要从调整投资结构和收入分配结构两方面分析入手。

关于内蒙古为了加快资源型产业发展而长期扩大投资规模,进而引发高投资率、低消费率。资源型产业属于资本密集型产业,没有大规模投资拉动,无法撬动资源型产业发展。从统计数据分析可以看出,内蒙古经济增长最快时期,恰好是固定资产投资增长最快的时期,高增长与高投资是不可分的。"2002年内蒙古的固定资产投资额只有715.09亿元,而到了2009年猛增到7464.72亿元,年平均增长速度达到了39.8%,比同期GDP的增长速度20.9%高出了近19个百分点。其中,资源型产业比较集中的采矿业、制造业、电力燃气水的生产供应三个行业的固定资产投资分别从2002年的8.24亿元、62.6亿元、26.91亿元增长到2008年的913.9亿元、1169亿元、746.1亿元,年均增长速度分别达到了119.2%、62.9%、74%。伴随着固定资产投资的迅速增长,内蒙古的投资率也迅速攀升,2000年内蒙古的投资率只有28%,而到2009年已经达到了77%,比2009年全国的平均水平67%还高出了10个百分点;投资率与消费率是此涨彼消的关系,随着内蒙古投资率的迅速攀升,消费率却持续下降,由2000年的56.8%下降到2009年的37.6%"①。

(六)关于消费率持续偏低对经济可持续发展的负面影响

按照国际经验,人均收入跨入中等收入水平,应该进入消费加速转型阶段,成为支撑经济增长的主要动力。一般认为,到了工业化中后期阶段,投资率一般在30%左右,消费率在70%左右。就全国的情况来看还不足50%,而内蒙古只有30%左右,显然是非常偏低的。

对于一个地区来说,消费率长期偏低对经济发展会产生两个负面影响:一是消费率偏低会制约服务业发展空间,使产业结构升级面临着巨大挑战。一方面因为内需不足使得许多依赖消费需求的服务业发展缓慢,如文化、旅游、医疗保健等服务产品供给不足,难以满足居民消费结构升级的需要。另一方面,由于内需不足,我国很多产品不得不出口到国外,由此导致围绕产品销售的设计、维修、物流及售后服务等为生产服务的第三产业也在国外。二是消费率偏低会导致投资驱动型增长模式不断自我强化。特别是很多投资不能与国内市场需求相匹配,内蒙古的许多资源型产业投资是属于低附加值的生产,当遇到国际经济不景气或国内经济下行压力时,极易产生产能过剩现象。与此同时,市场所需要的高档产品与消费品又缺乏有效供给。这时政府为了稳增长,又会启动新一轮更大规模投资,结果又会进一步强化投资驱动的经济增长模式,最终导致更加严重的低端产品产能过剩,从而使经济增长陷入一个低水平恶性循环的怪圈。

---

① 任军. 内蒙古经济高增长背景下的"高投资、低消费"难题解析[J]. 内蒙古民族大学学报, 2011 (2).

(七) 破解民族地区在快速工业化阶段消费率持续走低的路径选择

其基本路径就是从根本上改变失衡的经济增长模式，即以党的十八大精神为指导，以优化内蒙古投资结构为切入点，改变对资源型产业的过度依赖，尽快调整不合理的经济结构，实施供给侧改革，压缩过剩产能，促进经济发展方式从投资主导型向消费主导型、从要素投入型向创新驱动型转变；要加快调整国民收入分配结构，提高城乡居民收入占比，大幅度提高城乡居民收入水平。结合"十三五"规划，制订积极的收入分配制度改革方案，以及城乡居民收入倍增计划，确保城乡居民收入增长率与经济增长率同步，甚至略高于经济增长率，以便更加有利于各阶层城乡居民形成良好的收入预期，进而改善内蒙古城乡居民消费倾向，提升消费水平，调整经济增长动力结构，充分发挥消费拉动作用。加快推进以经济体制改革为核心的各项改革，充分发挥市场机制在资源配置中的基础作用，处理好政府、市场和社会各自的边界和责任，实现经济发展方式的根本转变；坚持共享发展，明确经济增长的根本目的在于提高全体居民的消费质量和水平、在于促进人的发展。"发展为了人民、发展依靠人民、发展成果由人民共享"，为此，需要改变以 GDP 增长为目标的政绩观，不以 GDP 论英雄，纠正"唯 GDP 论"的发展模式。

(八) 关于民族地区促进居民消费能力和消费水平提高的政策支点

破解消费率持续偏低的难题，一方面要通过深化体制改革，把配置资源的权力交给市场，降低政府追求经济增长速度的投资冲动，把过高的投资率降下来；另一方面要根据公共财政要求，科学界定政府财政支出范围，合理确定财政支出项目，实行有利于促进居民消费能力和消费水平提高的公共政策，把过低的消费率提上来。这其实就是要实现政府的关注点从经济增长向社会发展转变，把政府的主要财力用于提升公共消费水平和能力上来。如果公共消费水平得不到提升，经济增长得再快，也只能说是为了增长而增长，对百姓生活改善没有任何意义。而且公共消费水平如果不提升，居民个人的消费水平也很难提升，过高的储蓄率也不能降下来，消费对经济的拉动作用势必是有限的。如此下去，长期以来内蒙古经济增长动力失衡的问题不可能最终得到解决。因此，内蒙古各级地方政府应该采取有效措施，积极调整政府支出结构，确实保证财政资金优先用于公共支出。同时，还要采取有效措施，进一步规范和改善消费环境，为扩大内需、增加消费和改善民生提供必要保障。

三、研究的重点难点

（一）研究的重点

探索民族地区工业化进程中消费率持续下降的深层次原因及其特殊性和复杂性，揭示民族地区单纯倚重自然资源优势，过度利用资源型产业推进工业化的发展方式是不可持续的，也是不可取的。长期以来，内蒙古经济以传统农牧业为主，一直是经济欠发达地区，在全国的区域经济体系当中，工业基础薄弱，加上是西部省份和边疆少数民族地区，并不具备经济快速增长的现实基础。但事实却超乎人们意料，内蒙古经济近些年来发生了极不寻常的增长。2000～2010年内蒙古地区社会总产值由1141.01亿元增加到11672亿元，年均增长速度达到22.46%，在全国排名由第23位跃升至第15位。到2014年，内蒙古地区社会总产值达到了18032.8亿元，人均社会总产值达到71903元。深入研究内蒙古的经济增长，不能仅仅看到这些表面数字，更要分析这些数字是如何实现的，是制度变革还是技术创新带来的，或者是以其他方式实现的。任军（2011）在《关于内蒙古经济增长的动力与可持续性研究》一文中，对内蒙古的经济高增长进行的深入研究认为："内蒙古的经济高速增长是出现在中国快速工业化这个特殊发展阶段的特殊现象，机遇、资源、投资以及政府的战略主导等多种特殊因素的集合共同成就了内蒙古经济的高速增长，其中大规模的固定资产投资是拉动内蒙古经济高速增长的直接原因。"① 投资既引发了内蒙古经济高速增长，同时也引发了投资率和消费率的比例失衡，一方面是投资率畸高不下，另一方面是消费率长期偏低。因此，关注内蒙古消费率变化，要同内蒙古特殊发展阶段的特殊发展方式结合起来作全面深入研究，才能揭示消费率变化背后的真正原因以及发生机理，并由此进一步揭示内蒙古经济高速增长方式的缺陷与不可持续性。这也是研究和关注内蒙古消费率变化的真正意义之所在。

（二）研究的难点

民族地区快速工业化阶段消费率比较理想的合理变化区间应该是多少。目前定性研究得比较多，定量分析的成果比较少，还需要对钱纳里模型加以修正才能确定。

四、主要创新

中国消费率研究的成果比较丰富，主流学术观点一般认同中国消费率偏低的判断，并就此进行了大量研究，围绕消费率标准、消费率持续下降的原因、对策等方面研究，产生了较为丰富的学术成果，但针对民族地区快速工业化发展阶段消费率变化的研究成果还处于空白状态。本书立足国内外关于消费率的一般性研究方法和成果，以内蒙古为典型案例，并基于内蒙古经济高增长阶段的数据分析，对民族地区快速工业化进程中消费率变化情况进行全面系统的研究，在研究内容及其方法上实现了创新，弥补了国内学术界关于民族地区消费率变化研究的空白。创新具体表现在以下三个方面。

（一）研究内容创新

在研究内容上将研究范围界定在民族地区、将研究时段界定在快

---

① 任军. 关于内蒙古经济增长的动力与可持续性研究［J］. 社会科学战线，2012（6）.

速工业化这个特殊的发展阶段，研究的指向性非常明确。同时，研究自始至终着眼于民族地区快速工业化阶段"两高一低"（高投资、高增长、低消费）的特有现象，以消费率持续下降为研究的切入点，将研究目的锁定在破解民族地区工业化进程中投资与消费的比例失衡、经济增长与生态环境的破坏、经济发展与人的发展无法共享等一系列发展中所表现的矛盾困境。并基于大量的数据分析和比较研究，通过揭示内蒙古消费率持续下降的深层次原因，说明了民族地区在"工业优先"发展背景下，过度以大规模投资拉动资源型产业发展，导致经济结构畸形并引发分配结构、消费结构畸形，而反过来又进一步加剧经济结构畸形，这种不合理的经济发展方式是民族地区经济发展陷入矛盾困境的根本原因。基于上述结论，本书提出了破解民族地区消费率持续下降的路径选择，这就是实施供给侧改革，调整经济结构，压缩过剩产能，建立新经济体系，改变对资源型产业的过度依赖，实现经济增长方式从投资主导型向消费主导型转变，从要素投入型向创新驱动型转变。

（二）研究方法创新

在研究方法上充分借鉴了国内外学术界关于消费率研究的各种方法，但并没有局限于某一种方法，而是综合使用多种方法，如定性与定量分析、实证与规范分析、横向与纵向归纳分析、比较分析等多种研究方法。从民族地区进入快速工业化阶段的实际出发，并从理论经济学、发展经济学、区域经济学、资源经济学、民族学、公共政策学等多学科、多视角，深入研究内蒙古进入快速工业化阶段以后消费率变化的特点，找出导致消费率持续下降的深层次原因，进而揭示出民族地区单纯以扩大资源型产业投资的方式推进工业化与消费率持续下降之间的因果关系，并进一步分析消费率长期偏低、内需不振对内蒙古经济实现可持续增长所产生的负面影响，并据此提出民族地区避免消费率持续下降和实现经济可持续发展的有效路径及政策支点。

（三）突出特色和主要建树

本书的突出特色和主要建树在于通过深入研究民族地区快速工业

化阶段消费率持续下降这一经济现象，发现了消费率持续下降与高投资、高增长的内在联系，从而揭示出消费率持续下降的发生机理，以及民族地区工业化进程中过度发展粗放型的资源型产业所带来的一系列发展中的困境。内蒙古在经济高增长阶段所出现的消费率持续下降不是偶然的，具有内在的发生机理。内蒙古长期的大规模粗放型资源型产业投资虽然换来了经济高增长，但库兹涅茨倒"U"型收入分配假说表明，处于工业化中期之前的经济增长通常会扭曲收入分配结构，并拉大收入差距，而收入结构扭曲及收入差距拉大又会导致消费结构扭曲和消费疲软，进而导致经济结构畸形和经济增长动力失衡，最终使区域经济结构陷入积重难返、转型升级困难，以及经济增长乏力甚至停滞的困境。如何使内蒙古经济走出这一困境？本书也提出了具有创新性的思路与对策。就是以优化内蒙古投资结构为切入点，尽快调整不合理的经济结构，通过供给侧改革压缩过剩产能，促进内蒙古经济增长方式从投资主导型向消费主导型转变，从要素投入型向创新驱动型转变；同时实施强有力的公共财政政策，提高城乡居民公共消费水平，并积极调整国民收入分配结构，大幅度提高城乡居民收入水平，进而提高城乡居民个人消费水平。

五、研究方法

本书拟采用定性分析和定量分析相结合、实证分析与规范分析相结合、理论与实践相结合，以及横向与纵向归纳法、比较分析法、案例分析法等研究方法。考虑到本书是关系到民族地区经济发展、边疆稳定和国防安全的重大课题，研究过程中将从宏观经济学、发展经济学、区域经济学、资源经济学、民族学、公共政策学等进行多角度、跨学科的综合性研究。

（一）多种计量经济学的动态分析方法

通过建立模型，对内蒙古改革开放以来的 GDP 增长速度、固定资本形成率、最终消费率等相关数据进行动态实证分析，从而为本书论证过程提供有效的技术支撑。

（二）实证分析与规范分析相结合的方法

本书不仅运用计量分析和实证分析方法，从多层次、全方位展现了内蒙古消费率变化的历史轨迹；并运用时间序列法来推算其发展是否在合理范围之内，预测内蒙古消费率在今后五年的发展趋势。在此基础上对影响内蒙古消费率的因素进行综合分析，以期揭示出近10年来内蒙古消费率持续下降的根本原因。实证分析和比较分析是本书运用的主要方法。

（三）统计分析方法

统计分析方法是以经济现象的数量关系和数量特征为基础进行数据采集、整理、归纳和分析的方法，它被广泛地应用于各个领域。本书将运用经济统计方法对内蒙古的消费率及其影响因素、可持续发展能力进行综合评价分析。

（四）理论分析和对策分析相结合的方法

民族地区消费率变化研究不仅仅是一个理论问题，更是一个实践问题，不仅需要理论分析，揭示民族地区在工业化阶段消费率的变化规律，更需要提出有效对策，研究如何破解消费率下降的症结，以及促进消费率提升和经济发展方式转变的路径。因此，本书更加注重理论研究基础上的案例分析、实际调研等对策性研究方法。

（五）实际调研方法

本书特别注重实际案例的调查分析，对重要数据进行了抽样调查比对分析，对工业企业、农牧业企业、服务型企业等进行了实地调研，弥补了单纯数据统计分析的不足，从而保证了研究结论更贴近于实际。

(六) 比较分析方法

研究内蒙古快速工业化阶段的消费率变化，究竟变化幅度是否合理？变化趋势说明了什么？采用比较分析的方法，即对内蒙古经济发展不同阶段消费率进行比较，同时，还要将内蒙古的消费率与其他地区及全国的平均水平作比较，才能够给出合理的解释。

需要特别说明的是在研究方法上，充分借鉴了国内外学术界关于消费率研究的各种方法，如定性与定量分析、调查研究方法、实证与规范分析、横向与纵向归纳分析、比较分析等多种研究方法。在实际研究当中，更加注重和突出使用了调查研究方法与比较分析方法。从民族地区进入快速工业化阶段的实际出发，并从理论经济学、发展经济学、区域经济学、资源经济学、民族学、公共政策学等多学科、多视角，深入研究内蒙古进入快速工业化阶段以后消费率变化的轨迹及其特点，找出导致消费率持续下降的深层次原因，进而揭示出民族地区单纯以扩大资源型产业投资的方式推进工业化与消费率持续下降之间的因果关系，并进一步分析消费率长期偏低、内需不振对内蒙古经济实现可持续增长所产生的负面影响，并据此提出民族地区避免消费率持续下降和实现经济可持续发展的有效路径及政策支点。

第二章

改革开放以来内蒙古消费率变化的实证分析

第一节 内蒙古消费率变化的轨迹分析

消费率的变化受多种因素的影响和制约，从表层分析来看，在一定的经济发展水平下，消费率变化主要取决于城乡居民、政府和企业的消费水平。在社会总产值一定条件下，这三者的消费总量越大，消费率自然就会越高，但居民、政府和企业的消费总量一般来说又受制于国民收入水平，而国民收入水平又是由一个国家或地区的经济发展水平决定的。因此从深层次上分析，在一定时期内消费率最终取决于经济发展水平，消费率的变化通常反映着经济增长的长远趋势，并与经济增长的阶段性特征紧密相连。从1947年内蒙古自治区成立到现在，在长达60多年的时间内内蒙古的经济发展大体可以划分为三个阶段，与此相适应，内蒙古的消费率变化也呈现出四个典型性的特征。

一、前30年内蒙古消费率处于高位起稳阶段（1947～1978年）

从1947年内蒙古自治区成立到1978年党的十一届三中全会召开，内蒙古经济在前30年里经历了恢复发展和曲折徘徊的发展阶段。经过这30年的发展，内蒙古经济发展取得了重大成就，初步改变了贫穷落后的面貌，工业发展基础初步形成，农牧业生产条件也发生了很大改变。但从总体上看，内蒙古经济发展缓慢，与全国其他省区相比属于经济落后的少数民族地区，长期处于经济低速增长状态。与这种状况相适应，内蒙古的消费率一直处于起稳状态，在30年的时间里一直稳定在70%左右。

在1947年内蒙古自治区人民政府成立以前，由于长期战乱和封建阶级的统治和剥削，内蒙古经济一片凋敝。新中国成立后，内蒙古实施了社会民主改革，广大农牧民翻身得解放，当家做了主人，获得了土地，经济迅速恢复和发展。1952年，内蒙古粮食产量比1947年增长了88.89%，大牲畜和羊的头数增长了72.16%，工业生产总值达到了1.61亿元，比1947年增长了203.8%；国营商业和合作社的销售额比1947年增长82.5倍。内蒙古自治区经济第一个五年计划期间，实现了第一次跨越。到1957年，内蒙古工农总产值达到17.51亿元，比1952年增长53.6%。其中工业生产总值达6.33亿元，比1952年增长2.93倍；农牧业因1957年自然灾害歉收的情况下，总产值仍然达到了11.18亿元，较1952年增长14.2%。"一五"期间，内蒙古在经济发展的同时，财政状况也得到改善，财政总收入达到12.98亿元，总支出达到11.36亿元。

内蒙古自治区从社会主义改造基本完成，开始大规模社会主义建设，并取得了巨大成就。1957~1966年，内蒙古新增固定资产达到了52.34亿元，其中新增工业固定资产就达40.78亿元，比1956年的前十年增长16倍多。自治区的主要工业产品产量大幅度增加，为今后的发展奠定了必要的物质基础；广大农村牧区的生产条件也得到了很大改善，机电井眼数、水浇地面积、拖拉机数量、用电量等都有很大的增长。从整体上看，内蒙古在改革开放前30年的计划经济体制背景下，经济建设取得了巨大成就，全区生产总值从1947年的5.37亿元增加到1978年的58.04亿元，增长了10倍多。工业有了长足发展，1947年内蒙古的工业几乎是空白，只有少数的手工制造业，工业生产总值只有5300多万元,而到1978年,内蒙古工业产值达到了21.84亿元。但回顾前30年,受多种因素的影响内蒙古在全国的区域经济分工体系中一直扮演着农牧业省份的角色,工业发展非常薄弱。事实上,1978年内蒙古的工业增加值21.84亿元,占生产总值的比重只有37.6%,而第一产业增加值为18.96亿元,占生产总值的比重为32.7%。可见,直到改革开放之前,内蒙古的经济结构仍然是以农牧业为主、现代工业所占比重很低,属于典型的传统经济结构。内蒙古大规模投资和全面工业化时代还没有开始。

在计划经济体制时期,就全国来看一直存在积累和消费的矛盾,经济建设中经常会出现"重积累、轻消费"的问题。但在内蒙古由于没有把工业发展放到突出位置,这一问题并没有出现。1978年内蒙古包括居民消费和政府消费在内的最终消费为42.91亿元,而当年的资本形成总额只有21.20亿元,其中固定资本投资只有16.56亿元。由此推算内蒙古在1978年的消费率和投资率分别为73.9%和36.5%。而1978年全国的消费率和投资率分别为62.1%和38.2%,与全国平均数相比这一比例还是比较理想的,甚至可以说接近1978年世界平均投资率和消费率。据钱纳里研究1978年世界平均投资率和消费率分别为74.8%和25.1%。可见,与国内外比较,内蒙古这一时期的消费率尚处于高位企稳阶段,但这是因为内蒙古还处在大规模工业化尚未开始的发展阶段。

二、改革开放以来消费率逐步趋于下行阶段(1978~2000年)

1978年12月,党的具有历史意义的十一届三中全会胜利召开,全会恢复了党的实事求是的思想路线,会议决定把全党工作重点转移到经济建设为中心的轨道上来。1981年,内蒙古同全国其他省份一样,在农村实行了"家庭联产承包责任制"。在牧区实行了"保本承包,少量提留,费用自理,收入归己"的"大包干"责任制。内蒙古农村牧区土地承包改革是新中国成立以来在经济体制上的重大创新，极大地解放了生产力，调动了广大农牧民的生产积极性，农牧业获得了历史上最快的发展时期。1988年，自治区牲畜存栏4201.1万头（只），比1978年增长18%。全区农业总产值按1980年不变价格计算达68.5亿元，比1978年增长90.2%，年平均增长6.6%，与前26年平均2.5%的速度相比，高出了4.1个百分点。

从1985年以后，内蒙古自治区的经济改革重点由农村牧区转向城市，改革从国有企业开始，先体制外，后体制内，从微观到宏观，在所有制结构和政府职能等方面开始了重大改革。通过调整所有制结构，大力发展三资企业；积极调整产品结构和产业结构，改善工业布局；对国有企业先后通过放权让利、下放企业经营自主权、实行承包制和股份制等改革措施，理顺政企关系，使国有企业成为自主经营、自负盈亏的市场竞争主体。极大地增强了企业活力，促使工业生产迈上了一个新台阶。内蒙古经济在这一时期经济结构调整的步伐开始加快，工业发展的基础开始逐步形成。凭借自治区的资源优势和全国改革开放带来的发展机遇，内蒙古逐步形成了四大支柱产业，即以毛绒纺织、皮革、食品为主的农畜产品加工业；以钢铁为主的冶金工业；以煤炭和电力为主的能源工业；以重型载重汽车为主的机械电子工业等四大支柱产业。从主要工业产品产量来看，内蒙古原煤产量由1978年的2194万吨增加到2000年的7247万吨，居全国第9位；生铁产量由107万吨增加到440.84万吨，居全国第7位；发电量由37.78亿千瓦时增加到439.22亿千瓦时。

由于工业结构调整和投资加快带动全区经济发展达到了一个新的阶段。2000年全区国民生产总值达到1539.12亿元，是1978年的26.5倍，年均增长15.3%。在投资的拉动下，工业增加值达到484.19亿元，是1978年的22.2倍，年均增长14.4%。由于内蒙古工业化到来，固定资产投资持续攀升，由1978年的16.56亿元增加到2000年的439.42亿元，年均增长15.3%。这一段发展时期在结构调整和投资的作用下，内蒙古的投资率上升和消费率下降态势均非常明显。1978～

2000年，内蒙古投资率由36.5%上升到41.7%，而消费率则由73.9%下降到56.8%。而2000年全国的投资率和消费率分别是62.3%和35.3%。这说明内蒙古在发展进入到世纪之交之际，投资率和消费率已经出现了值得关注的非正常变化。表2-1反映了1978~2000年之间内蒙古的最终消费率和投资率随着经济增长发生变化的基本情况。图2-1是内蒙古投资率和消费率在1978~2000年的变化折线图，可以看出投资率在23年间变化幅度不是很大，上下相差只有5.19个百分点，变化比较平稳；但消费率的变化幅度比较大，上下相差17.17个百分点，下降趋势非常明显。

表2-1   1978~2000年内蒙古自治区消费率和投资率变化情况

年份	生产总值（亿元）	最终消费（亿元）	居民消费（亿元）	政府消费（亿元）	固定资本形成总额（亿元）	消费率（%）	投资率（%）
1978	58.04	42.91	37.76	5.15	16.56	73.93	36.53
1979	64.14	50.84	44.68	6.16	17.65	79.26	36.14
1980	68.40	62.10	55.83	6.27	15.78	90.79	27.60
1981	77.91	76.51	67.08	9.43	15.53	98.20	24.13
1982	93.22	88.01	79.07	8.94	20.94	94.41	28.00
1983	105.88	94.01	83.79	10.22	29.66	88.79	33.60
1984	128.20	106.57	89.38	17.19	40.85	83.13	35.73
1985	163.83	127.04	105.12	21.92	50.94	77.54	37.60
1986	181.58	144.84	118.22	26.62	47.57	79.77	33.16
1987	212.27	166.12	135.28	30.84	53.32	78.26	31.96
1988	270.81	184.46	149.57	34.89	72.05	68.11	40.67
1989	292.69	199.14	160.50	38.64	70.68	68.04	39.45
1990	319.31	216.70	169.79	46.91	70.77	67.87	39.05
1991	359.66	245.90	188.61	57.29	100.68	68.37	38.09
1992	421.68	271.08	208.10	62.98	149.24	64.29	46.50
1993	537.81	328.42	253.40	75.02	219.39	61.07	53.65
1994	695.06	420.89	327.89	93.00	250.23	60.55	47.64

续表

年份	生产总值（亿元）	最终消费（亿元）	居民消费（亿元）	政府消费（亿元）	固定资本形成总额（亿元）	消费率（%）	投资率（%）
1995	857.06	539.41	412.97	126.44	273.16	62.94	43.52
1996	1023.09	609.65	468.29	141.36	276.04	59.59	43.62
1997	1153.51	685.71	517.07	168.64	318.97	59.45	41.16
1998	1262.54	721.60	539.13	182.47	353.40	57.15	42.95
1999	1379.31	800.77	592.94	207.83	389.97	58.06	41.89
2000	1539.12	873.65	636.10	237.55	439.42	56.76	41.72

资料来源：《内蒙古统计年鉴》2001年。

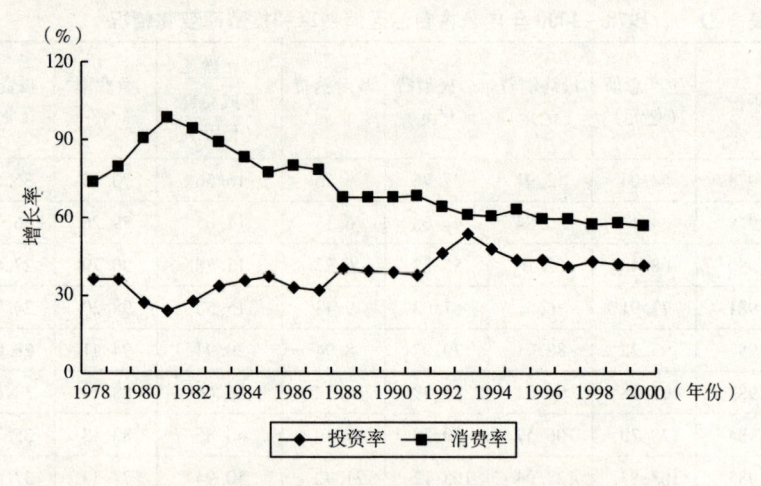

图2-1　内蒙古投资率和消费率在1978~2000年的变化情况

三、快速工业化阶段消费率步入快速下降阶段（2001~2010年）

进入21世纪，我国进入了一个更快的发展时代，而内蒙古无疑是发展速度的代表，这10年间内蒙古曾经创造出了连续8年全国排名第一。是什么造就了内蒙古经济的高速增长？内蒙古的经济高速增长出现在中国快速工业化这个特殊发展阶段并非偶然，一般来说，机遇、资源、投资以及政府的战略主导等多种特殊因素的集合，共同成就了内蒙古经济的高速增长，这其中持续的大规模的固定资产投资是拉动内蒙古经济高速增长的最主要因素。随着1999年国家西部开发战略的实施，内蒙古抓住这一有利时机启动了"工业优先发展战略"。确定了能源、冶金、化工、机械制造、农畜产品加工产业作为五大支柱产业，给予重点支持，优先发展。事实上，自2000年以来，内蒙古的固定资产投资也主要是集中在这五大支柱产业上。这五大支柱产业的发展不仅拉动经济实现高速增长，同时也提高了内蒙古整体工业化水平，增强了内蒙古的经济实力。"十五"和"十一五"时期，内蒙古围绕新的发展战略，抢抓发展机遇，重点打造"能源、冶金、化工、机械制造、农畜产品加工"五大支柱产业，全面推进工业化进程，以资源型产业为代表的重化工业异军突起，带动内蒙古步入了经济高速增长阶段。

"十五"时期是内蒙古实施西部大开发战略，实现经济跨越式发展的关键时期。在这一时期，内蒙古始终坚持以改革促发展，把企业制度创新摆在首位。以规范上市、中外合资和企业参股等多种形式，对国有大中型企业进行公司制改革，使其成为自主经营、自负盈亏的市场主体。同时采取多种形式，进一步搞活中小企业，加快企业组织结构调整。对有规模经济要求的行业和产业，依托重点骨干企业，以资本为纽带，实行强强联合，培育和发展一批具有较强竞争力的跨地区、跨行业、跨所有制的具有行业竞争力的大型企业集团。同时进一步解放思想，转变观念，大力发展非公有制经济，在土地、融资、人才等政策方面与国有经济一视同仁，使个体、私营和各种混合经济等各类非公有制经济，逐渐成长为市场经济的重要组成部分。在"十五"期间，内蒙古投资规模迅速扩大，累计完成固定资产投资6918亿元，年均增长44.2%，相当于"九五"以前50年投资总和的2倍。投资结构也得到了进一步优化，能源与基础设施成为主要投资领域。累计完成煤炭投资194.2亿元，电力投资1234.3亿元，铁路投资82.2亿元，公路投资867.6亿元，社会事业投资338.9亿元，水利投资183.2亿元，生态投资173.7亿元，城市基础设施投资408.4亿元。

持续大规模投资推动内蒙古经济实现了快速增长，2005年，内蒙古国民生产总值达到3822.77亿元，比2000年增长1.2倍，年均递增16.6%，超过"九五"时期6.6个百分点。人均生产总值达到16026元，提前完成了自治区第七次党代会确定的到2010年达到全国平均水平的目标。地区生产总值在各省区市中的位次由第24位上升到第19位，在西部地区由第6位上升到第3位；人均生产总值在西部地区列第1位。2005年全区农牧业增加值达到600.09亿元，粮食产量达到了1662.15万吨，大小牲畜存栏突破1亿头（只）。这一时期内蒙古工业化明显加快，2005年工业增加值达到了1391亿元，占全区生产总值的比重上升到37.2%。自治区初步形成了能源、化工、装备制造、冶金、农畜产品加工、高新技术六大特色优势产业。其中，能源工业实现了超常规发展，对缓解全国煤电市场紧张状况发挥了重要作用。2001~2005年内蒙古的煤炭产量由0.8亿吨增加到2.6亿吨，年均递增近5000万吨。"十五"期间，内蒙古第三产业也得到了快速发展，第三产业年均增速达到了12%，高出全国第三产业8.3%的年均增速3.7个百分点。2005年，内蒙古实现财政总收入536.29亿元，比2000年增长2.4倍，年均增速28%。

进入"十一五"时期，内蒙古紧紧抓住国家实施西部大开发、振兴东北等老工业基地战略的机遇，积极应对国际金融危机冲击，经济得到了突飞猛进的发展，整体经济实力上了一个新台阶。"十一五"时期内蒙古固定资产投资仍然保持了较高增长势头，共完成固定资产投资近3万亿元，是"十五"时期的4.3倍。"十一五"时期，内蒙古社会生产总值达到了11655亿元，年均增长达到了17.6%，经济总量跃居全国第15位。人均生产总值达到7070美元，位居全国前列。"十一五"时期内蒙古实现地方财政总收入1738.1亿元，年均增长29.4%。随着经济发展和财政收入增加，城乡居民收入水平持续增加，人民生活水平大幅度提高。内蒙古城镇居民人均可支配收入由2005年的9137元增加到2010年的17698元，年均实际增长11.2%；农牧民人均纯收入由2989元增加到5530元，年均实际增长10%。"十一五"时期内蒙古进一步加强了基础设施建设。完成铁路建设投资555亿元，建成临河至策克、包头至西安等30个重点项目，铁路运营里程达到10789公里。完成公路建设投资1470亿元，建成9条连接区外的高速公路，公路通车总里程达到15.7万公里，其中高速公路2365公里。完成机场建设投资50亿元，建成鄂尔多斯、阿尔山和二连浩特机场，机场总数达到12个。

"十一五"时期内蒙古大力推进经济结构优化调整，成效显著。进一步做强做大能源、原材料等优势特色产业，2005~2010年，原煤产量由2.6亿吨增加到7.9亿吨，发电量由1989万千瓦增加到6500万千瓦，风电装机由20万千瓦增加到1000万千瓦、煤制油、煤制烯烃、煤制二甲醚、煤制甲烷气和煤制乙二醇等煤化工产业得到了突破性发展，逐步成为资源型产业的主力。"十一五"时期内蒙古非资源型产业得到了快速发展，装备制造业增加值年均增长超过23%以上。农牧业产业化进程加快，销售收入百万元以上龙头企业达2200家，其中国家和自治区级龙头企业286家，实现销售收入2200亿元以上，增长1.5倍。积极推进城镇化，城镇化率达到55%。第三产业比重由2005年的15.1∶45.4∶39.5调整为2010年的9.5∶54.6∶35.9，第二产业比重迅速提升，第一产业比重下降，从总体上完成了由农牧业主导型经济向工业主导型经济的转变过程。非资源型产业迅速成长发展，优势特色产业得到巩固和加强。随着市场化改革推进，内蒙古的所有制结构进一步优化，2005~2010年，内蒙古各类非公有制经济占GDP比重，由33%提高到43%，个体、私营和三资企业逐步成为市场经济的重要组成部分。自治区积极应对国际金融危机冲击，实施了"扩内需、保增长"政策，在出口低迷的情况下，积极发挥投资、消费对经济增长的拉动作用，确保了经济稳步增长局面。自治区实施了工业优先发展战略，规模以上工业保持了良好发展态势，年均增长达到了25.4%，成为拉动经济增长的生力军，占GDP比重由37.8%增加到48.2%，所创造的利润由226亿元增加到1200亿元。采取有效措施发展服务业，传统服务业得到巩固提升，信息、金融、物流等现代服务业快速发展，全区第三产业产值年均增长14.9%，吸纳了大量就业人口，对城镇就业的贡献率超过70%。

2001~2010年这10年是内蒙古经济发展最快时期，也是加速工业化时期，同时也是投资率持续上升和消费率持续下降幅度比较大的时期。表2-2反映了2001~2010年内蒙古的消费率和投资率随着经济增长发生变化的基本情况。可以看出，内蒙古的社会生产总值从2001年的1713.81亿元增加到2010年的11672.00亿元，年均增长21.1%。这么高的经济增长速度主要是在大规模投资拉动下取得的，固定资本形成总额由510.02亿元增加到8938.69亿元，年均增长达到了33.2%，大大超过经济增长率12.1个百分点。投资的过快增长引发了投资率和消费率的变化，而且其变化幅度之大超过了以往任何一个时期。投资率由2001年的39.7%提高到77.0%，而消费率则由56.9%下降到39.5%。特别是消费率在短短10年间下降了17.4个百分点，不仅国内没有，世界上其他国家或地区也很难见到。究其原因还是内蒙古在这个特殊的发展阶段实施"加速工业化发展战略"，大规模扩大资源型产业投资，投资呈现强势增加，而消费受到投资强烈挤压，占GDP比重日益缩小。

表2-2　　2001~2010年内蒙古自治区消费率和投资率变化情况

年份	生产总值（亿元）	最终消费（亿元）	居民消费（亿元）	政府消费（亿元）	固定资本形成总额（亿元）	消费率（%）	投资率（%）
2001	1713.81	974.44	681.07	293.37	510.02	56.9	39.7
2002	1940.94	1135.65	794.46	341.19	729.37	58.5	44.4
2003	2388.38	1257.47	848.04	409.43	1228.26	52.6	56.1
2004	3041.07	1492.27	962.85	529.42	1817.73	49.1	64.0
2005	3905.03	1809.52	1197.75	611.77	2685.22	46.3	72.9
2006	4944.25	2131.20	1385.90	745.30	3353.88	43.1	70.1
2007	6423.18	2631.52	1693.96	937.56	4356.39	41.0	70.0
2008	8496.20	3287.31	2044.15	1243.16	5522.72	38.7	67.3
2009	9740.25	3959.82	2337.55	1622.27	7425.16	40.7	77.0
2010	11672.00	4605.43	2710.62	1894.81	8938.69	39.5	77.3

资料来源：《内蒙古统计年鉴》2011年。

图 2-2 反映出内蒙古投资率和消费率在 2001~2010 年的变化情况，二者呈现剪刀形状，说明资本形成总额和最终消费总额占支出法生产总值的比例发生了颠倒改变。

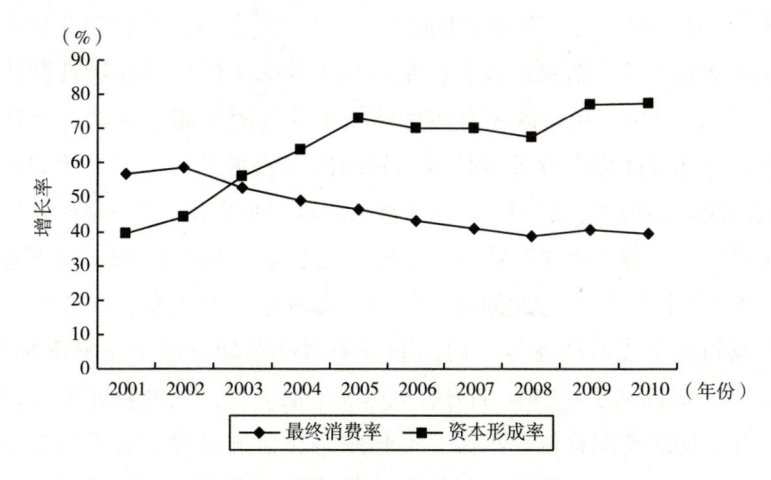

图 2-2　内蒙古投资率和消费率在 2001~2010 年的变化情况

四、经济调整期消费率步入低位稳定阶段（2011~2015 年）

"十二五"时期是内蒙古自治区发展进程中的重要阶段，在全国经济总体下行压力持续加大的情况下，实现了稳步经济增长。自治区党委围绕落实"五位一体"总体布局和"四个全面"战略布局，提出了"8337"发展思路，推动全区产业发展层次、区域协调发展水平、综合经济实力和人民生活水平上了一个大台阶，经济社会发展进入了一个崭新阶段。根据 2016 年内蒙古自治区政府工作报告提供的数据，"在'十二五'时期内蒙古累计完成固定资产投资 5.2 万亿元，是'十一五'时期的 2.6 倍，年均增长 18%。社会生产总值由 2010 年的 1.17 万亿元增加到 2015 年的 1.8 万亿元，年均增长 10%；人均生产总值由 7070 美元增加到 1.15 万美元，居全国前列。各级财政累计投入民生资金 1.18 万亿元，是"十一五"时期的 2.6 倍。城乡居民人均可支配收入分别由 17698 元、5781 元增加到 30594 元和 10776 元，年均增长

11.1%和13.3%，高于经济增长速度"。①

"十二五"时期内蒙古加大了产业结构调整力度，初步形成了多元发展、多极支撑的产业格局，三次产业结构比例由9.4∶54.5∶36.1调整为9∶51∶40。实施工业反哺农业，增加农业投入，加快农业技术进步，推动农业增产增收，粮食产量达到了565.4亿斤，存栏牲畜达到1.36亿头（只）。自治区大力实施创新驱动发展战略，推动产业转型升级，一部分优势产业装备技术达到国内领先水平。传统资源型产业为主的经济结构逐步改变，工业经济结构进一步优化，"一煤独大"的状况得到了改善，煤炭产业对工业经济增长的贡献率由33.5%下降到11.3%，下降明显，与此同时，包括装备制造、有色金属和农畜产品加工业和高新技术产业等在内的非资源型产业的贡献率则显著提升，由31.7%提高到了49%。电力装机达到1亿千瓦，风电装机达到2316万千瓦，均居全国首位。物流、文化旅游、金融保险、电子商务等现代服务业得到进一步发展。基础设施保障能力不断提高。建民航机场由12个增加到24个。建成了30条高速和一级出区通道，94个旗县市区通了高速或一级公路，高速公路超过5000公里，公路总里程达到了17.5万公里。铁路运营总里程达到1.35万公里。内蒙古自治区加大力度推进对外开放，推动落实国家"一带一路"倡议，加强对俄罗斯和蒙古国对外开放和经济合作，建设自治区向北开放的重要桥头堡和沿边开发开放经济带。加快推进我国北方重要生态安全屏障建设，实施退耕还林还草、舍饲禁牧受到了显著成效，内蒙古总体生态环境不断好转，美丽内蒙古建设取得了巨大成效，沙化土地面积区域缩小，草原植被覆盖面积由37%增加到44%；森林面积由3.6亿亩扩大到3.8亿亩。

"十二五"时期，内蒙古的经济增长速度从"十一五"时期的21%下降到10%。可以发现这一时期，内蒙古的经济增长速度明显放缓，一个原因是受到全国经济下行压力加大的影响，另一个原因是加快了经济结构调整，能源、冶金、工矿业等传统资源型产业投资与所

---

① 巴特尔. 内蒙古自治区2016年政府工作报告. 中国发展门户网，http：//cn, chinagate，cn/reports/2016-03/05/content_37943296，htm.

占产值比重明显下降。投资总额虽较"十一五"时期规模偏高,但投资结构更加优化了,因而伴随着经济增长速度理性回归,内蒙古的投资率与消费率均出现稳定变化态势。表2-3反映了2010~2015年内蒙古的消费率和投资率随着经济增长发生变化的基本情况。从表2-3和图2-3可以看出,投资率经历了先升后降的变化过程,在2012年和2013年分别达到了历史高点84.6%、93.4%,此后迅速回落到2014年的77.4%,大体与2010年持平。消费率基本变化不大,大体稳定在40%左右。

表2-3　2010~2015年内蒙古自治区消费率和投资率变化情况

年份	生产总值（亿元）	最终消费（亿元）	居民消费（亿元）	政府消费（亿元）	固定资本形成总额（亿元）	消费率（%）	投资率（%）
2010	11672.00	4605.43	2710.62	1894.81	8938.70	39.5	77.3
2011	14359.88	5526.64	3285.50	2241.14	10837.14	38.5	76.7
2012	15880.60	6244.20	3777.30	2466.90	12954.30	39.3	84.6
2013	16832.40	6889.61	4281.27	2608.34	15287.13	40.9	93.4
2014	17769.50	7158.20	4959.20	2199.00	13453.90	40.3	77.4

资料来源:《内蒙古统计年鉴》2015年。

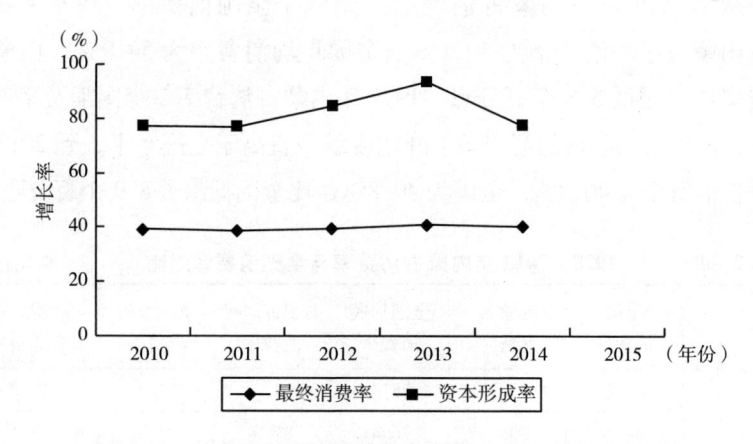

图2-3　内蒙古投资率和消费率在2010~2015年的变化情况

第二节　内蒙古消费率变化的合理判断

关于消费率多少才称为合理,目前学术界还没有一个统一的、科学的国际标准。但是根据一些国家的历史数据所作的统计分析仍然能带给我们一些有益的启示。尤其是国外学者钱纳里、塞尔奎因以及国内学者乔为国等人的研究成果对于研究内蒙古消费率变化水平具有重要的借鉴意义。为此,笔者首先将内蒙古的消费率与我国平均水平及世界各国平均水平进行比较,然后对内蒙古经济高增长阶段消费率变化的合理性作出判断。

一、内蒙古消费率与全国及其他地区消费率比较

1. 内蒙古消费率与全国平均水平比较。从表2-4可以看出,自1978年改革开放以来内蒙古同全国一样消费率总体呈现下降趋势,但下降幅度内蒙古要高于全国水平（见图2-4）。在1997年之前,内蒙古消费率一直比全国消费率要高。1978~1997年全国消费率年均为62.9%,内蒙古为74.2%,内蒙古消费率高出全国消费率12个百分点。从1998年以后内蒙古消费率开始低于全国消费率,1998~2013年,内蒙古年均消费率为49.1%,全国年均消费率为54.9%,内蒙古消费率比全国低5.8个百分点。1997年内蒙古消费率与全国消费率基本持平,但此后内蒙古的消费率下降幅度就一直高于全国水平,到2013年内蒙古消费率为40.9%,全国为49.8%,比全国低出了8.9个百分点。

表2-4　1978~2013年内蒙古消费率与全国消费率对比　　单位:%

年份	全国消费率	内蒙古消费率	全国居民消费率	内蒙古居民消费率	全国政府消费率	内蒙古政府消费率
1978	62.1	73.9	78.6	88.0	21.4	12.0
1979	64.4	79.3	76.4	87.9	23.6	12.1
1980	65.5	90.8	77.5	89.9	22.5	10.1

续表

年份	全国消费率	内蒙古消费率	全国居民消费率	内蒙古居民消费率	全国政府消费率	内蒙古政府消费率
1981	67.1	98.2	78.2	87.7	21.8	12.3
1982	66.5	94.4	78.1	89.8	21.9	10.2
1983	66.4	88.8	78.3	89.1	21.7	10.9
1984	65.8	83.1	77.2	83.9	22.8	16.1
1985	66.0	77.5	78.3	82.7	21.7	17.3
1986	64.9	79.8	77.7	81.6	22.3	18.4
1987	63.6	78.1	78.5	81.4	21.5	18.6
1988	63.9	68.1	80.0	81.1	20.0	18.9
1989	64.5	68.0	78.9	80.6	21.1	19.9
1990	62.5	67.9	78.2	78.4	21.8	21.6
1991	62.4	68.4	76.1	76.7	23.9	23.3
1992	62.4	64.3	75.6	76.8	24.4	23.2
1993	59.3	61.1	74.9	77.2	25.1	22.8
1994	58.2	60.6	74.7	77.9	25.3	22.1
1995	58.1	62.9	77.2	76.6	22.8	23.4
1996	59.2	59.6	77.3	76.8	22.7	23.2
1997	59.0	59.5	76.7	75.4	23.3	24.6
1998	59.6	57.2	76.0	74.7	24.0	25.3
1999	61.1	58.1	75.3	74.0	24.7	26.0
2000	62.3	56.8	74.5	72.8	25.5	27.2
2001	61.4	56.9	73.9	69.9	26.1	30.1
2002	59.6	58.5	73.9	70.0	26.1	30.0
2003	56.9	52.7	74.2	67.4	25.8	32.6
2004	54.4	49.1	74.5	64.5	25.5	35.5
2005	52.9	46.3	73.3	66.2	26.7	33.8
2006	50.7	43.1	72.9	65.0	27.1	35.0
2007	49.5	41.0	72.7	64.4	27.3	35.6
2008	48.4	38.6	72.6	62.2	27.4	37.8
2009	48.5	40.7	73.0	59.0	27.0	48.5

续表

年份	全国消费率	内蒙古消费率	全国居民消费率	内蒙古居民消费率	全国政府消费率	内蒙古政府消费率
2010	48.2	39.5	72.5	58.9	27.5	48.2
2011	49.1	38.5	72.8	59.4	27.2	49.1
2012	49.5	39.3	72.7	60.5	27.3	49.5
2013	49.8	40.9	72.6	62.1	27.4	49.8
平均	59.0	62.3	75.7	74.7	24.3	26.5

资料来源：《中国统计年鉴》2014年；《内蒙古统计年鉴》2014年。

图2-4 内蒙古消费率和全国消费率1978~2013年的对比

从居民消费率的对比来看，全国和内蒙古的居民消费率均呈现下降趋势，但内蒙古的下降幅度更大。1978~2013年内蒙古消费率由88%下降到62.1%，下降了25.9个百分点，而全国消费率由78.6%下降到72.6%，只下降了6个百分点。在1994年之前，内蒙古居民消费率一直高于全国，从1995年以后内蒙古消费率开始低于全国，此后差距越来越大，由1996年低0.5个百分点逐渐拉大到2013年的10.5个百分点。相对于居民消费率变化而言，政府消费率则由低于全国水平变成高于全国水平（见图2-5）。1978~2013年内蒙古政府消费率由12%上升到49.8%，上升了37.8个百分点，而全国政府消费率由21.4%上升到27.4%，只上升了6个百分点。1990年内蒙古政府消费率与全国政府消费率基本持平，从1995年开始超过全国水平，在1999年相差不到2个百分点。但从2000年以后，内蒙古政府消费率迅速上升，由2000年高于全国1.7个百分点拉高到2013年的22.4个百分点（见图2-6）。

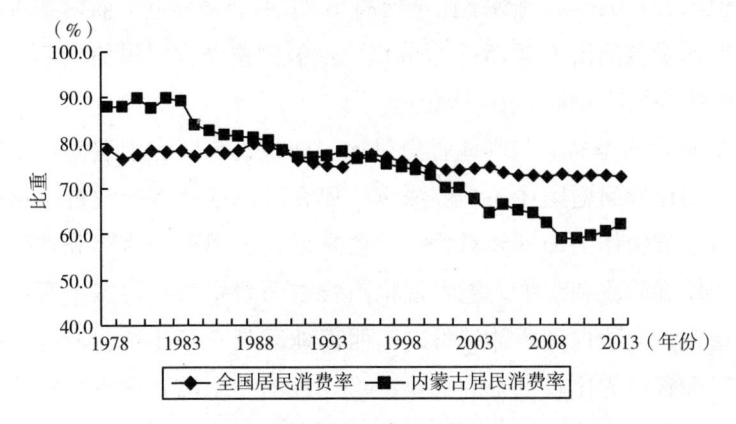

图2-5 内蒙古居民消费率与全国居民消费率对比

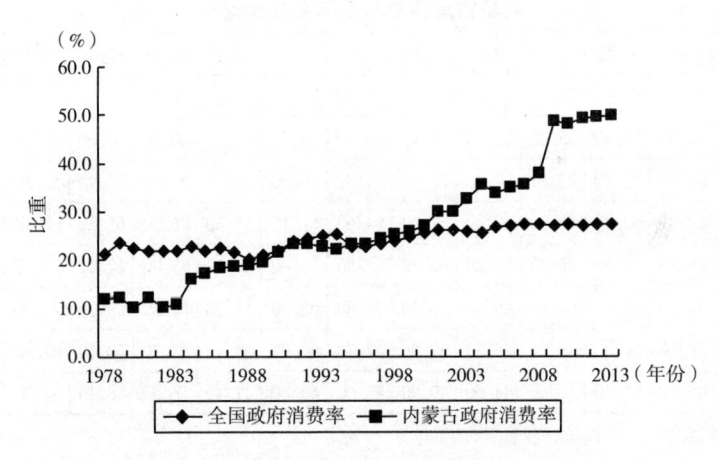

图2-6 内蒙古政府消费率与全国消费率对比

通过以上比较分析，可以得出这样几点结论：第一，改革开放以来内蒙古居民消费率与全国居民消费率都在下降，但是内蒙古下降的幅度更大。内蒙古的政府消费率与全国的政府消费率都在上升，但内蒙古的上升的幅度更大。第二，无论居民消费率还是政府消费率，在2000年内蒙古与全国基本一致，此后差距逐步拉大。从这个角度也可以印证2000年以后内蒙古所经历的特殊发展阶段，高投资、高增长成为主要助推因素。第三，2013年内蒙古的消费率比全国低8.9个百分点，但内蒙古的政府消费率比全国高出22.4个百分点，而内蒙古居民消费率比全国低出了10.5个百分点。这说明内蒙古居民消费率偏低是引发最终消费率偏低的主要原因。

2. 内蒙古消费率与其他省份对比。如果说内蒙古消费率与全国平均水平的比较问题阐述还不够深刻，那么可以继续将内蒙古的情况与全国其他省份作更加具体对比。一般来说，我国东中西部分别代表了不同的发展阶段和水平，笔者就将内蒙古消费率与我国东中西部分别加以比较。内蒙古是西部省份，与西部地区具有可比性，但与中部省份和东部省份的比较也十分必要，可以说明和全国发达省份相比，内蒙古消费率变化处于怎样一种水平。

表2-5　　　　　　　内蒙古消费率与西部各省份对比

年份	内蒙古	广西	宁夏	陕西	青海	新疆	云南	重庆	贵州	四川	西藏	甘肃
1978	73.93	—	75.92	—	—	70.70	75.40	—	82.30	—	—	66.62
1985	77.54	84.40	85.00	74.10	75.40	69.50	72.70	—	80.80	65.60	—	69.88
1990	67.90	77.20	73.83	74.40	76.91	63.80	66.20	—	73.00	70.90	53.30	70.10
1995	62.94	67.40	66.80	60.50	67.90	54.60	57.10	58.30	86.50	65.20	103.40	69.10
2000	56.80	70.39	65.70	57.80	66.12	55.80	75.80	62.25	89.40	62.91	55.29	60.38
2005	46.50	60.80	66.12	45.80	66.40	48.60	68.30	57.30	82.20	59.00	73.50	63.00
2010	39.50	50.70	48.80	45.30	53.36	52.70	60.00	48.10	63.70	50.10	64.30	59.75
2013	40.90	51.50	52.2	44.00	49.90	55.00	62.80	47.40	56.60	50.40	64.20	58.80

资料来源：《中国统计年鉴》2014年。

从表2-5可以看出，在1978年改革开放之初，内蒙古的消费率同其他西部省份相比并不是最低的，贵州省最高为82.30%，甘肃省最低为66.62%，其余省份大多在70%左右。到1995年，除贵州省和西藏自治区消费率出现上升以外，其余省份均出现不同程度下降，但内蒙古消费率仍然高于陕西省、新疆维吾尔自治区、云南省、重庆市。到2000年，内蒙古消费率开始快速下降，以56.80%排在倒数第三位置，仅高于新疆55.80%、西藏55.29%。此后内蒙古消费率下降加快，2000~2010年累计下降了15.9个百分点，降到40.9%，在整个西部省份排名倒数第一。

表2-6　　　　　　　内蒙古消费率与中部各省份对比

年份	内蒙古	湖北	江西	黑龙江	山西	安徽	河南	湖南
1978	73.93		65.38			78.92		68.6
1985	77.54	62.1	72.78	58.9	56.3	65.8	61.1	75.2
1990	67.90	65.4	72.35	60.9	60.5	68.89	56.4	75.9
1995	62.94	55.8	65.4	54.3	57.5	58.84	53.2	70
2000	56.80	51.68	64.1	58.31	57.75	64.05	54.3	69.6
2005	46.50	55.9	52.12	48.3	47.6	56.2	50.6	62
2010	39.50	45.7	47.54	53.1	43.8	50.3	44.2	47.4
2013	40.90	43.90	49.10	55.40	49.10	53.40	47.50	46.00

资料来源：《中国统计年鉴》2014年。

从表2-6可以看出，直到20世纪中叶，内蒙古的消费率还是比较高的，1995年以62.94%排在正数第三名，到2000年却以56.8%排在了倒数第三名。此后10年中部省份的消费率下降得比较快，到2013年中部省份的消费率均在43%~55%的水平，但内蒙古的消费率已经降到了40.9%。

通过表2-7对比看出，从1978年改革开放之初，内蒙古由于作为边疆少数民族地区，与东部省份相比消费率是比较高的。一直到2000年之前，内蒙古消费率始终排在第一名。但从2000年以后迅速下降，到2013年，内蒙古消费率为40.90%，排在倒数第二名，仅高于天津市1个百分点。天津虽然比内蒙古消费率低，但天津在1978年就是最低的，只有37.3%，而且以后若干年份并没有下降，反而到2010年还增加了1.9个百分点。

表2-7　　　　　　　内蒙古消费率与东部各省份对比

年份	内蒙古	北京	河北	上海	浙江	山东	海南	广东	福建	江苏	辽宁	天津
1978	73.93	48.71	51					67	79.9		47.72	37.3
1985	77.54	49.43	57.90	33.2	58	53.7	58.28	61	72.7	54.3	53.26	41.2
1990	67.90	53.9	57.9	41.9	61.1	53.4	60.84	60.9	73	50.6	54.03	47.5
1995	62.94	56	47.33	46	46.8	49.6	49.24	56.7	56	43.7	53.8	45.4
2000	56.80	53.4	44.42	47	45.94	48.2	55.2	53.2	54.4	43.74	55.42	49.6
2005	46.50	50	42.74	48.3	47.4	43	52.4	51.6	50.2	41.2	45.84	38.6
2010	39.50	56.91	40.8	54.9	45.7	39.1	46.2	48.9	43.1	41.6	40.5	38.4
2013	40.90	61.3	42.00	57.9	47.2	41.3	50.5	51.79	38.6	44.7	41.4	39.2

资料来源：《中国统计年鉴》2014年。

由表2-8和图2-7可以看出，1978年内蒙古消费率与全国东中西部省份平均水平基本相当，到1995年还是高于全国东中西部省份平均水平，2000年已经低于全国东中西部省份平均水平，2013年与全国东中西部省份三大区域相比，内蒙古消费率分别低6个、6.29个、13.23个百分点。

表2-8　　　内蒙古消费率与全国东中西部省份平均水平对比

年份	内蒙古	东部省份	中部省份	西部省份
1978	73.93	70.97	72.36	71.20
1985	77.54	64.60	66.26	64.76
1990	67.87	65.76	66.54	65.84
1995	62.94	59.29	60.12	59.37
2000	56.76	59.97	61.58	60.13
2005	46.34	53.25	55.06	53.43
2010	39.50	47.43	47.35	47.43
2013	40.90	46	47.19	54.13

资料来源：《中国统计年鉴》2014年。

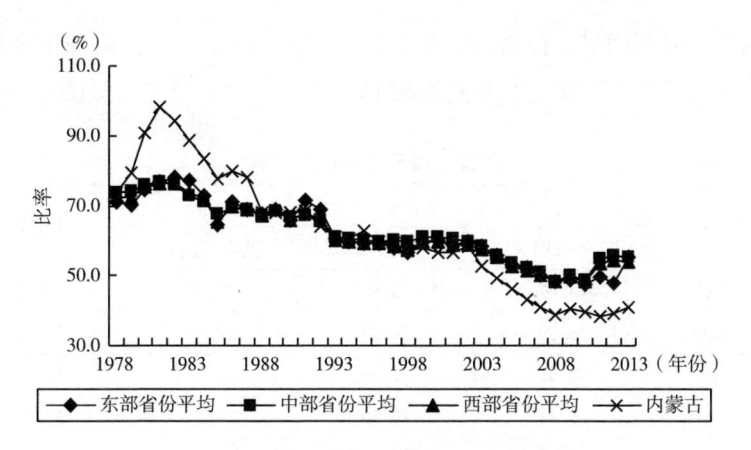

图 2-7　内蒙古消费率与全国东中西部省份对比

二、内蒙古消费率变化的国际比较

为了对内蒙古消费率变化作出更加准确判断，可以进一步作国际比较。既然比较就应该有一定的参照标准。美国发展经济学家钱纳里1975 年对 101 个国家从 1950~1970 年经济发展过程的数据进行回归分析得出了投资率和消费率的变化规律，即当一个国家的人均国民生产总值从 100 美元上升到 1000 美元（1964 年的美元）的阶段中，投资率会呈现逐年上升趋势，消费率则呈现明显的逐年下降的趋势；而当人均国民生产总值高于 1000 美元以后，投资率又呈现逐年下降趋势，大约稳定在 23% 左右，消费率则呈现逐步上升趋势，大约稳定在 77% 左右。尽管钱纳里模型所采用的是 20 世纪 50~70 年代的数据，但毕竟是建立在对 101 个国家的分析基础上，因而，其关于投资率和消费率变动规律及其标准的分析，可以作为消费率国际比较的参考。

根据世界银行发展报告，表 2-9 分别列出了世界不同收入国家从 1990~2008 年的消费率平均水平。经比较可以看出在 18 年中，高收入国家和中等收入国家消费率相对稳定，且均保持相对稳定，没有太多变化，其中高收入国家累积上升了 4 个多百分点，中等收入国家 0.7 个百分点，低收入国家由于处在特殊发展阶段，受到经济结构变化的影响下降略微明显，但也不到 9 个百分点。而内蒙古的消费率下降幅度大大超过低收入国家，18 年间累积下降了近 30 个百分点（见图 2-8）。

表 2-9　　　　　　　　内蒙古消费率的国际比较

年份	消费率（%）			内蒙古
	高收入国家	中等收入国家	低收入国家	
1990	75.69	74.80	93.45	67.87
2000	76.99	78.07	84.60	56.80
2002	78.49	77.29	76.45	58.60
2003	78.48	77.20	81.23	52.70
2004	77.89	76.82	81.23	49.20
2005	78.17	75.70	80.53	46.50
2006	77.91	74.63	78.68	44.00
2007	76.82	76.25	79.58	41.00
2008	71.50	75.55	84.00	38.60

资料来源：根据世界银行统计数据整理。

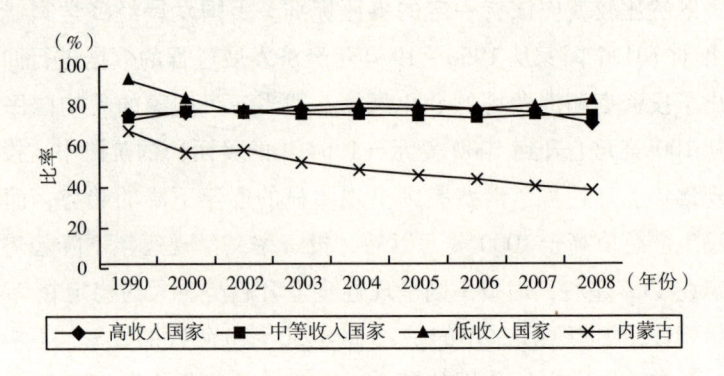

图 2-8　内蒙古消费率的国际比较

从以上比较来看，可以得出这样两点结论。第一，内蒙古的消费率脱离了消费率的变化常态，内蒙古人均 GDP 在 2003 年 10015 元，按当时人民币对美元汇率 8.23 折算，人均达到 1217 美元，也就是超过了 1000 美元。如果按照钱纳里模型所揭示的消费率变化规律来看，从 2003 年以后，内蒙古的消费率应该呈现上升趋势变化，但事实上正好相反，内蒙古的消费率不仅没有上升，反而继续下降，而且下降的速率更快，幅度更大。这是用常理无法解释的现象。第二，内蒙古的消费率在人均 GDP 接近和超过 1000 美元以后下降速率突然加快了。2000~2008 年内蒙古的消费率从 56.8% 下降到 38.6%，下降了近 17 个百分点。自 2008 年以后，内蒙古的经济一直还保持着高速增长，但消费率仍然处于较低水平，甚至还有下降趋势。从统计数据来看，2011 年内蒙古人均 GDP 达到了 57974 元，按当年人民币对美元汇率 6.5 折算，人均达到 8919 美元，已经超过中等收入国家水平。但与中等收入国家相比，内蒙古的消费率要差将近一半。

我们要看到钱纳里模型所提供的只是世界的平均值，由于各国处在不同发展阶段，因经济发展水平有高有低，有的国家可能处于投资率下降消费率上升阶段，而另一些国家可能处于投资率上升消费率下降阶段。一般来说，在钱纳里模型标准值上下的变动都属于投资率和消费率的合理变化区间。考虑到内蒙古正处在加速工业化阶段，产业以资本密集型产业为主，国有经济比重相对较高，投资效率相对较低等因素所致，内蒙古的投资率略高于全国平均水平，而消费率略低于全国平均水平，仍然属于合理的变化区间。这样进行比较，主要是为了防止脱离内蒙古经济增长的区域性和阶段性特点，简单采用国际标准衡量内蒙古的消费率的变化情况做出判断。但 2008 年内蒙古的消费率只有 38.6%。这已经不是一般的偏离国际公认标准，而是一种极为反常现象，这说明内蒙古近 10 年来的消费率变化不仅偏离了国内外所公认的标准值，也偏离了快速工业化阶段所能允许的最大变化区间。根据以上分析，可以得出这样的结论，内蒙古自 2000 年以来，步入快速工业化和经济高速增长阶段，同时也是投资率迅速提高消费率迅速下降的阶段。高投资在短时期内可以加速工业化，可以拉动经济高速增长，但由此所导致的持续的低消费及其结构性问题却不是短时期内可以解决的。因此，从长远来看由"高投资、低消费"这种失衡的动力结构所拉动的经济高速增长是不可持续的，也是不可取的。

第三节 本章主要结论

本章共分两节内容,分别分析了内蒙古自治区消费率变化的历史轨迹及其与国内国际的比较。

1. 从内蒙古自治区消费率变化的历史古迹来看,具有四个明显的阶段特征。

第一阶段,前30年(1947~1978年)内蒙古消费率处于高位起稳阶段。在计划经济体制时期,内蒙古由于没有把工业发展放到突出位置,全国经济建设中经常会出现"重积累、轻消费"的问题,在内蒙古并没有出现。1978年内蒙古的消费率和投资率分别为73.9%和36.5%。这与全国1978年消费率和投资率分别为62.1%和38.2%的水平相比较,内蒙古的消费率高于全国11.8个百分点,而投资率低了1.7个百分点。

第二阶段,改革开放以来到世纪之交(1978~2000年)内蒙古消费率逐步趋于下行。1978~2000年,内蒙古投资率由36.5%上升到41.7%,而消费率则由73.9%下降到56.8%。这说明内蒙古在改革开放以后,投资率和消费率已经出现了值得关注的变化。

第三阶段,快速工业化阶段(2001~2010年)内蒙古消费率快速下降。2001~2010年是内蒙古经济发展最快时期,也是加速工业化时期,同时也是投资率持续上升和消费率持续下降幅度比较大的时期。投资的过快增长引发了投资率和消费率的变化,投资率由2001年的39.7%提高到2010年的77.0%,而消费率则由56.9%下降到39.5%。特别是消费率在短短10年间下降了17.4个百分点,这在国内外都是罕见的。

第四阶段,经济调整期(2011~2015年)消费率步入低位稳定阶段。"十二五"时期,内蒙古的经济增长速度从"十一五"时期的21%下降到10%。投资总额虽较"十一五"规模偏高,但投资结构更加优化了，因而伴随着经济增长速度理性回归，内蒙古的投资率与消费率均出现稳定变化态势。表2-2反映了2010~2015年内蒙古的消费率和投资率随着经济增长发生变化的基本情况。由于2015年官方统计数据尚未公开，数据采集截止于2014年。投资率经历了先升后降的变化过程，在2012年和2013年分别达到了历史高点84.6%、93.4%，此后迅速回落到2014年的77.4%，大体与2010年持平。消费率基本变化不大，大体稳定在40%左右。

2. 内蒙古消费率与国内外的比较。首先，从国内比较来看，2013年内蒙古的最终消费率为40.9%，而全国为49.8%，比全国低8.9个百分点，但内蒙古的政府消费率比全国却高出22.4个百分点，而内蒙古居民消费率比全国低出了10.5个百分点。这说明内蒙古居民消费率偏低是引发最终消费率偏低的主要原因。

其次，从国际比较来看，1990~2008年高收入国家和中等收入国家消费率相对稳定，且均保持相对稳定，没有太多变化。低收入国家由于处在特殊发展阶段，受到经济结构变化的影响下降略微明显，由1990年的93.45%下降到2008年的84%，但也不到9个百分点。而内蒙古的消费率下降幅度大大超过低收入国家，从1990年的67.87%下降到2008年的38.60%，18年间累积下降了近30个百分点。

第三章

内蒙古消费率持续
下降的成因分析

第一节 已有的研究成果

消费率偏低是改革开放以来中国宏观经济运行暴露出来的一大突出问题,对此有很多国内外学者进行了广泛研究。这些研究成果对笔者研究内蒙古的消费率变化无疑具有重要的参考价值。本书第一章就介绍了大部分学者对我国消费率下降原因的主要看法,概括起来主要是投资挤压论、消费倾向下降论、收入比重下降论、唯 GDP 论等。

一、投资挤压消费论

国外学者通常将我国消费率下降归结于高储蓄率,认为中国的高储蓄是由于企业储蓄、政府储蓄和居民储蓄均较高造成的。[1]

在一般情况下,社会资源总是一定的,投资增加了则消费必然会减少。投资和消费在社会总资源中究竟应该占多大比例才算合适?这个问题由来已久,从计划经济时期一直到改革开放以后我国从计划经

---

[1] Kuijs, L., "In vestment and Saving in China", World Bank Research Working Paper No, 1, 2005.

济向市场经济转轨,对这个问题的争论从来就没有停止过。

柳随年(1979)认为加速实现现代化,要正确处理积累和消费的比例关系,积累率过高会影响群众的生产积极性、影响投资效果、引起农轻重比例失调。根据当时中国的情况,柳随年提出今后几年的积累率不宜超过30%。其后,孙尚清、陈吉元和张卓元认为,过高的积累率会影响全局经济效果,中国的积累率不能太高,以25%左右是合适的。李武(1983)以积累效率为标准,根据中国经济建设的实践,采用数理统计方法对1953~1978年中国积累率和积累效果这两个变量进行二次回归分析,结果表明,积累率在25%左右时效果最好。孙炎林(2000)对我国的合理投资率进行的分析表明,在以9%为经济增长目标的条件下,中国的合理投资率应为40.8%,超出这个界限则是不正常的,会引起消费的下降。乔为国(2007)在分析中国转轨过程中所有制结构变化的现实制度背景下,通过资金流量分析方法,认为消费率和投资率取决于居民、企业和政府部门的可支配收入占GDP的份额、它们的支出结构以及储蓄向消费或投资的转化机制。梁东黎(2006)则从我国经济转轨的特殊性视角提出公共产品较低的供给效率、劳动要素的弱势地位、企业投资的预算软约束等角度分析了我国高投资率、低消费率的具体原因。他认为:"我国高投资率、低消费率现象和我国转轨经济的特殊性有着非常密切的关系。在影响该现象的因素中,公共品供给效率和劳资力量对比关系都具有长期性;国内贷款规模具有短期性,但增长的压力使其难以收缩。由此看来,我国高投资率、低消费率是长期性的现象。"[①]

二、消费倾向下降论

许永兵、李永红(2005)从居民消费倾向变化的视角作了探索,认为我国最终消费率下降主要是由居民消费率下降引起的,所以分析

[①] 梁东黎. 我国高投资率、低消费率现象研究 [J]. 南京师大学报(社会科学版), 2006 (1).

我国消费率下降的原因主要是分析居民消费率。"20 世纪 90 年代以来我国居民消费率下降并非是由于居民总收入占 GDP 比重下降。因此，我国居民消费率下降的主因只能是居民平均消费倾向下降过快。事实也印证了这一结论。1989 年，我国城乡居民平均消费倾向分别为 0.88 和 0.89，1997 年降为 0.81 和 0.77，2003 年进一步降为 0.77 和 0.7。"① 由于居民平均消费倾向主要取决于居民个体的自身消费（储蓄）偏好，所以寻找居民平均消费倾向下降的主因，应从居民个体的消费（储蓄）决策开始。"恰好是在 20 世纪 90 年代以后，居民的支出与收入预期发生了改变。比如各项社会保障制度改革相继出台，消费者对养老、医疗等新的保障制度的保障程度心存疑虑。教育产业化、住房商品化改革，也大大增加了个人支出的预期。因此，居民收入和支出预期的改变，导致了我国居民消费倾向的下降，从而引起居民消费率的持续下降。"②

三、收入比重下降论

有相当一部分学者认为我国城乡居民收入比重下降、收入分配差距严重扩大等是消费率偏低的主要原因。刘国光（2002）认为中国消费率偏低主要有以下一些原因。一是过去经济工作中长期存在的重积累轻消费、重建设轻生活的影响；二是收入水平和收入分配因素对消费率的影响。如城乡居民人均收入在大部分年份都低于 GDP 的增长；三是非收入分配方面的影响，如消费政策和消费环境不完善等。根据汪同三、张涛等人（2003）研究："我国居民、企业和政府的实际可支配收入分别约为 GDP 的 65%、12% 和 22.5%。而同为大国的美国，1992 年宏观收入分配格局也相当稳定，居民、企业和政府可支配收入占 GDP 的比重分别约为 73.5%、12% 和 14%。美国和中国企业部门所得份额大体相当，也为 GDP 的 12% 左右，但中国居民的可支配收入在

---

①② 许永兵，李永红．我国消费率持续走低的原因及其经济影响 [J]．生产力研究，2005（10）．

GDP 中份额要低约 8.5 个百分点，而政府的相应要高 8.5 个百分点。由于居民可支配收入占 GDP 比重偏低，必然会使最终居民消费率偏低。"[1] 乔为国（2007）认为"宏观收入分配格局中居民可支配收入份额偏低、居民可支配收入中直接用于消费比例偏少，以及较少储蓄转化为居民消费等的共同作用造成我国居民消费率低"。[2]

方福前（2009）通过对 1992～2004 年中国国民收入核算的资金流量表（实物交易）进行计算和分析发现，自 1996 年开始，中国的国民收入分配一直是向政府倾斜的，自 2004 年开始，收入分配又开始向企业倾斜。在中国 GDP 的初次分配中，1995 年政府占有的份额最低，为 15.14%，1996 年上升到 15.53%，此后不断上升，到 2001 年达到 18.36%，6 年之间上升了将近 3 个百分点，2002 年和 2003 年分别维持在 17.48% 和 17.98%。1996～2003 年，中国居民的收入在 GDP 初次分配中占有的份额由 67.23% 下降到 63.12%，下降了 4.03%；2004 年由于企业收入在 GDP 初次分配中的比重上升过快，居民收入的比重大幅下降到 57.68%，比上一年降低了 5.52%。也就是说，1996～2004 年，中国居民的收入在 GDP 初次分配中占有的份额由 67.23% 下降到 57.68%，下降了 9.55%。[3] 方福前进一步分析得出结果，"在中国的国民收入再分配（即全部可支配收入分配）中，政府占有的份额上升得更快，由 1996 年的 17.15% 上升到 2003 年的 21.85%，上升 4.7%，而同期居民可支配收入在其中占有的份额则由 69.29% 下降到 62.68%，下降了 6.61%"。[4] 这说明，伴随着经济蛋糕不断做大，通过收入分配政策，政府和企业的收入占比越来越多，而居民的收入占比却越来越小。从方福前分析结果来看，无论是初次分配还是再分配城乡居民收入所占比重均呈现下降趋势，这是导致我国居民消费率下降的根本原因。

---

[1] 汪同三，张涛. 注意从收入分配角度促进经济结构平衡 [J]. 数量经济技术经济研究，2003（12）.

[2] 乔为国. 我国居民低消费率的成因——以国民收入流量循环为框架的分析 [J]. 学海，2007（5）.

[3][4] 方福前. 中国居民消费需求不足原因研究——基于中国城乡分省数据 [J]. 中国社会科学，2009（2）.

四、发展方式决定论

有的学者从我国经济体制与发展观的视角探寻我国长期以来消费率偏低的根源。乔为国（2007）分析了中国政府部门的支出情况得出结论。认为中国政府的支出包括消费、投资和资本转移是造成中国投资率偏高消费率偏低的另一个重要原因。主要是政府的高投资有不合理的成分，如地方政府乱上项目，以及对地方政府的考核不科学使地方政府有高投资动机，地方政府掌控土地等资源，地方投资体系不完善，以及中央政府的调控体系不完善等为地方政府投资动机成为现实提供了条件。[①] 王仕军（2009）从"发展阶段—发展观—发展战略"三位一体的解释框架，探究我国居民消费率低迷的形成机理。他认为："我国工业化、城市化加速发展的特定发展阶段、'GDP崇拜'的发展观与地方政府主导的外向型经济发展战略耦合在一起，使得我国的投资与消费比例关系长期、大幅度的失调成为必然，其内在逻辑如下：一是工业化、城市化加速发展的特定发展阶段，投资率高、消费率低具有一定的合理性；二是'GDP崇拜'的发展观使GDP成了地方政府发展经济的指挥棒；三是为追求GDP的增长，地方政府主导的外向型经济发展战略使得地方政府产生两大'热衷'，即上项目和大量出口创汇。"[②]

樊明（2009）基于中美政治制度比较对我国的高投资率、低消费率作出解释："在美国制度下，资本和政府受到劳动的约束，必须顾及劳动者的利益，从而实现了劳动者的收入随经济发展而增长，呈现低投资率和高消费率。而在中国，地方政府官员主要由上级任命，长期以来，GDP是地方政府官员最主要的政绩指标。GDP的增长需要资本

[①] 乔为国. 中国高投资率低消费率研究 [M]. 北京：社会科学文献出版社，2007 (8)：158.

[②] 王仕军. 发展阶段—发展观—发展战略——我国消费率低迷问题的形成机理及其解决路径 [J]. 宏观经济研究，2009 (2).

和劳动等生产要素，资本相对稀缺而劳动则相对富裕。这样地方政府往往更多地重视资本利益而相对忽视劳动利益，在相当程度上导致了高投资率和低消费率的发生。"①

还有学者从城市化与投资率和消费率关系的视角探索我国消费率持续下降的深层次原因。陈昌兵将城市化可分为城市规模化阶段和市民化阶段。在城市规模化阶段，投资率随着城市化率的提高而增大，消费率随着城市化率的提高而减少；而在市民化阶段，投资率随着城市化率的提高而减少，消费率随着城市化率的提高而增大。这样，投资率与城市化率间存在着倒"U"型的关系，消费率与城市化率间存在着"U"型的关系。中国城市化正处于城市规模化阶段向市民化阶段转变。据陈昌兵研究结果，中国各省（市）消费率与城市化率间存在着如下的非线性关系：当城市化率小于54.31时，消费率随着城市化率的增大而减少；当城市化率大于54.31时，消费率随着城市化率的增大而增大。当前我国由于城市规模化过快，而市民化相对滞后，从而导致了与其他国家城市化与投资率和消费率间的差别。

五、对现有成果的评价

通过以上分析表明关于我国消费率持续下降的原因，研究成果比较多，主要有这样几个特点：一是多数学者进行定性研究得比较多，作定量研究的比较少。多数学者对我国消费率偏低投资率偏高这种不正常现象基本认同，但是对于偏离到什么程度看法大不相同，特别是在原因的分析上差异很大。二是从不同角度进行单一研究的成果比较多，进行全方位综合研究的成果比较少，这就容易导致每一种说法都有道理，但又不全面。其实，这些研究结论本身都是可靠的，如果结合在一起会更加全面地反映我国消费率下降的真正原因。三是对我国总体情况研究得比较多，对个别区域研究的比较少。我国幅员辽

---

① 樊明. 中国高投资率、低消费率的政治因素——基于中美政治制度比较的一种解释[J]. 经济经纬，2009（2）.

阔，不同区域之间发展差距很大，如东中西部之间和民族边远地区分别处在不同发展阶段，在消费率变化的幅度和原因方面也会有很大不同。

第二节　内蒙古消费率下降的主要原因

一、消费率的决定因素

分析消费率下降的原因首先需要搞清楚消费率是由哪些因素决定的。消费率是最终消费额与 GDP 的比值，由于最终消费包括政府最终消费与居民最终消费两部分，所以消费率相应地要划分为政府消费率与居民消费率两部分。这两部分决定因素是不同的。前面已经分析到内蒙古消费率下降主要表现为居民消费率的下降，政府消费率多年来相对稳定，所以在这里主要分析居民消费率的决定因素。

居民消费率的计算公式为：

$$居民消费率 = (居民消费支出/支出法\,GDP) \times 100\%$$

从这个公式看出，居民消费率取决于居民消费支出与 GDP 的相对关系即与居民消费支出成正比，与 GDP 成反比。在国内生产总值保持不变的前提下，居民消费率主要取决于居民消费。决定居民消费的因素又有哪些呢？根据凯恩斯的消费需求理论，居民消费主要取决于居民可支配收入与消费倾向，即

$$居民消费 = 居民可支配收入 \times 消费倾向$$

居民消费与居民可支配收入及消费倾向均为正相关变化。因此，下面对内蒙古消费率下降的原因主要从居民可支配收入与消费倾向两个方面加以分析。

在分析消费率的决定因素不能不考虑的另一个因素就是投资率。

因为消费率与投资率可以说是密不可分的关系。很多学者认为二者是此消彼长的关系，甚至将高投资率作为低消费率的一个原因。乔为国、马晓河等人也持这种观点。当然也有学者提出了完全相反的观点。许永兵就认为："消费率与投资率之间并不是什么此消彼长的关系，而是一种消费率对投资率的本质上的单向的决定关系。相反，从逻辑上分析，投资率较高是因消费率较低，从而储蓄率较高所引起的。因为高水平的储蓄不仅为投资提供资金来源，同时也形成一种压力，内在的要求形成较高的投资率，以避免因储蓄不能有效地转化为投资而导致总产出的下降。"[1] 以上两种观点各自都有一定道理，把投资作为消费率的决定因素肯定是不对的，但认为低消费率决定了投资率可能也有失偏颇。因为消费率较低未必是高储蓄率的原因，也不一定非要导致高投资率。实际上在分析消费率变化时，既不能简单地认为高投资率引起了低消费率，低储蓄率导致了高投资率，但也不能由此认为投资就与消费率没有直接关系。投资不是决定消费率的直接因素，但它的变化间接地会对消费率产生重要影响。

二、内蒙古城乡居民收入占 GDP 比重偏低导致消费率下降

收入分配是指一个国家或地区在一定时期内经济活动成果在各经济总体之间的分配，一般要经过初次分配和再分配两个过程。初次分配国民收入在生产领域内部进行的分配。经过初次分配形成三部分收入，一部分以劳动报酬的形式形成劳动者个人收入，是居民生活和消费的基础；一部分以生产税的形式形成国家税收；一部分以营业盈余的形式形成企业收入。初次分配形成了国家、企业和个人的原始收入，直接关系到国家、企业和个人三方面的经济利益，并在很大程度上决定了消费和投资比例的基础。因此，一个国家或地区的国民收入初次分配是否合理直接关系到消费率是否合理。再分配是指在初次分配的

---

[1] 许永兵. 中国居民消费率研究 [M]. 北京：中国社会科学出版社，2013 (5)：99.

基础上在全社会范围内以经常转移的形式进行的再一次分配，经过再分配形成生产单位、非生产单位、政府和居民的可支配收入。可支配收入最终要形成投资和消费两个部分，决定了投资和消费的基本规模及其比例。因而，一个国家或地区的国民收入再分配是否合理同样直接关系到消费率是否合理。

（一）内蒙古初次分配收入结构分析

在生产内部进行的初次分配，解决的主要是资本所有者、劳动所有者以及政府的利益关系。衡量国民收入初次分配是否公平主要看劳动者报酬占国民生产总值的比重。劳动者报酬占国民生产总值的比重越高，说明国民收入的分配越公平。一般来看，劳动报酬占国民生产总值的比重会随着经济发展阶段而变化。根据李稻葵（2007）研究成果，世界主要"经济体在大规模工业化和城市化的过程中，劳动份额逐步下降，特别是在剩余劳动力终结的前后，劳动份额达到底部，而在之后逐步回升，整体呈'U'型走势"。"而我国目前的劳动份额的发展趋势是和这一规律相符的，我国目前仍处于'U'型发展的左半边，劳动份额随着工业化和城市化的进程逐步下降。总体上看，我国目前的劳动份额下降受到'U'型发展规律的影响"[1]。

初次分配对居民收入的影响非常大。李扬和殷剑峰（2007）研究认为："在居民的初次分配收入中，最重要的组成部分就是劳动报酬净额，其占居民收入的比重一般在70%以上。"并认为"初次分配地位下降是居民部门收入相对下降的主要原因"[2]。下面依据《内蒙古统计年鉴》（2014年）中的统计数据分析内蒙古1993~2013年国民收入初次分配情况。

表3-1显示，政府、企业和劳动者的初次分配收入都有大幅度增

---

[1] 李稻葵. 我国现阶段初次分配中劳动收入下降分析 [J]. 经济理论与经济管理, 2010 (2).

[2] 李扬, 殷剑峰. 中国高储蓄率问题研究——1992~2003年中国资金流量表的分析 [J]. 经济研究, 2007 (6).

加,但从总量上看政府和企业的收入增长幅度明显高于劳动者报酬增长幅度。在1993~2013年按当年价格计算政府部门收入增长了30.57倍,企业部门收入增长了72.70倍,而劳动者收入只增长了22.24倍。从分配结构来看,20世纪90年代内蒙古的主体初次分配结构比较稳定,没有发生大的变化,1993~2000年政府收入占比由13.41%下降到11.19%,不仅没有提高,反而下降了2.22个百分点,企业收入占比和劳动者收入占比分别也只提高了0.86个和0.5个百分点,变化均不足1个百分点。内蒙古初次分配变化较快区间发生在2000~2013年,这一时期正是内蒙古经济增长速度的最快时期。

表3-1　　内蒙古收入主体初次分配结构(1993~2013年)

年份	总收入(亿元)	劳动者报酬(亿元)	占比(%)	政府收入(亿元)	占比(%)	企业收入(亿元)	占比(%)
1993	532.5	328.33	61.65	71.43	13.41	71.69	13.46
1994	681.8	419.88	61.58	83.8	12.29	115.17	16.89
1995	832.8	505.35	60.68	98.98	11.89	155.48	18.67
1996	984.7	586.57	59.57	114.5	11.63	208.08	21.13
1997	1100	650.47	59.15	128.09	11.65	248.6	22.61
1998	1192	710.97	59.64	169.44	14.21	265.44	22.26
1999	1268	733.86	57.87	188.72	14.88	304.41	24.01
2000	1401	875.7	62.51	156.8	11.19	195.6	13.96
2001	1546	953.2	61.67	237.15	15.34	449.82	29.10
2002	1734	1082.6	62.42	153.8	8.87	237.2	13.68
2003	2150	1329.9	61.85	176.8	8.22	369.01	17.16
2004	2712	1308.4	48.24	404.07	14.90	1008.72	37.19
2005	3895	1599.5	41.07	433.2	11.12	1318.01	33.84
2006	4944	1951.9	39.48	550.42	11.13	1587.84	32.11
2007	6423	2093.4	32.59	772.85	12.03	2255.69	35.12
2008	8496	—	—	—	—	—	—
2009	9740	4520.6	46.41	1292.36	13.27	2823.95	28.99
2010	11672	5086.3	43.58	1560.3	13.37	3574.21	30.62

续表

年份	总收入（亿元）	劳动者报酬（亿元）	占比（%）	政府收入（亿元）	占比（%）	企业收入（亿元）	占比（%）
2011	14360	6240.5	43.46	2083.49	14.51	4445.18	30.96
2012	15880	6960.8	43.83	2152.04	13.55	5049.51	31.80
2013	16832	7629.8	45.32	2254.7	13.40	5283.8	31.40

区间	初次分配各主体收入增长倍数			
分配主体	全部	劳动者	政府	企业
1993~2000	1.63	1.67	1.20	1.73
2000~2013	11.01	7.71	13.38	26.01
1993~2013	30.61	22.24	30.57	72.70

资料来源：根据《内蒙古统计年鉴》2014年数据计算整理。

依据表3-1，2000~2013年内蒙古政府收入占比由11.19%上升到13.40%，上升了2.21个百分点，企业收入占比上升的最快，由13.96%上升到31.40%，上升了17个百分点。但同期劳动收入占比由62.51%下降到45.32%，下降了17.19个百分点。内蒙古在工业化进程中，伴随着经济高速增长，物质财富的增加，社会总收入的结构发生了剧烈变化，总的趋势是政府收入占比与经济增长速度相同步，但是劳动收入占比和企业收入占比出现了相反变化态势，一方面是劳动收入占比的快速下降，另一方面是企业收入占比的快速提高。这说明内蒙古的社会收入初次分配正在向越来越有利于资本而不利于劳动者的方向倾斜，随着劳动者在社会初次分配中占比的相对下降，直接引发城乡居民收入相对下降，并最终导致内蒙古10多年来居民消费率的持续下降。

（二）内蒙古再分配收入结构分析

经过国民收入初次分配，还要通过收入税、社会保险、社会福利和社会补助等经常转移和民间馈赠等其他经常转移的调节形成各收入主体的可支配收入。各主体的可支配收入通常可以依据统计年鉴资金流量表计算而得，但《内蒙古统计年鉴》只有1998~2002年可以查到资金流量表,其余年份均缺失。因此采用上述办法很难得出内蒙古各主体的再分配收入结构。本书采用了简化和替代的办法解决这一难题。即舍去了企业最终可支配收入,因为从以往及全国经验来看,企业经过再分配以后,其所得最终收入肯定是下降的,只不过下降的速度有所不同而已,而且离开资金流量表计算企业可支配收入也无从下手。地方财政收入既包括预算内收入,也包括了预算外收入,大体可以反映出地方政府可支配收入占比变化情况。居民可支配收入可以根据城镇居民可支配收入与农村居民可支配收入及其人口各自的百分比计算出来。笔者认为舍去企业在地方总收入占比的变化,仅分析比较内蒙古的财政总收入和居民可支配收入在地方总收入的占比情况同样可以说明问题。

从表3-2可以看出,1995~2012年,内蒙古的地方财政总收入占地方总收入的比重从5.10%提高到15.73%,提高了10多个百分点,但同期居民可支配收入占比却从50.40%下降到26.48%,下降了近25个百分点。由此看出,在初次分配不利于劳动者的基础上经过再分配的调整,政府的收入占比继续提高,居民的收入占比继续下降。居民下降的部分大部分转移到政府手里,小部分转移到企业手里。我们知道,对于一个国家或地区来说,再分配后所形成的可支配收入是消费能力的现实基础。内蒙古的初次分配制度不利于城乡居民收入增加,经过再分配调整以后仍然不利于城乡居民消费能力提升。总的来看内蒙古城乡居民可支配收入占比下降是导致内蒙古消费率持续下降的主要根源。

表3-2　　　　内蒙古收入主体再分配结构(1995~2013年)

年份	总收入(亿元)	财政总收入(亿元)	占比(%)	居民可支配收入(亿元)	占比(%)
1995	857.06	43.70	5.10	431.93	50.40
1996	1023.09	57.26	5.60	531.86	51.99
1997	1153.51	73.18	6.34	610.01	52.88
1998	1262.54	89.77	7.11	686.85	54.40
1999	1379.31	100.82	7.31	740.93	53.72

续表

年份	总收入（亿元）	财政总收入（亿元）	占比（%）	居民可支配收入（亿元）	占比（%）
2000	1539.12	110.68	7.19	792.94	51.52
2001	1713.81	117.38	6.85	839.25	48.97
2002	1940.94	132.91	6.85	913.77	47.08
2003	2388.38	162.72	6.81	1047.57	43.86
2004	3041.07	238.28	7.84	1228.93	40.41
2005	3905.03	335.09	8.58	1415.63	36.25
2006	4944.25	594.59	12.03	1631.30	32.99
2007	6423.18	835.49	13.01	1986.27	30.92
2008	8496.20	1107.27	13.03	2373.98	27.94
2009	9740.25	1377.70	14.14	2646.17	27.17
2010	11672.00	1738.14	14.89	3037.70	26.03
2011	14359.88	2261.81	15.75	3582.69	24.95
2012	15880	2497.28	15.73	4204.41	26.48

资料来源：根据《内蒙古统计年鉴》2013年数据计算整理。

三、内蒙古居民收入差距拉大导致居民消费率下降

关于居民收入差距对消费率变化的影响，国内已有很多学者进行了深入研究。范剑平（2010）利用中国1978~1997年数据计算出我国城乡居民收入的自然差距和非自然差距，然后将其代入居民消费率与城乡消费水平差距的回归方程中，得出的结论是，"城乡居民收入的非自然差距造成的消费水平差距与居民消费率高度负相关"。[①] 李子联（2016）的研究成果也证实了这一点。他以1979~2012年我国城乡居民的人均收入和消费支出为分析样本，经过计算发现，城乡居民的边际消费倾向均呈递减趋势，提高收入增长率能够大幅度增加城镇居民

[①] 范剑平．中国居民消费率偏低的原因分析与开拓城镇市场的对策选择 [J]．宏观经济研究，1999（6）．

的消费支出，但农村居民增加的幅度则较为有限。收入分配对消费需求的影响取决于不同收入阶层边际消费倾向的比较，但总体来说，收入差距的扩大降低了社会消费水平[1]。

根据田卫民（2012）研究自20世纪90年代中期以来省级区域居民收入差距结果（见表3-3），"内蒙古的城镇居民收入基尼系数、农村居民收入基尼系数，以及居民收入基尼系数均呈现明显扩大趋势。其中城镇居民收入基尼系数由1995年的0.2415扩大到0.2922，增加5个百分点；农村居民基尼系数由0.292扩大到0.3603，增加7个百分点；全部居民基尼系数由0.339扩大到0.4154，增加7.6个百分点。"[2] 同期内蒙古居民消费率由62.49%下降到39.50%，累积下降近23个百分点（见表3-4）。这说明内蒙古居民收入差距扩大与消费率的负相关变化是成立的，同时也充分说明居民收入扩大是导致内蒙古消费率下降的主要原因。

表3-3　　　　　　　内蒙古基尼系数（1995~2010年）

年份	城镇居民基尼系数	农村居民基尼系数	居民基尼系数
1995	0.2415	0.292	0.339
1996	0.2541	0.2508	0.3171
1997	0.289	0.303	0.3485
1998	0.2815	0.2725	0.3358
1999	0.2838	0.3116	0.3663
2000	0.3016	0.3507	0.3975
2001	0.2437	0.383	0.4085
2002	0.2545	0.3729	0.4094
2003	0.3165	0.3618	0.437
2004	0.2931	0.3536	0.4271
2005	0.2847	0.3453	0.4185

---

[1] 李子联. 收入分配与增长质量——中国经济模式的解读与重塑 [M]. 北京：经济科学出版社，2016：105-106.

[2] 田为民，基于经济增长的最优消费规模 [J]. 财贸研究，2008 (6).

续表

年份	城镇居民基尼系数	农村居民基尼系数	居民基尼系数
2006	0.2809	0.2879	0.4077
2007	0.261	0.255	0.3971
2008	0.3053	0.2206	0.4054
2009	0.2942	0.378	0.4229
2010	0.2922	0.3603	0.4154

资料来源：根据田卫民（2012）计算结果。

表3-4　　内蒙古基尼系数与消费率比较（1995~2010年）

年份	城镇居民基尼系数	农村居民基尼系数	居民基尼系数	消费率（%）
1995	0.2415	0.292	0.339	62.94
1996	0.2541	0.2508	0.3171	59.59
1997	0.289	0.303	0.3485	59.45
1998	0.2815	0.2725	0.3358	57.15
1999	0.2838	0.3116	0.3663	58.06
2000	0.3016	0.3507	0.3975	56.76
2001	0.2437	0.383	0.4085	56.86
2002	0.2545	0.3729	0.4094	58.51
2003	0.3165	0.3618	0.437	52.65
2004	0.2931	0.3536	0.4271	49.07
2005	0.2847	0.3453	0.4185	46.34
2006	0.2809	0.2879	0.4077	43.1
2007	0.261	0.255	0.3971	40.97
2008	0.3053	0.2206	0.4054	38.7
2009	0.2942	0.378	0.4229	40.65
2010	0.2922	0.3603	0.4154	39.5

资料来源：内蒙古基尼系数为田卫民（2012）计算结果，消费率由《内蒙古统计年鉴》2011年整理。

内蒙古的城乡收入差距变化尤其值得关注，且极有可能是引起整体居民收入差距不断拉大的主要因素之一。就现实情况来看，城镇居民收入一般总是高于农村居民的收入，城镇居民的边际消费倾向小于农村居民,这样长期下去,城乡收入继续扩大,则会进一步降低社会平均消费倾向,从而进一步拉低最终消费率,进而影响经济可持续增长。据统计,2012年内蒙古自治区总人口2489.9万人,其中城镇人口1437.6万人,占总人口57.74%,乡村人口1052.3万人,占总人口42.26%。可以看出,内蒙古城镇人口超过乡村人口385.3万人,但是乡村人口还是超过千万。从表3-5反映的内蒙古改革开放以来,城乡居民收入比变化情况看,1978年城乡收入比为2.2,此后逐年下降,1983年下降到历史最低点的1.46,以后又出现逐步反弹,到1999年才达到2.38,超过了1978年的2.3。这说明在1978~1999年20多年时间里,内蒙古的城乡居民收入比保持着相对稳定状态,差距基本没有继续拉大。内蒙古居民收入差距迅速扩大,出现在2000年以后的经济高速增长阶段。从内蒙古城乡居民收入绝对数比较情况看,2000年内蒙古农牧民人均纯收入为2038元,到2012年增加到7611元,增加额5573元,年均增长率为11.6%。同期城镇居民可支配收入由2000年的5129.1元增加到2012的23150.3元,增加额18021.2元,年均增长率为13.4%,相比农牧民纯收入年均增长率,高出近2个百分点。

表3-5　　　　　内蒙古城乡收入比较(1978~2012年)

年份	农牧民人均纯收入(元)	城镇居民可支配收入(元)	城乡收入比
1978	131.0	301.0	2.30
1979	164.0	350.1	2.13
1980	192.0	407.1	2.12
1981	241.0	418.3	1.74
1982	288.0	452.7	1.57
1983	325.0	474.8	1.46
1984	368.0	548.8	1.49
1985	400.0	666.0	1.67
1986	382.0	773.6	2.03
1987	426.0	819.7	1.92
1988	547.0	915.8	1.67

续表

年份	农牧民人均纯收入（元）	城镇居民可支配收入（元）	城乡收入比
1989	553.0	1052.8	1.90
1990	647.0	1155.0	1.79
1991	651.0	1294.7	1.99
1992	719.0	1478.9	2.06
1993	829.0	1883.3	2.27
1994	1062.0	2503.0	2.36
1995	1300.0	2845.7	2.19
1996	1602.0	3431.8	2.14
1997	1780.0	3944.7	2.22
1998	1982.0	4353.0	2.20
1999	2003.0	4770.5	2.38
2000	2038.0	5129.1	2.52
2001	1973.0	5535.9	2.81
2002	2086.0	6051.0	2.90
2003	2268.0	7012.9	3.09
2004	2606.0	8123.1	3.12
2005	2989.0	9136.8	3.06
2006	3342.0	10358.0	3.10
2007	3953.0	12378.0	3.13
2008	4656.0	14433.0	3.10
2009	4938.0	15849.2	3.21
2010	5530.0	17698.2	3.20
2011	6641.6	20407.60	3.07
2012	7611.0	23150.3	3.04

资料来源：根据《内蒙古统计年鉴》2014年数据计算整理。

由于农牧民人均纯收入增长缓慢，以及农村牧区社会保障程度比较低等方面原因，内蒙古农牧民的消费倾向，在内蒙古经济高增长阶段并没有出现显著改善。从表3-6分析可以得到这样结论，在2000年内蒙古农牧民居民消费倾向是0.84，到2010年内蒙古已经实行了多年的经济高速增长，经济总量迅速增加，城乡居民的整体收入水平也有明显提高，但令人奇怪的是农牧民的消费倾向只有略微增加，为0.85。而与此形成反差的是，同期城镇居民消费倾向，却随着经济高速增长和城镇居民可支配收入的提高，得到了不断提升，由2000年的0.80跃升到2010年的0.91。根据上述分析，我们有理由认为，正是因为农牧民长期收入水平没有明显提高，限制了他们消费能力和消费倾向的提升，近而又制约了居民消费率的提升，这极有可能是内蒙古消费率持续下降的主要因素之一。

表3-6　　　　　内蒙古农村居民消费倾向与城市居民消费倾向比较（2000~2010年）

年份	农村居民消费水平（元）	农民人均纯收入（元）	农村居民倾向	城镇居民消费水平（元）	城市居民人均可支配收入（元）	城市居民消费倾向
2000	1720.4	2038.2	0.84	4044.86	5029	0.80
2001	1694.4	1973.4	0.86	4431.3	5535.9	0.80
2002	1793.2	1948	0.92	5327	6051	0.88
2003	1945	2268	0.86	5593	7012.9	0.80
2004	2083	2606.4	0.80	6415	8123	0.79
2005	2460	2988.9	0.82	7887	9136.8	0.86
2006	2816	3342	0.84	9043	10358	0.87
2007	3286	3750	0.88	10930	12377.8	0.88
2008	3673	4656.2	0.79	12863	14433	0.89
2009	4072	4937.8	0.82	14323	15849.2	0.90
2010	4692	5529.6	0.85	16136	17698.2	0.91

资料来源：根据《内蒙古统计年鉴》2011年数据计算整理。

城乡收入差距拉大主要是因为广大农牧民收入增长缓慢。第一，农村牧区金融市场发育不健全，投资渠道单一，不利于农牧民经营性和财产性收入增加。改革开放以来，随着市场体系不断完善，金融市场日益健全，但在城乡之间是不平衡的，城市金融市场不断发达，甚至已经进入到电子金融时代，而农村金融市场体系残缺不全，发育严重滞后，极大地制约了农村经济发展。目前农村金融机构主要以农村信用合作社和农业银行为主体，相对比较单一。特别是农信社经营管理水平低、融资成本高、经营效率低，不能有效满足农民日益增长的金融需求。农业生产经营得不到及时贷款，即便是得到了，利息也比较高，其他如保险、租赁、理财等金融产品在农村更是短缺。因此，缺乏现代金融支持，内蒙古广大农牧民不仅扩大再生产受到限制，无法实现农牧业规模化发展，而且，制约了资金密集的第三产业发展，严重影响着农牧民收入水平的提高。

第二，农村牧区土地制度不健全，将农牧民排斥在土地增值收入之外。目前，农村牧区土地产权改革不到位，地产权主体没有落到实处。我国《宪法》第十条规定："农村和城市郊区的土地，除由法律规定属于国家所有的以外，属于集体所有。"《土地管理法》规定农村土地属于三级所有，即"乡集体、村集体、村民小组。"这些规定虽然明确了农村土地集体所有权，但总的来看过于笼统，没有明确"集体"在法律上到底由谁来代表，因为"乡镇""村""村民小组"都属于农村基层组织三个层次，应该由谁作为集体土地产权的所有者代表？在法律上并没有明确界定。就目前来看，还不能将农村牧区的土地集体所有从法律意义上落到实处。正是因为法律意义上的农村土地产权关系不清，农村土地流转自然缺乏有效的法律保护。而我国《土地管理法》又规定不是所有农村集体土地都可以直接入市交易，名义上的土地集体所有又形同虚设。这也就意味着农民或者集体组织都没有处分属于集体所有的土地权利，如果农村集体所有的土地要进入市场交易，必须先由政府从农民手里征收土地，政府只给予农民必要的征地补偿费。经过政府征地，农村集体土地变成共有土地，再由政府在市场挂牌交易。

第三，农村牧区住房产权制度不完善，影响了农牧民房屋财产收入。《中华人民共和国土地管理法》规定："农村和城市郊区的土地，除由法律规定属于国家所有的以外，属于集体所有；宅基地和自留地、自留山，也属于集体所有。"农牧民住房是建在宅基地上的，而宅基地所有权是属于集体的，不是农牧民个人所有的。农民对自己所使用的宅基地没有法律意义上的财产权，由此也导致了这样一个不好解释的矛盾现象。房屋虽然是农牧民所有的，但用来建设房屋的宅基地却是集体所有的，因此，农牧民的房屋产权在法律上是不完整的。这也就是说按照目前的制度设计，农牧民并不是完整和法律意义上的所有者，这势必会极大地限制农牧民凭借房屋产权获得更多财产收入。因此，农牧民的房屋交易只能局限于农村牧区，既不能够用来抵押贷款，更不能够统一房地产交易市场，因而减少了农牧民的财产收入。

第四，社会保障制度不健全，影响了农牧民转移收入增加。我国现有的社会保障体系主要是以城市居民为中心进行设计的，保障程度低，保障范围窄。城镇居民享受的失业保险、住房补贴、最低收入保障等，绝大多数农民都不能享受。特别是农村牧区的医疗卫生、教育养老等公共服务投入水平同城市也有很大差距。因此，在社会保障程度很低的前提下，收入水平本来就很低的农牧民群体，收入的目的优先考虑养老和抵御不测风险，自然不会优先选择投资，这在某种程度上抑制了农牧民的投资倾向，进而限制了财产性收入的增加。

内蒙古自2000年以后，城镇居民不同收入户的人均年可支配收入均呈现出逐年增长态势，但总增加额和年均增幅不同，出现拉大趋势。

表3-7表明，各个收入等级的住户都在增加，但总增加额和年均增幅有差别，收入愈高总增加额也愈高，年均增幅也比较高。高收入户和最高收入户的人均年可支配收入及其总增加额均高于全区的平均水平，并且最高收入户的年均增幅也高于全区平均水平。其中，困难户与最高收入户的绝对差距由2000年的9463.24元扩大到由2012年的46894.5元，总增幅由328.05%扩大到470.12%，平均增速由12.88%扩大到15.61%。总的来看，在六等分组的各组人均年可支配收入的总增加额、总增幅和年均增幅均不同，且随着各组人均年可支配收入的递增而递增，与分组的收入水平高低呈正相关变化，年均可支配收入愈高的组别，其总增加额、总增幅和年均增幅也愈高。这说明内蒙古城镇居民的收入差距自2000年以来，还在进一步拉大。如果不及时采取措施，高收入户与低收入户的差距会越来越大。

表 3 –7　　　　2000～2012 年内蒙古城镇不同收入户
人均年可支配收入及其增长率

收入等级	2000 年收入（元）	2004 年收入（元）	2008 年收入（元）	2012 年收入（元）	总增加额（元）	总增幅（％）	平均增速（％）
困难户	1693.49	1884.13	3547.34	7249	5555.5	328.05	12.88
最低收入户	1978.19	2464.28	4554.1	8846	6867.8	347.18	13.29
低收入户	2851.1	4220.90	7404.95	13471	10620	372.48	13.81
中等偏下户	3762.56	5826.52	10247.21	17680	13917	369.89	13.76
中等收入户	4867.83	7977.75	13714.77	23219	18351	376.99	13.90
中等偏上户	6148.91	10379.04	18196.83	30229	24080	391.62	14.19
高收入户	7656.7	13284.89	23803.78	39457	31800	415.33	14.641
最高收入户	11156.73	19793.20	40205.21	63607	52450	470.12	15.61

资料来源：《内蒙古统计年鉴》2013 年。

　　表 3 –8 反映了内蒙古居民最终消费自 2000～2012 年的构成变化情况。从绝对数的变化情况看，内蒙古居民最终消费总额有较大提升，从 2000 年的 636.1 亿元增加到 2012 年的 3777.3 亿元，净增加额 3141.2 亿元，年均增长率达到 16％。其中城镇居民最终消费从 398.22 亿元增加到 3028.8 亿元，净增加额 2630.58 亿元，年均增长率为 18.42％；农村居民最终消费从 237.88 亿元增加到 748.5 亿元，净增加额 510.2 亿元，年均增长率为 10％。农村居民消费率分别比城镇居民消费率和全区居民消费率低出 8 个百分点和 6 个百分点。从城镇居民消费和农村居民消费占全区居民最终消费比重变化情况看，城镇居民消费占比呈现逐年上行变化，由 2000 年的 62.6％上升到 2012 年的 80.2％，农村居民消费占比则是一路下行，由 2000 年的 37.4％下降到 19.8％。农村居民消费率由 2000 年与城镇居民消费率相差 17.6 个百分点扩大到 2012 年的 60.4 个百分点。这充分反映了内蒙古农村居民消费率快速下降是拉动居民最终消费率下降的主要因素。

表3-8　　　　内蒙古居民最终消费构成（2000~2012年）

年份	居民最终消费支出（亿元）	城镇居民最终消费支出（亿元）	农民最终消费支出（亿元）	城镇居民消费占比（%）	农村居民消费占比（%）
2000	636.1	398.22	237.88	62.6	37.4
2001	681.62	456.13	230.091	66.9	33.8
2005	1197.75	888.33	313.77	74.2	26.2
2006	1385.9	1035.44	353.3	74.7	25.5
2007	1693.96	1295.06	402.73	76.5	23.8
2008	2035.49	1596.35	439.14	78.4	21.6
2009	2337.6	1878.81	458.74	80.4	19.6
2010	2710.62	2166.71	506.3	79.9	18.7
2011	3285.5	2638.72	646.8	80.3	19.7
2012	3777.3	3028.8	748.5	80.2	19.8

资料来源：《内蒙古统计年鉴》2013年。

以上分析说明了内蒙古在工业化进程中，伴随着经济增长和物质财富的增加，社会收入结构发生了剧烈变化，即经济高增长引发收入分配差距扩大和结构扭曲。这是符合库兹涅茨倒"U"型收入分配假说的。

四、内蒙古投资挤压消费导致消费率偏低

关于投资偏高挤压消费的问题，国内已有学者对此关注并提供了研究成果。

（一）投资的过快增长挤压消费

表3-9和图3-1说明，内蒙古的投资率2000年为41.7%，比全国投资率35.3%也只高6.4个百分点，此后，内蒙古投资率一直保持着加速提升状态。到2012年内蒙古的投资率已经高达84.6%，比全国高出了36.8个百分点。2000~2012年，内蒙古的投资率年均增长率达到了31.84%，大大高于全国平均水平。从总体上看，内蒙古的工业化

水平和进程与全国相比,不仅水平低,而且进程相对滞后,因而在工业化阶段的一定时期保持相对较高的投资率是深入加快推进工业化、缩小与发达地区差距的必要选择。但如果长期过高,由此也会带来一系列问题。长期高投资引发了内蒙古经济高速增长,社会总产值总规模迅速增加,但由于国民收入分配制度不合理,无论初次分配还是再分配均不利于劳动者收入增加。长期下去势必造成城乡居民可支配收入的相对下降,并引发居民消费能力和消费水平提高缓慢,结果就会出现居民最终消费占 GDP 比重持续下降的局面。

表 3 –9　　内蒙古投资率与全国投资率比较（2000 ~ 2012 年）

年份 投资率（%）	2000	2001	2002	2003	2004	2005	2006	2007	2008	2009	2010	2011	2012
全　国	35.3	36.5	37.8	41	43	41.5	41.7	41.6	43.8	47.2	48.1	48.3	47.8
内蒙古	41.7	39.7	44.4	56.1	64	73	70.1	70	67.3	77	77.3	76.7	84.6

资料来源：根据《中国统计年鉴》2013 年整理。

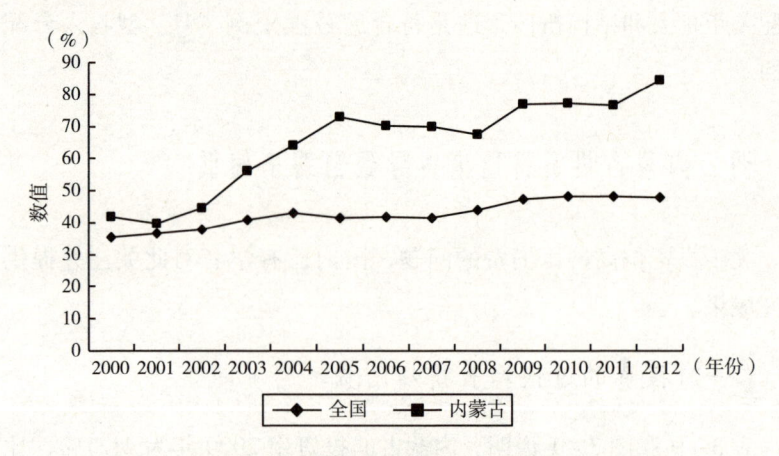

图 3 –1　内蒙古投资率与全国投资率比较（2000 ~ 2012 年）

表 3 –10 反映了内蒙古从 20 世纪 90 年代中期以来固定资产投资增长情况。在 2000 年之前,内蒙古固定资产投资规模不大,增长率也不高。从 2000 年开始,固定资产投资规模持续扩大,2001 年首次突破了

500亿元，到2003年迅速突破千亿元大关，达到了1209.44亿元。以后逐年翻番式增长，到2012年突破了万亿元大关，达到了10365.17亿元。2000~2012年，内蒙古固定资产投资年均增长率为31.84%，同期全国固定资产投资年均增长率为22.47%，内蒙古高出全国固定资产投资年均增长率9.37个百分点。2000年内蒙古的固定资产投资只有430.42亿元，2005年全社会固定资产投资达到2687.8亿元，是2000年的6.2倍，整个"十五"期间，内蒙古的固定资产投资年均增长44.2%，累计完成固定资产投资总额达到6918亿元，甚至比1950~2000年的投资总和还多3488多亿元。"十一五"期间，内蒙古建成了一批国内外技术领先的能源、化工、冶金、农畜产品等加工项目。具体包括2个亿吨级、4个5000万吨级大型煤炭基地、4个煤化工产业基地、4个冶金有色工业基地。一批大型煤化工、天然气化工、氯碱化工项目的规模和技术装备达到了世界先进水平；电网建设规模、速度和质量也居于全国领先行列，一批大型火电机组相继建成投产，其中30万千瓦以上机组就占全部装机的70%，60万千瓦以上机组占35%。"十一五"期间快速增加的固定资产投资，有效地促进了内蒙古经济的增长，初步完成工业化的大布局，初步形成了特色支柱产业。内蒙古的工业增加值从2005年的1390.89亿元增加到2010年的5618.40亿元，年均增长32.21%。占自治区GDP比重达48.13%，对全区经济增长贡献率为67.1%，实现利润1074.2亿元。进入"十二五"以来，内蒙古固定资产投资继续呈现快速增长势头，2011年、2012年、2013年内蒙古固定资产投资分别达到了10365.17亿元、11875.7亿元、15520.7亿元，年均增长率22.37%，而同期全国固定资产投资率为19.8%，内蒙古仍然高于全国2.6个百分点。

表3-10　　内蒙古固定资产投资增长情况（1995~2012年）

年份	1995	1996	1997	1998	1999	2000	2001	2002	2003
投资额（亿元）	273.1	275.54	317.5	350.16	383.37	430.42	503.63	715.09	1209.4
增长率（%）	8.8	0.89	15.22	10.28	9.48	12.27	17	44	70.2

续表

年 份	2004	2005	2006	2007	2008	2009	2010	2011	2012
投资额（亿元）	1809.3	2687.8	3406.4	4404.8	5604.7	7535.2	8971.6	10365	11876
增长率（%）	52.21	48.32	26.75	29.31	27.24	34.44	19.06	21.5	12.71

资料来源：根据《内蒙古统计年鉴》2013年整理。

内蒙古由于长期高投资，投资率持续上升，不断挤压消费，致使消费率持续下降，投资率与消费率呈现明显的负相关变化。2000~2012年内蒙古投资率由41.72%上升到84.60%，而消费率从56.8%下降到39.3%。从表3-11看出，内蒙古2000~2012年GDP从1539.12亿元增加到15880.6亿元，净增加额14341.48亿元，年均增长率为21.47%。同期固定资产投资和总消费分别为439.42亿元、873.65亿元增加到12954.3亿元、6244亿元，净增加额分别为12514.88亿元、5370.35亿元，年均增长率分别为32.57%、17.8%。明显看出13年来，内蒙古的投资、消费和GDP都在增长，但增长速度不成比例，消费的年均增长速度比投资和GDP分别低了14.8个和3.7个百分点。这说明在拉动经济增长速度方面，投资的作用愈来愈强，而消费相对表现得愈来愈弱，从而证明内蒙古投资挤压消费，导致消费率长期偏低的结论是成立的。

表3-11　　　　内蒙古GDP、固定资本投资、总消费
及其增长率变动（2000~2012年）

年份	GDP总额（%）	固定资本投资额（亿元）	总消费额（亿元）	消费率（%）	投资率（%）
2000	1539.12	439.42	873.65	56.80	41.72
2001	1713.81	510.02	974.99	56.90	39.70
2002	1940.94	729.37	1137.21	58.60	44.42
2003	2388.4	1228.26	1259.57	52.74	56.10
2004	3041.7	1817.73	1495.19	49.20	64.00

续表

年份	GDP 总额（%）	固定资本投资额（亿元）	总消费额（亿元）	消费率（%）	投资率（%）
2005	3905.03	2685.22	1802.84	46.50	73.03
2006	4944.25	3353.88	2131.20	44.00	70.10
2007	6423.18	4356.39	2631.52	40.96	69.97
2008	8496.2	5596.45	3278.65	38.59	67.34
2009	9740.3	7425.2	3959.82	40.70	77.00
2010	11672	8938.7	4605.43	39.50	77.30
2011	14359.88	10837.14	5526.64	38.49	76.70
2012	15880.6	12954.3	6244.00	39.30	84.60

资料来源：根据《内蒙古统计年鉴》2013 年。

图 3-2 表明，内蒙古的消费率从 2001 年的最高点 56.90% 一直到 2011 年达到了最低点 38.49%，此后下降趋势才有所缓解。但投资率从 2001 年的 39.7% 开始一路上升，直到 2012 年达到 84.6%，仍然保持着强劲上升态势，这样高的投资率无论是国内还是国外，都是绝无仅有的。足以看出，内蒙古经济增长对投资的依赖短期内是难以改变的，不转变现行的经济增长方式、不打破投资依赖症，投资挤压消费、消费率持续偏低的状况不可能有大的改变。

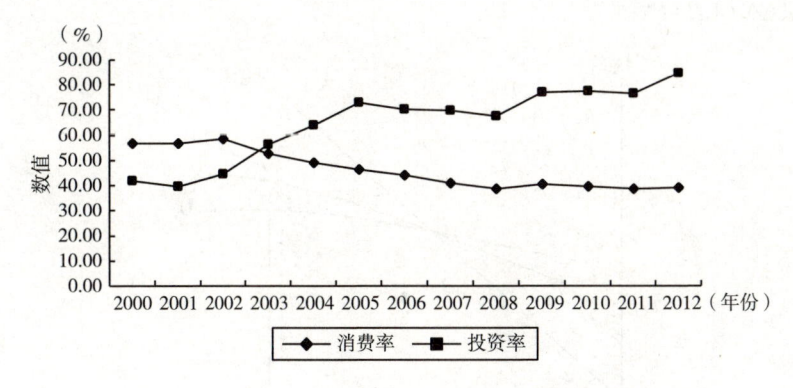

图 3-2 2000~2012 年内蒙古消费率与投资率比较

为什么会出现投资挤压消费的现象？关键在于现行经济增长方式

是政府主导型的，其最主要特点就是出现周期性的投资膨胀，投资膨胀往往通过两种方式来实现。一是为了实现经济高速增长目标，搞货币超量发行，以此刺激总需求，特别是投资需求；二是政府为了保持必要的积累率，过多干预国民收入分配，使之向政府和企业倾斜，不利于城乡居民收入水平提高，进而出现投资挤压消费现象。如图 3-3 所示，横轴代表国民收入，纵轴代表投资和消费（I、C），当经济增长曲线 Q 与虚线 AB 交于 D 点时，I + C = Y，此时整个国民经济达到均衡状态。下一步如果政府通过调整收入分配，扩大投资，并挤压消费，经济增长曲线会发生改变，新的曲线 Q_1 与虚线 AB 相交于 E，这时，投资由原来的 AD 扩大为 AE，消费由原来的 BD 下降为 BE。在现实中，政府可以通过各种手段和政策调整国民收入初次分配和再分配方式、投资优惠、减税免税、降低利率等优惠政策将一部分消费基金转化为投资，或者通过政府直接筹集资金如发行公债、国库券等方法来刺激经济增长。因此是在传统的政府主导的经济增长模式下，容易发生投资挤压消费现象。当然，投资挤压消费，也并非内蒙古所独有，全国及各个地区普遍存在，而且是一个不容易解决的老大难问题。只有改变政府主导经济特别是投资活动的体制机制，转变经济增长方式，才有可能扭转高投资、高增长、低消费的国民收入分配格局，提高居民收入和消费水平。

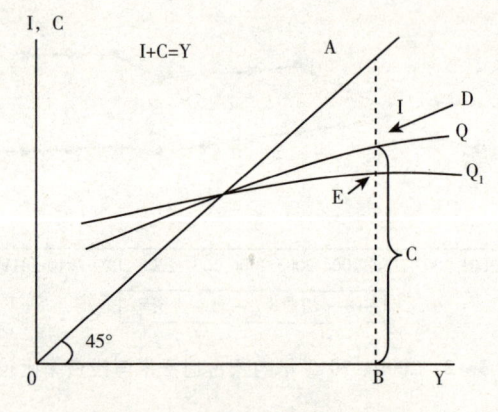

图 3-3 投资对消费的挤压过程

(二）投资结构不合理制约居民消费提升

前面分析的是投资的不合理从总量上挤压消费，还有一个方面的问题，就是投资结构不合理同样会对居民消费提升产生消极的影响。具体来说，同样大的投资规模在三次产业间的比例和构成对消费率变化会产生极大影响。需求通常分为消费需求和投资需求，这两种需求是性质和地位完全不同的需求，投资需求是中间需求，而消费需求则是最终需求。在拉动经济增长方面，总是消费需求起主导或决定性作用，而投资需求则起着辅助作用。三次产业投资虽然同属于生产性投资，但对消费需求所产生的作用差异很大。第一产业和第三产业一般来说属于劳动密集型产业，特别是第三产业的发展会吸引大量劳动者的进入，使劳动者报酬得到增加，进而提升全社会的实际收入水平。而第二产业通常属于资本密集型产业，愈是技术先进的现代化工业，吸引劳动者就业的能力反而较弱。因此，在三次产业间的投资对促进生产性投资向消费性投资转化方面的作用是完全不同的。第一产业和第三产业投资的增加更有利于生产性投资向消费性投资转化，而第二产业的作用相对较弱。

表 3-12 反映了 2000~2012 年内蒙古与全国的三次产业投资变化的对比情况。2000~2012 年，内蒙古的第一产业投资比例整体下降，由 8.84% 下降到 6.10%；第二产业投资比例上升得最快，由 27.36% 上升到 54.95%，上升了 1 倍多；第三产业投资比例出现了反常的下降，由 43.5% 下降到 39.49%，累计下降 4 个百分点。而全国 2000~2012 年三次产业间的投资比例普遍是上升的，其中第一产业投资比例由 0.92% 上升到 2.93%，上升了 2 个百分点；第二产业投资比例由 14.64% 上升到 42.24%，上升了近 8 个百分点；第三产业上升得最快，由 34.57% 上升到 54.83%，上升了 20 多个百分点。与全国相比，内蒙古第三产业的投资比例比全国低了 15.34 个百分点。这种状况必然导致内蒙古第三产业发展相对滞后，这也是内蒙古消费率偏低的一个重要原因。

表3-12 内蒙古与全国第一、第二、第三产业投资占比对比（2000~2012年） 单位：%

年份	内蒙古 第一产业	内蒙古 第二产业	内蒙古 第三产业	全国 第一产业	全国 第二产业	全国 第三产业
2000	8.84	27.36	43.50	0.92	14.64	34.57
2001	8.10	30.35	41.05	1.00	12.66	33.65
2002	11.30	34.34	54.36	1.15	11.35	30.90
2003	7.51	42.04	50.45	2.97	38.43	58.60
2004	6.12	50.87	42.99	2.68	40.78	56.54
2005	4.82	54.94	40.78	2.62	43.75	53.63
2006	5.05	53.30	41.65	2.50	44.07	53.43
2007	4.16	50.84	45.37	2.48	44.53	52.99
2008	5.12	52.04	43.22	2.93	44.53	52.54
2009	5.41	51.06	42.41	3.07	42.85	54.08
2010	4.80	49.35	35.15	2.85	42.46	54.69
2011	5.43	49.57	46.93	2.81	42.53	54.66
2012	6.10	54.95	39.49	2.93	42.24	54.83

资料来源：《中国统计年鉴》2013年。

2000~2012年内蒙古第三产业投资由187.25亿元增加到3702.96亿元，平均增速25.81%，而同期第二产业和第三产业固定资产投资平均增长率分别是33.13%、25.09%。第三产业固定资产投资平均增长速度比第二产业低了8.04个百分点，仅比第一产业高了0.72个百分点。与同期固定资产投资总额平均增长速度31.76%相比，更低了6.67个百分点。

由于对第三产业投资比例下降，导致内蒙古在2000年以后第三产业占GDP的比重逐年下降。表3-13反映，在2000年内蒙古第三产业占GDP的比重为39.3%，比全国的39%还高出0.3个百分点，但到2012年，内蒙古第三产业占GDP的比重为35.5%，比全国的44.6%低了9.1个百分点。从三次产业结构来看，内蒙古的第一产业和第三产业占GDP的比重均出现下降趋势，只有第二产业占GDP的比重持续上升,由2000年的37.9%上升到2012年的55.4%,上升了17.5个百分点。同期全国只有第一产业占GDP比重下降比较明显,由15.1%下降到10.1%,下降了5个百分点,第二产业变化不大,基本稳定在45%左右。只有第三产业出现占GDP的比重呈现上升态势,由39%上升到44.6%,上升了5.6个百分点。

表3-13　　　内蒙古与全国第一产业、第二产业、第三产业占GDP的比重(2000~2012年)　　　单位:%

年份	内蒙古自治区			全国		
	第三产业	第二产业	第一产业	第三产业	第二产业	第一产业
2000	39.3	37.9	22.8	39	45.9	15.1
2001	40.8	38.3	20.9	40.5	45.2	14.4
2002	41.8	38.9	19.3	41.5	44.8	13.7
2003	41.9	40.5	17.6	41.2	46	12.8
2004	42.3	41	17.2	40.4	46.2	13.4
2005	40.2	45.5	15.1	40.5	47.4	12.1
2006	39.1	49.1	12.8	40.9	47.9	11.1
2007	38.4	49.7	11.7	41.9	47.3	10.8
2008	37.8	51.5	10.7	41.8	47.4	10.7
2009	38	52.5	9.6	43.4	46.2	10.3
2010	36.1	54.6	9.4	43.2	46.7	10.1
2011	34.9	56.8	9.2	43.4	46.6	10
2012	35.5	55.4	9.1	44.6	45.3	10.1

资料来源:《中国统计年鉴》2013年。

内蒙古10多年来,第三产业占GDP的比重之所以出现与全国完全不同的相反变化,其实前面已经分析了具体原因,也就是第三产业投资额占固定资产全部投资比例下降,决定了第三产业产值占GDP比重的下降。长期增加第二产业投资,带动了第二产业特别是重化工业发展,并引发了内蒙古经济高增长,但同时弱化了第三产业投资,使第三产业发展滞后。第二产业投资相对于第三产业投资从投资需求向消费需求转化的比例比较低,因而,内蒙古10多年来对第二产业的大规模投资可以引发经济高增长，但对就业、收入水平、最终消费的提升效果比较差。说到底，内蒙古长期投资结构不合理，第三产业没有受到应有的重视，也是导致投资挤压消费、城乡居民消费水平提升缓慢、消费率长期偏低的一个主要原因。对此已有的研究更多地注意了内蒙古投资规模扩大对消费的挤压，而忽略了投资结构不合理所产生的影响。如果能够确保第三产业的优先发展，或者至少保持第三产业与第二产业的同步发展，内蒙古投资挤压消费、消费率偏低的问题也不会如此严重。

第二产业内部投资结构的问题也比较突出。一是资源型产业投资调整增长过快。由于内蒙古的资源优势，吸引了大量投资涌入，从采矿业的发展就足以说明这一问题。自2000~2012年，内蒙古的采矿业投资从2000年的13.49亿元增加到2012年的1263.4亿元，增加了93倍，年均增长146%。而全国由2000年的589.36亿元增加到2012年的13298.8亿元，平均只增加了1.412倍。内蒙古的采矿业投资的增加额是全国各省平均增加额的3倍多。自2006年，内蒙古规模以上企业利润急剧下降，这是长期大规模投资引起投资效率下降及生产能力过剩的必然结果。这还可以从内蒙古固定资产投资效果系数与全国固定资产投资效果系数的比较中得到证实。固定资产投资效果系数是GDP增加值与固定资产投资额的比率，能够反映固定资产投资长期效率的指标。从表3-14和图3-4看出，内蒙古的固定资产投资效果系数在20世纪90年代以前一直是低于全国的，此后二者大体持平，到2002年内蒙古的固定资产投资效果系数开始逐步高于全国，2008年达到最大值，超过全国9个百分点，此后又开始下降，到2012年仅高出1个百分点。这一变化至少说明了两点，其一是内蒙古的固定资产投资效果系数变化与全国大体一致，总体呈现下降趋势，但内蒙古的起伏波动比较大；其二是内蒙古投资效果系数下降拐点出现在2008年，恰好金融危机爆发，此后几年下降速度大大超过全国水平，这说明内蒙古资源型产业投资规模过大、产能过剩的问题已经比较突出。如果不压缩资源型产业投资，产能过剩、固定资产投资效率继续下降将是不可避免的。

表3-14　　　内蒙古固定资产投资效果系数与全国固定资产
投资效果系数（1991~2012年）

年　份	1991	1992	1993	1994	1995	1996	1997	1998	1999	2000	2001
全　国	0.14	0.19	0.24	0.27	0.21	0.15	0.10	0.06	0.06	0.10	0.10
内蒙古	0.11	0.15	0.22	0.23	0.19	0.16	0.11	0.09	0.08	0.10	0.10
年　份	2002	2003	2004	2005	2006	2007	2008	2009	2010	2011	2012
全　国	0.09	0.11	0.15	0.14	0.15	0.19	0.15	0.08	0.15	0.15	0.09
内蒙古	0.12	0.19	0.21	0.22	0.21	0.23	0.24	0.13	0.17	0.19	0.10

资料来源：根据《中国统计年鉴》2013年计算而得。

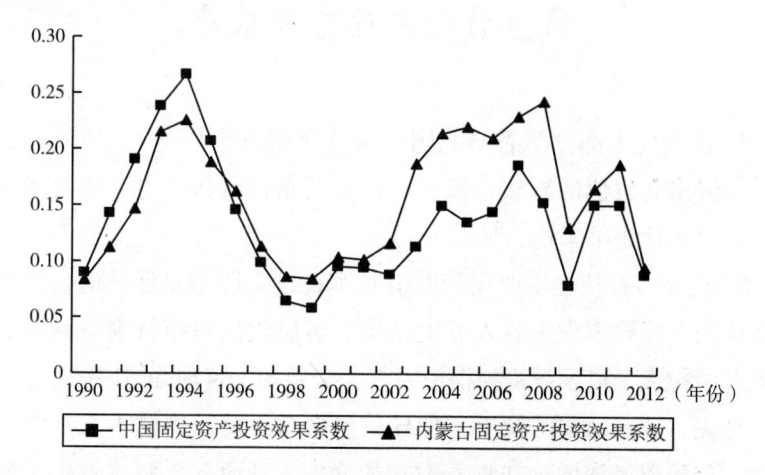

图3-4　1990~2012年内蒙古固定资产投资效果系数与
全国固定资产投资效果系数变化比较

二是制造业投资强度相对较弱，与资源型产业投资形成强烈反差。内蒙古的制造业投资由2000年的21.26亿元增加到2012年的4039.56亿元，年均增长速度达到了55%，但相对于内蒙古同期采矿业投资年均增长速度146%，还是低了91个百分点。与全国平均水平及其发达省份相比，内蒙古的制造业固定资产投资显得也是比较低。全国制造业固定资产投资由2000年的1175.11亿元增加到2012年的124550亿元，年均增长速度为47%。2012年全国固定资产投资总额为374694.7亿元，制造业投资占固定资产投资总额的比重为33%。内蒙古的制造业投资由2000年的21.26亿元增加到2012年的4039.56亿元，内蒙古全社会固定资产投资总额为13112亿元，以此计算2012年内蒙古的制造业投资占固定资产总投资的30%，内蒙古制造业固定资产投资占固定资产投资额的比重比全国低3个百分点。与发达省份相比，内蒙古的差距更大。2012年江苏、山东、辽宁三个省份的制造业固定资产投资占固定资产投资额的比重分别是48%、41%、34%，内蒙古比这三个省份分别低了18个、11个、4个百分点。

第三节　本章主要结论

1. 国内外大部分学者对我国消费率下降的原因进行了持续研究，形成了许多有价值的看法，概括起来主要是投资挤压论、消费倾向下降论、收入比重下降论、唯GDP论等。

2. 内蒙古在快速工业化阶段消费率持续下降不是偶然的，具有深层次原因。主要表现为收入分配结构、居民收入差距特别是城乡居民收入差距拉大，以及投资规模偏大与投资结构不合理等原因。

首先，收入分配结构不合理导致消费率下降。内蒙古在工业化进程中，伴随着经济增长和物质财富的增加，社会收入结构发生了剧烈变化，即经济高增长引发收入分配差距扩大和结构扭曲。这是符合库兹涅茨倒"U"型收入分配假说的。具体表现为政府收入在初次分配中的占比与经济增长速度大体同步；但是劳动收入占比和企业收入占比出现了相反变化态势。2000～2013年内蒙古政府收入占比从11.19%上升到13.40%，上升了2.21个百分点，企业收入占比上升得最快，由13.96%上升到31.40%，上升了17个百分点。但同期劳动收入占比由62.51%下降到45.32%，下降了17.19个百分点。这说明内蒙古的社会收入初次分配正在向越来越有利于资本而不利于劳动者的方向倾斜，随着劳动者在社会初次分配中占比的相对下降，直接引发城乡居民收入相对下降，并最终导致内蒙古10多年来居民消费率的持续下降。

从内蒙古再分配结果来看，1995～2012年，内蒙古的地方财政总收入占地方总收入的比重从5.10%提高到15.75%，提高了10多个百分点，但同期居民可支配收入却从50.40%下降到24.95%，下降了近25个百分点。可见，在初次分配不利于劳动者的基础上，经过再分配的调整，政府的收入占比继续提高，居民的收入占比继续下降，整体仍然不利于居民。再分配后所形成的可支配收入是消费能力的现实基础。内蒙古的初次分配制度不利于城乡居民收入增加，经过再分配调整以后仍然不利于城乡居民消费能力提升。总的来看内蒙古城乡居民可支配收入占比下降是导致内蒙古消费率持续下降的主要根源。

其次，内蒙古居民收入差距拉大导致消费率下降。内蒙古居民收入扩大特别是城乡收入扩大是导致内蒙古消费率下降的主要原因。进入2000年以后，伴随着内蒙古经济高速增长，居民收入差距迅速扩大。从内蒙古城乡居民收入绝对数比较情况看，2000年内蒙古农牧民人均纯收入为2038元，到2012年增加到7611元，增加额3492元，年均增长率为11.6%。同期城镇居民可支配收入由2000年的5129.1元增加到2012年的23150.3元，增加额为18021.2元，年均增长率为13.4%，相比农牧民纯收入年均增长率，高出近2个百分点。在2000年内蒙古农牧民居民消费倾向是0.84，到2010年内蒙古已经实行了多年的经济高速增长，经济总量迅速增加，城乡居民的整体收入水平也有明显提高，但令人奇怪的是农牧民的消费倾向只有略微增加，为0.85。而与此形成反差的是，同期城镇居民消费倾向，却随着经济高速增长和城镇居民可支配收入的提高，得到了不断提升，由2000年的0.80跃升到2010年的0.91。根据上述分析，正是因为农牧民长期收入水平没有明显提高，限制了他们消费能力和消费倾向的提升，近而又制约了居民消费率的提升，这极有可能是内蒙古消费率持续下降的主要因素之一。

最后，内蒙古长期投资规模偏大且结构不合理导致消费率下降。内蒙古从2000年以后出现消费率持续下降，这正是内蒙古依靠大规模投资拉动经济高速增长时期。这种高投资如果长期持续下去，最终结果必然降低消费的比重，引发消费率下降。2000~2012年，内蒙古的投资率年均增长率达到了31.84%，大大高于全国平均水平。也正是由于长期高投资，投资率持续上升，不断挤压消费，致使消费率持续下降。2000~2012年内蒙古投资率由41.72%上升到84.60%，而消费率从56.8%下降到39.3%。这说明在拉动经济增长速度方面，投资的作用越来越强，而消费相对表现的越来越弱，这充分说明内蒙古投资挤压消费，导致消费率长期偏低的结论是成立的。

  投资结构的不合理进一步加剧了消费率偏低的问题。与全国平均水平及其发达省份相比，内蒙古的制造业固定资产投资显得也是比较低。2012年全国固定资产投资总额为374694.7亿元，制造业投资占固定资产投资总额的比重为33%。内蒙古的制造业投资由2000年的21.26亿元增加到2012年的4039.56亿元，内蒙古全社会固定资产投资总额为13112亿元，以此计算2012年内蒙古的制造业投资占固定资产总投资的30%，内蒙古制造业固定资产投资占固定资产投资额的比重比全国低3个百分点。与发达省份相比，内蒙古的差距更大。内蒙古10多年来大规模投资主要集中于第二产业。这固然可以引发经济高增长，但对就业、收入水平、最终消费的提升效果比较差。因而内蒙古长期以来第三产业投资较弱也是导致投资挤压消费，城乡居民消费水平提升缓慢，消费率长期偏低的一个主要原因。

第四章

内蒙古破解消费率不足的路径选择

上一章分析了内蒙古自进入快速工业化阶段以来,居民消费率下降的基本原因,一是城乡居民收入占 GDP 比重的下降;二是城乡居民收入差距拉大,主要是农牧民收入水平提高缓慢;三是投资的过快增长以及不合理的投资结构。但概括起来一个是投资结构方面的问题,另一个是收入分配方面的问题。有鉴于此,关于内蒙古如何避免消费率持续下降的路径选择研究,主要从投资结构和收入分配两方面分析入手。一般关于避免消费率下降路径选择或对策研究更多的是关注收入水平提升和消费倾向的改变,关于投资结构方面的关注目前还不是很多。这也是本书的重点和特色,因为内蒙古 10 多年以来的经济高速增长离不开高投资,同时在高增长背后的问题也与高投资密不可分。所以,本章研究内容主要集中在收入分配和投资两个方面。

第一节 优化固定资产投资结构,促进经济结构调整

一、投资结构与经济结构

投资结构一般是指一定时期内投资总额中所包含的各类投资的构

成及其比例关系。投资结构具有狭义与广义之分。狭义的投资结构是指直接投资与间接投资、实物投资与金融投资、固定资产投资与流动资产投资的结构。而广义的投资结构则是指投资在各个地区之间、各个产业之间、各个经济成分之间的构成及其比例关系。本书所指的投资结构主要是产业之间的投资结构。投资结构与投资规模具有内在联系，同时又有区别。一方面，投资结构是由投资规模决定的，一定的投资规模总是通过一定的投资结构表现出来；另一方面，投资结构对投资规模具有反向作用，投资结构的调整和变动在一定程度上会影响投资规模的变动。对于一个国家或地区来说，在投资规模一定的条件下，调整和优化投资结构显得尤其重要。离开投资结构的合理调整，投资规模很容易失控。对于内蒙古来说，需要合理控制投资规模的过快增长，但更为重要的是要调整优化投资结构，这不仅有利于控制内蒙古的投资规模，而且还有利于提高投资效率，促进经济可持续增长。

　　经济结构通常是指国民经济各个部门、各个地区、各种经济成分以及社会再生产的各方面构成及其比例关系，具体包括地区结构、部门结构、产业结构、投资结构、消费结构、规模结构、技术结构等。可见投资结构是经济结构的有机组成部分，也是决定经济结构的物质基础。一个国家或地区的经济结构是否合理，在很大程度上取决于投资结构是否合理。所以，调整优化投资结构是促进经济结构优化的最直接和最有效的手段。杜两省（1996）认为，投资结构对经济结构的影响不仅仅局限于改变物质资本的存量结构，而且体现在它对人力资本结构的决定性影响以及对劳动力重新配置的重大作用上。没有投资结构的变动，经济结构的转变就无法进行。从这一意义上看，投资是实现产业结构转变的最重要的手段。[①] 庞明川（2008）经过研究则提出了投资结构对经济结构的三个具体作用：一是投资结构对经济结构具有拉动作用；二是投资结构对经济结构增能作用；三是投资结构对经济结构具有调节和导向作用。并由此得出结论，调整经济结构必须从

---

① 杜两省. 投资与经济增长 [M]. 北京：中国财政经济出版社，1996：170-176.

调整投资结构入手。①

二、投资结构与投资效率

武献华（1994）认为："不同的投资结构对投资效益有着不同的影响方式和程度，但却有着相似的影响机理。这主要是因为整个经济是一个有机体，各个组成部分之间必须在一定的质和量上保持适当的比例关系。"② 庞明川（2008）提出："一个经济中的投资结构是否合理，直接决定着投资效率的高低。一方面，投资结构合理则有利于投资资源的合理配置和有效利用，从而提高投资效率；另一方面，如果投资结构失衡，则必然导致一部分生产要素超负荷运转而另一部分生产要素则处于闲置状态，直接影响到投资资源的合理配置和有效利用，导致投资效率的低下。因此，投资结构失衡会显著地降低投资资源配置的总体效应，影响投资效率的提高。"③

关于如何判断一个国家或地区的投资结构是否合理，一些学者提出了判断标准。郭世坤（1987）认为投资结构是否合理主要包括五条标准：投资结构效益最大化；有利于促进技术进步；有较强的转换能力；有良好的适应性；有良好的选择性。④ 武献华（1994）则提出了四条参照标准：符合需求弹性的指向；推动技术进步；产业间协调；促进外向型经济结构的形成。并认为这四条标准是一个有机整体，需要根据经济发展所处的阶段和水平加以综合考虑。⑤ 庞明川利用帕累托最优的资源配置理论来阐释最优投资结构，即在竞争均衡的条件下，交换效率、生产效率和配置效率的同时实现，就意味着这时的效率就是

---

① 庞明川. 中国的投资效率与经济可持续增长 [M]. 北京：中国社会科学出版社，2008：100 – 101.

②⑤ 武献华. 投资效益分析与评价 [M]. 沈阳：辽宁人民出版社，1994：89.

③ 庞明川. 中国的投资效率与经济可持续增长 [M]. 北京：中国社会科学出版社，2008：103.

④ 郭世坤. 衡量投资结构的方法论及标准 [J]. 投资研究，1987（5）：101.

帕累托最优，或者说就实现了资源配置的最优。① 以上三位学者关于投资结构最优的判断标准各有各的分析视角，各有各的道理，共同的不足是作为理论分析还可以，但作为实践层面的标准可操作性并不强。本书认为，判断一个国家或地区投资结构是否优化的标准不是一成不变的，在不同的经济发展阶段，特别工业化不同阶段对投资重点指向是不同的。在工业化前期投资的重点领域是基础工业和重化工业，到了工业化中期应该更加重视制造业投资，到了工业化完成阶段则应该更加重视高端服务业的投资。总之，产业投资重点指向要随着经济发展和工业化进程及时调整，一般来说，要符合产业结构高度化变化规律。根据"配第—克拉克定理"，一个国家或地区伴随着人均国民收入水平的提高，劳动力的流向首先由第一产业向第二产业转移；当国民收入水平继续提高时，劳动力又向第三产业转移。而各国工业化的经验也表明，随着工业化进程的逐步推进，工业结构先后需要经历"轻纺工业化""重化工业化""高加工度化""高技术化"的演变轨迹。因此，伴随着工业化进程加快与国民收入水平提高，通过优化投资机构促进产业结构转型升级势在必行。

根据前面对内蒙古消费率下降及其原因的实证分析，内蒙古经济发展过程中投资率持续上升，消费率持续下降的背后暴露了"固定资产投资过大，有效需求不足"等矛盾和问题，以及粗放式的经济增长方式、经济结构不合理、投资效率低下、市场经济体制不完善等深层次问题。而解决这些问题应该从调整优化投资结构开始。这可能是消除消费率偏低进而提高内蒙古投资效率，优化经济结构解决的突破点。

固定资产投资拉动经济增长的有效手段，但这里有一个投资规模和结构问题。就是说投资要保持一定的规模和合理的结构。如果为了达到一定的经济增长速度，或多依赖投资，甚至以一轮投资带动新一轮更大的投资，必然出现生产和消费的脱节。因为投资的目的在于扩大生产性需求，但生产性需求不可能转化为消费性需求。可见，如果

---

① 庞明川. 中国的投资效率与经济可持续增长 [M]. 北京：中国社会科学出版社，2008：108.

不积极启动消费，单纯依赖投资拉动经济增长肯定会引起经济增长动力机制失衡。如何才能避免内蒙古经济增长对投资的过度依赖？除了压缩投资规模，保持合理的投资水平以外，更重要的是调整和优化投资结构。一是要加快建立市场化投资体制，严格控制固定资产投资规模的过快增长。二是严格控制资源型产业投资规模，因为内蒙古固定资产投资规模偏大主要是资源型产业投资规模过大。长期下去，内蒙古经济增长方式粗放、质量低下的问题难以好转。三是要加快第三产业投资，促进第三产业优先发展，这是转变内蒙古经济增长方式，优化经济结构的根本之举。四是要加快制造业投资，提升内蒙古制造业发展水平，解决内蒙古制造业单一、发展滞后、结构不合理的问题。

三、构建市场化投资体制，严格控制固定资产投资规模

当前，由于市场经济体制不够完善，新旧体制仍处于过渡阶段，虽然政府直接投资比重已经下降，企业投资所占比重逐步提高，但是地方投资膨胀机制依然存在。一是企业成为市场主体，可以面向市场自主投资，但问题是市场本身也是有缺陷的，由于信息的不充分，容易导致企业的一窝蜂投资，使某些行业和地区的投资出现过剩现象；二是与经济增长的周期性相适应，投资周期变化也有可能导致一定时期的投资过度膨胀。庞明川（2008）提出了在投资周期存在的情况下，对投资总量调控的主要任务在于使投资规模与国民经济的发展保持适当的比例，既要防止投资的过度扩张，又要防止投资的过度收缩，使投资总量保持在一个合理的水平。为此，庞明川提出了投资总量宏观调控的两方面内容：一是根据经济周期和投资周期的特点，进行反周期调节；二是利用政府行政干预对投资规模进行合理控制。①

本书认为反周期调节和行政干预在一定时期是必要的，但要从根本上消除各个地方投资规模过大的问题，还要依靠进一步推进市场化

---

① 庞明川．中国的投资效率与经济可持续增长［M］．北京：中国社会科学出版社，2008：220．

改革，从体制机制上彻底消除地方政府的"投资冲动"。

对于内蒙古这样的传统农牧业大省来说，加快推进工业化的任务十分迫切，再加上丰富的自然资源优势，依靠大规模资源型产业投资增加工业产值，以此带动工业化水平提升，自然成为内蒙古制定经济发展战略的优先选择。据一些专家提出，我国工业化在 2002 年进入重化工阶段，这也为具有自然资源优势大区的内蒙古充分利用自身优势，发展资源型产业提供了千载难逢的大好机遇。内蒙古不失时机地抓住这一发展机遇，确定了能源、冶金、化工、农畜产品加工、装备制造和高新技术产业六大特色产业作为内蒙古主导产业重点发展。不断增加的固定资产投资，特别是对资源型产业的持续投资，使内蒙古的工业异军突起，拉动内蒙古经济进入了高增长阶段。但与此同时，资源型产业投资规模过大，产能过剩的问题也随之产生。进入 21 世纪以来，内蒙古伴随着经济增长提速和工业化进程加快，先后出现两次产能过剩。一次是在 2008 年金融危机以后，随着国际市场需求减少，我国东部沿海地区的出口制造业受到严重冲击，内蒙古作为东部地区的原材料产地也遭受重挫，煤炭、电力、钢铁、水泥、玻璃等主要工业产品过剩的问题开始显露出来。另一次是在 2011 年以后，国家开始治理通货膨胀，实施紧缩政策，特别是 2012 年以后，经济逐步步入新常态，面对全国经济结构转型升级，一些主要基础性工业产品的市场需求大规模减少，价格下行趋势不可避免，规模以上煤炭企业面临着市场严峻考验，效益状况不容乐观。

内蒙古之所以在经济发展过程中始终面临着产能过剩的困扰，从表层看是经济结构问题，但更深层次的问题则是体制机制上的问题，即各级地方政府基于政绩压力下的"投资冲动"，而且在政府主导的投资体制下，"投资冲动"很容易变成现实，地方政府可以采取一切可能的办法，甚至是"先斩后奏"的办法增加项目投资。还可以通过"招商引资"优惠政策，在土地、税收和环境准入方面吸引企业投资。由于人为地压低了生产要素价格，大大降低了企业的成本核算，对于单个企业来说，效益自然很高，但在宏观上却是很不经济的。因为微观企业的投资效益并不能反映在宏观层面上的资源配置就能够达到帕累托最优。对于内蒙古来说，解决投资规模过大、经济增长过度依赖投资拉动的问题，必须通过深化投资体制改革，消除投资规模膨胀的体制机制根源。当前要注意解决好以下四个问题。

第一，加快转变政府职能，建立市场化的投资体制。党的十八届三中全会明确提出全面深化改革的核心问题是处理好政府和市场的关系，使市场在资源配置中起决定性作用。并且提出要从广度和深度上推进市场化改革，大幅度减少政府对资源的直接配置，推动资源配置依据市场规则、市场价格、市场竞争实现效益最大化和效率最优化。党的十九大报告更加明确指出转变政府职能，深化简政放权，创新监管方式，增强政府公信力和执行力，建设人民满意的服务型政府。这就明确了投资体制改革的方向是推进市场化，而关键在于转变政府职能，为此，必须按着"有所为，有所不为"的原则，合理界定政府职能，划清政府与市场的边界，凡是市场可以做的事情要交给市场。政府要放弃管不了也管不好的事情，集中精力做好自己该做的事情。按照党的十八届三中全会的要求就是"加强中央政府宏观调控职责和能力，加强地方政府公共服务、市场监管、社会管理、环境保护等职责"。因此深化投资体制改革，政府必须主动放权，放弃对投资项目的行政审批制度，放弃对投资项目的直接行政干预。实践也已经证明，投资项目的行政审批制度并不能做到对投资规模和投资结构的有效调控，结果恰恰相反，有效率的投资项目无法准入，而低效率甚至是无效率的项目却容易准入。行政审批的结果不是"优胜劣汰"，而是"优汰劣胜"。因此，政府从市场退出并转变职能是建立市场化投资体制的关键所在。

第二，明确企业投资主体地位，真正落实企业投资自主权。强化市场配置资源的基础作用，必须落实企业的投资主体地位，这是现代市场经济的基本要求。现有的投资管理体制暴露了政府对企业投资干预过多的弊端，影响了企业投资活动的效率和效益最大化，必须进一步改革。党的十八届三中全会明确指出："企业投资项目，除关系国家安全和生态安全，涉及全国重大生产力布局、战略性资源开发和重大公共利益项目外，一律由企业依法依规自主决策，政府不再审批。"因此，今后要按着谁投资、谁决策、谁受益、谁承担风险的原则，最大限度缩小各级政府审批、核准、备案的范围。

第三，要创造有利于民间资本投资的制度环境。自2008年以来，民间资本和私人企业的发展势头受到国有资本和国有企业的强烈挤压，有学者将其形容为新一轮的"国进民退"（韦森2010）。当前应该想方设法消除政策层面的民间资本行业进入壁垒，落实中央关于开放民间资本投资的各项政策，促进民间资本从传统产业向现代产业转移，特别是破除民间资本进入现代制造业、高新技术产业和现代服务业的"门槛"。下一步一定要按照党的十九大所提出的，全面实施市场准入负面清单制度，清理废除妨碍统一市场和公平竞争的条件规定和做法，支持民营企业发展，激发各类市场主体活力。同时，积极推动金融体制改革，加快建立现代金融服务体系，除了银行业的改革以外，还要大力发展股权市场、债券市场等直接融资市场，使民间资本有多种渠道从市场获得融资。从根本上改变低效的国有银行长期将有限的资金投放给低效的国有企业的被动局面。

第四，进一步理顺中央和地方财政关系，强化地方政府的公共服务职能。党的十九大报告指出："加快建立现代财政制度，建立权责清晰、财力协调、区域均衡的中央和地方财政关系。"为改革指明了方向。1994年实行分税制改革以后，各级政府间支出责任不符合国际惯例，各级政府的事权责任缺乏法律依据，导致各级政府在行政职能上的严重交叉，致使各级政府对公共服务投入不足，职能迟迟不能转变。因此，一方面应该按照党的十八届三中全会要求，深入推进各级政府治理体系和治理能力建设，本着事权与财权相统一原则，明确中央政府和地方政府事权责任，建立规范化、法制化的地方政府收入结构体系和中央政府对地方政府的转移支付制度，使地方政府履行公共服务职能具有充足的财力基础作保障；另一方面要建立地方政府全面科学的考评体系，纠正单纯以经济增长速度评定政绩的偏向。在新的考评体系当中，除经济增长指标外，要加大资源消耗、环境损害、生态效益、产能过剩、科技创新、安全生产、新增债务等权重，以全面反映经济发展的速度与质量、效益和可持续性的统一。同时要突出以人为本，更加重视劳动就业、居民收入、社会保障、人民健康状况，切实把提高人民生活水平和改善生活质量作为各级政府的出发点和落脚点。

以上三项改革的目的就是要处理好政府和市场的关系，把投资自主权交给企业，把优胜劣汰交给市场；同时理顺中央与地方各级政府的关系，中央政府主要履行宏观调控职责，地方政府主要履行公共服务、市场监管、社会管理、环境保护等职责。今后解决投资规模过大、结构不合理、产能过剩的问题，不能再依赖政府行政审批，而是让市场去说话，有竞争力的留下，没有竞争力的退出。政府要为市场创造公平竞争的环境。

四、调整固定资产投资重点指向，优化固定资产投资结构

（一）重点加强公共基础设施投资

国际金融危机过后，公共基础设施投资在国际上已经成为经济增长战略的重要部分。美国成立了基础设施银行。日本提出了"新增长战略"，计划未来10年基础设施投资增加50%。内蒙古公共基础设施的投资重点主要包括高铁、机场、城市基础建设、农村垃圾和水处理、空气质量的改善、保障性住房等。特别需要加强高速公路、机场建设投入。公共消费投资不是一般的固定资产投资，因为它不形成新的生产能力，不带来产能过剩。但却能够拉动相关产业的增长，特别是提高居民尤其是城市居民的幸福感，缩小与发达国家居民生活质量的差距，如交通、空气等。目前这方面的投资全国大概占固定资产投资的25%，内蒙古的比例更低，还有很大的提升空间。

（二）严格控制资源型产业的过快发展

内蒙古的自然资源得天独厚，这是发展资源型产业的有利条件。

截至2010年底，内蒙古目前已查明的煤炭资源矿产地有445处，探明资源总储量初步估算为7413.9亿吨，煤炭储量首次跃居全国第一位。石油、天然气蕴藏非常可观。石油资源总量为20亿~30亿吨，天然气总资源量为10.7万亿立方米，其中，鄂尔多斯市境内天然气总资源量4.1万亿立方米，苏里格、乌审、大牛地三个气田目前探明储量达7202亿立方米，其中苏里格天然气田是我国最大的整装气田。内蒙古已查明铁矿产地241处，查明和预查资源储量26.48亿吨。有色金属矿产已探明40余种，成矿条件好，矿床类型多，综合利用价值大。查明非金属矿产30多种，其中已探明石膏、氟石居全国第2位，玻璃硅沙、大理石、萤石、花岗岩、云母、石棉等天然优质建材原料的储量十分丰富。特别是稀土资源得天独厚，誉满中外，已探明的稀土氧化物储量占全国的90%，居全国和世界首位。从工业化进程来看，内蒙古正处于重化工业发展阶段，扩大资源开发利用不可避免，将资源优势变成经济优势是加快工业化的必要选择。内蒙古煤炭产量由2002年的11471万吨增加到2010年的78913万吨，平均年增长率27.26%。2010年内蒙古煤炭产业总产值为2543.74亿元，占社会总产值的比重为21.79%，煤炭产业创造的就业岗位为24.77万人，占全部工业就业岗位的19.78%。2012年，内蒙古煤炭产量达到了创纪录的10.66亿吨，占全国煤炭总产量的29.21%，此后由于去产能，煤炭产量有所下降，2013年、2014年、2015年分别为9.91亿吨、9.94亿吨、9.06亿吨，占全国煤炭总产量的1/4左右。可见，内蒙古煤炭产业在内蒙古的工业体系当中扮演着重要角色，对于推进内蒙古的工业化进程和拉动内蒙古经济增长中的作用十分巨大。例如，鄂尔多斯市是内蒙古的主要产煤基地，在2010年该市原煤产量达到44934万吨，成为全国第一产煤大市，占自治区原煤生产总量的57%。

从长远来看，对自然资源的过度依赖使内蒙古经济的可持续发展面临着两个制约因素：一是资源储量的限制。内蒙古煤炭产量的不断增加，固然为拉动内蒙古经济快速增长做出了贡献，也支撑了国家的能源供应。但是，这种超强度开采加快了煤炭资源耗竭的速度，威胁着煤炭资源的可持续利用,长期来看是不理性的,内蒙古的煤炭资源富集地区在不久的将来有可能沦为继东北之后的第二个"老工业基地"。二是生态环境的限制,特别是内蒙古是一个半干旱地区,如果不加限制的进行煤炭开采,过度的依赖能源生产拉动经济增长,对大气环境、水环境、草原生态环境均构成严重威胁。以草原为例,内蒙古草原面积为8666.7万公顷,居全国之首。草场资源丰富的地区也是煤炭资源丰富的地区,但内蒙古大部分处在干旱、半干旱地区,降水偏少,虽然草场资源丰富,但生态环境十分脆弱。煤炭开采过程中对草地植被的碾压、草原植被被尾矿掩埋,从而诱发矿区周围草原退化和沙漠化。一般开采1吨煤炭要剥离堆积物5~6吨,经过剥离的堆积物堆放在大片土地上,植被及自然景观发生巨大变化。在资源开发的前期勘探中,煤田、气田、油井等的钻采、道路扬尘及其相关的铁路、公路、管线的铺设对农田、地表植被的占用等,也使生态植被遭到严重的破坏。白音花、霍林河、伊敏河等大型煤田均为大型露天开采,开采过程中需要占用大量草原。如果控制不好,造成不可逆转的生态环境恶化,对内蒙古的草原生态系统将是一个毁灭性的打击。因此,要树立现代可持续发展理念,正确认识自然资源价值,既要看到其经济价值,更要看到其生态环境价值,使资源的开发与利用建立在可持续发展的基础之上,内蒙古的经济增长才是可持续的。

从世界许多资源丰裕的国家或地区对资源型经济转型的经验来看,资源型经济及早加以规划和调整,是可以实现转型的,德国鲁尔区就是资源型经济转型比较成功的地区之一。作为德国最重要的老工业区,20世纪50年代鲁尔区的采煤业就达到了鼎盛时期,此后逐步走向衰落,到了70年代,以煤钢工业为主导产业的鲁尔区开始进入了衰退时期。当时的西德政府制定了一系列规划和政策措施促进经济转型:大力改造煤、钢两大支柱产业,发展新技术产业,引进新兴产业,研发新产品,将第三产业作为就业重点,实现产业结构多样化;利用高校和科研机构的支持,加快了科研成果转化。鲁尔地区通过开发替代产业,提高资源的附加值,从产业结构多元化入手,依靠自身优势成功实现了经济转型。从中可以看出，鲁尔地区资源型经济转型的关键在于政府通过产业规划促进了技术进步和产业的升级改造。自然资源的有限性决定了它的不可持续性，因此如何利用自然资源，寻找替代产品，发展后续产业对于一个地区经济的可持续发展至关重要。实践证明，资源型地区的转型越早越好。对于内蒙古来说，当前应抓住经济快速增长、财富充足的有利时机，及时考虑资源型经济的转型升级，在"资源诅咒"到来之前，实现产业结构高度化。这不仅事关内蒙古当前经济结构调整优化，更关系到经济长远的可持续发展。

要健全防范和化解资源型产业产能过剩长效机制。如煤炭、电力、钢材、水泥及其他有色金属都已经是全行业过剩，必须认真落实"去产能、去库存、去杠杆"的国家供给侧改革政策，凡是这一类新增产能项目一律不予审批。对于非经审批或环评，违规上马的建设项目，要进行问责，一查到底。就全国的形势来看，自2008年金融危机以来，在4万亿元的财政刺激下，再加上18万亿元的银行贷款，使得政府主导下的投资拉动的传统经济增长模式进入了一个新阶段。投资增长速度多年超过GDP增长速度，结果必然是严重的过剩产能，因此，去产能的任务非常艰巨，不容乐观。据统计，截至2012年底，我国传统行业产能普遍过剩，钢铁、水泥、电解铝、平板玻璃、船舶的利用率仅为72%、73.7%、71.9%、73.1%和75%，大大低于国际通常水平。这5个过剩行业，除船舶制造以外，其余4个行业均与内蒙古有关。再不控制这类产业投资，资源型产业过度依赖症的后果是十分可怕的，不仅仅会加剧经济结构失衡，而且，还会对自治区生态环境构成巨大压力，从长期看势必要降低可持续发展能力。

要积极利用当前经济转型期的有利时机，加快对内蒙古资源型产业进行调整，要着力培育和发展大项目、大企业，走大产业的发展路子；要通过市场化的办法，落实"去产能、去库存、去杠杆"，主要是淘汰"高污染、高能耗"的小煤矿、小焦炭、小水泥等落后产能，而不是不分具体情况，对所有企业一律平均限产。这样做不仅达不到淘汰落后产能的目的，反而给技术水平较低落后产能企业以发展机会，因此不可取；实在有必要的新上项目，技术和装备应该达到国际领先水平，且要实现规模效益。早在2008年金融危机期间就暴露了内蒙古资源型产业产能过剩的问题，但在各种经济刺激政策的作用下，本来已经属于过剩的产能，又出现了新一轮的井喷式增长，其结果是埋下了2013年以后经济困境的祸根。以原煤产量的增长来看，2008年，内蒙古原煤产量只有47270万吨；而到2012年猛增长到106603万吨；火电生产量2008年已经达到了1998.77亿度，仍在持续增长，到2012年达到了3026.64亿度，5年增长了51.42%；同期，内蒙古的粗钢产量在产能严重过剩的情况下，也净增了517万吨。大大超过市场需求，不可避免会出现价格暴跌、产品积压、资金周转困难、企业破产倒闭等新的经济危机。可见，今天的企业困境，根源不在今天，而是昨天埋下的祸根。就是经济遇到危机，没有采取釜底抽薪的办法从根本上转型，而是采取"吸食鸦片"的办法求得一时痛快，致使产能过剩的问题越积累越严重，以致到了今天无可救药的地步。自2011年国家为治理通货膨胀，全面实施了紧缩政策，以及近几年国家促进经济结构和经济增长方式转变的宏观经济政策出台，经济增长步入"新常态"，全国经济粗放型高增长时代已经结束，传统制造业正在面临着严峻考验，对原材料的市场需求日趋减少。面对经济"新常态"，资源型企业的产品价格下行，效益下滑将对这些企业生存构成巨大压力。主动进行结构调整，压缩一部分资源型产业落后产能已是在所难免。当然淘汰落后产能，也要采取市场的办法。实践证明，过多依赖行政干预，只能增加产能过剩，而不会减少产能过剩，原因就是在现行的体制机制下，增加项目投资，政府有巨大的利益驱动在里面，行政审批越多，越适得其反。因此，实施供给侧改革，减少内蒙古资源型产业投资，压缩过剩产能，应该有新观念、新思路。就是按照党的十八届三中全会所提出的强化节能节地节水、环境、技术、安全等市场准入标准，建立健全防范和化解产能过剩长效机制。地方政府应尽快清理对资源型企业的保护政策，减少土地、税收、财政贴息等各项优惠，使生产要素价格市场化；严格执行企业市场准入的环境标准，抬高市场准入门槛，建立地方环境问题责任追究制度。这样一来，一方面取消政策性优惠，另一方面严格市场监管，虽然不用政府审批管理，在市场机制作用下，面对激烈的市场竞争，总会有一批成本高、效益低的劣势企业从市场退出，被淘汰掉。首当其冲的可能是长期以来地方政府为了加快地方资源开发，在招商引资政策的鼓励下建立起来的小煤窑、小冶炼、小焦炉、小化工等一批技术落后、产量低、破坏资源、污染重的小型资源型企业。这些企业的退出将会加快内蒙古资源型企业的兼并重组，从而有利于压缩资源型产业的投资规模和产能。对资源型产业进行调整，除了压缩落后产能，更重要的在于更加科学合理利用资源，最大限度延长产业深度。内蒙古多数资源型产业停留在初级产品加工阶段，产业链条深度不够，产品附加值较低。为了将内蒙古的资源优势真正转换成为经济优势，必须在资源深加工方面做足文章，积极支持发展资源开发后续产业。比如电解铝本身是高能耗、高污染企业，如果不搞接续产业，电解铝的附加值比较低，且市场价格波动加大，企业市场风险较大。如果发展铝后加工，情况就会发生逆转，以"电解铝—型材—铝箔或轮毂"等形成了一个完整的铝产业链条。再比如煤炭资源的深度开发利用，也有文章可做，按着"煤—天然气或汽油—烯烃粒料（PP、PE）—硫黄和其他高分子产品—食品级干冰、石膏装饰板、灰渣水泥、粉煤灰建材"等就会形成一个完整煤炭深加工产业链条。如内蒙古通辽市的金煤化工企业在煤炭深加工方面，充分利用自己拥有自主知识产权的煤制乙二醇技术和工艺流程，对当地充足的褐煤深加工，既延长了煤产业链条，增加了附加值，同时也有助于消耗通辽电厂的过剩电量，最主要的是实现了对煤炭资源的循环利用，做到了"榨干吃尽"，对资源真正做到了无污染、环保、可持续利用。

（三）积极发展非资源型产业

在市场经济条件下，产业调整应该说主要依赖于市场的力量，但在一定条件下，产业政策也会发挥重要的导向作用。国内外实践证明，资源型经济的转型是对社会经济资源配置的重大调整，仅靠市场的力量是远远不够的。因此，在区域经济结构重大调整时期，特别是在市场失灵的情况下，政府应采取积极的产业政策，加以规划、引导和支持。这将是实现内蒙古从资源型经济向非资源型经济转变的关键。要以科学发展观为指导，按照合理布局、安全可靠、适度超前的原则，统一规划，避免重复建设和内部竞争，加强综合交通、水利、输电通道、信息网络等基础设施建设。在"十三五"和中长期规划中，要突出对战略新兴产业、服务业、特色产业等各类非资源型产业的支持力度。根据内蒙古经济发展现状，进行产业政策调整，实行差别化产业政策。对于高产、低耗能的产业在立项审批时优先考虑，在项目审批、配套资金等方面给予政策支持，优先在内蒙古布局建设具有比较优势的达到环评标准的煤炭、煤化工、电力、有色金属生产加工等项目；合理确定内蒙古节能减排指标和主要污染物排放总量；大力推进电力定价管理体制改革，建立健全电力市场机制；重点支持具备条件的省级开发区升级为国家级开发区。

内蒙古今后经济转型升级的重点在于发展非资源型产业，这是今后一个相当长时期经济领域工作的重要工作。在继续推进国家能源和重化工基地建设的同时，实施更加积极有效的产业政策，在推动非资源型产业发展上实现以下三个突破。一是积极推动优势产品深加工和传统优势产业发展升级，在培育传统优势产业集群上实现突破；二是主动承接内陆特别是沿海地区产业转移，在发展新兴产业集群上实现突破；三是加快推动企业技术进步和淘汰落后产能，在促进产业改造升级上实现突破。要瞄准产业制高点，逐渐培育一批非资源型产业建设项目，在资金方面给予重点支持，自治区工业重点项目建设引导资金对非资源型产业重大储备项目前期工作给予倾斜，为非资源型产业加快发展提供制度保障，并给予重点支持。

发展非资源型产业也要立足自身优势，不可简单复制，一哄而起，防止与其他省份产业撞台。为此自治区发改委、财政厅等各有关部门要加强非资源型产业项目的前期调研和项目储备，为地方规划和企业投资做好决策咨询和服务工作，在投资政策引导上多下功夫，引导相关企业加快技术改造，积极推动非资源型产业技术改造和创新，促进产业结构及其产品结构的优化升级，不断提高产品市场竞争能力。各级地方政府要在土地、供电、供水、供气等配套建设条件上给予优惠政策支持；在审批环节上简化办事程序，提高办事效率，为企业提供更加方便和快捷服务。

（四）要培育发展战略性新兴产业

党的十九大报告提出加快建设制造强国，加快发展先进制造业。战略性新兴产业是具有知识技术密集、物质资源消耗少、成长潜力大、综合效益好的产业，代表着未来产业发展的方向和重点。新兴产业既是内蒙古产业发展的薄弱环节，也是产业升级的重要内容。目前内蒙古正处在经济结构调整和经济发展方式转变的关键时期，加快培育和发展战略性新兴产业，是实现经济又好又快发展，全面建成小康社会发展目标的重大战略举措。因此，要瞄准战略性新兴产业的国际发展动态，把握战略制高点，立足内蒙古资源和产业优势，明确战略性新兴产业重点领域，以提高产业竞争能力为核心，以推进新型工业化和城镇化为引领，以促进产业技术进步和科技成果转化为抓手，以创新人才培养引进和企业创新能力建设为支撑，加大战略性新兴产业投资力度，加快培育战略性新兴产业集群，形成特色鲜明、优势突出具有竞争能力的产业格局，实现战略性新兴产业快速持续发展。这是内蒙古产业结构调整的重中之重。目前世界各国都在利用后危机时期的相对稳定周期加快经济结构调整，力图通过技术创新实现产业升级。内蒙古更要抓住这一有利时机，立足自身优势条件，确定新能源、新材料、大数据云计算、节能环保、高端装备制造、节能建筑、稀土产业、蒙中医药、生物科技等一系列战略新兴产业作为重点支柱产业加以培育。如内蒙古有得天独厚的稀土资源优势，要利用这一优势资源在钢铁、煤化工、有色金属和机械装备等领域的应用，积极培育和发展技术成熟的稀土永磁、稀土发光、稀土催化材料等生产项目，打造国内外一流的集研发、生产和应用为一体的现代稀土产业集群。光伏产品是新能源产业发展的需要,虽然近几年国内存在产品过剩,但从长远看市场前景很大,应该积极支持,关键在于利用内蒙古硅矿石及电力资源优势,提高技术水平,改进生产工艺,打造"多晶硅—单晶硅—电子级硅片以及太阳能级硅片—太阳能电池"等产业链条,在全区重点培育几个具备一定规模和竞争优势的光伏产业集群。石墨烯作为高科技材料在未来的新兴产业中有着广泛的应用前景,应该给予足够重视,当前要积极发展超高功率石墨电极、石墨复合材料、高纯石墨碳块、柔性石墨、石墨乳和石墨制品等一系列产品,加快培育出在全国具有特色和竞争实力的石墨和碳素产业集群。电子信息产品制造业和信息服务业是朝阳产业,也应该重点支持发展,如高清晰度彩电、液晶显示器、光存储设备、高性能计算机以及配套元器件,发光二极管和高能电池等电子元器件的软件开发等项目,属于技术和人力比较密集产业,这方面自治区也有一定的优势,关键在于产业各个环节的配套规划和建设,要形成上下游产品互相衔接的现代电子信息产业集群。自治区在生物制药和生物产品等领域也有着得天独厚的资源优势,可以重点发展生物制药和生物高科产业。如动植物蛋白和农畜产品有效成分提取、微生物制剂、新型药物等现代生物制药项目具有非常广阔的应用前景,关键是产品技术含量要高,应该达到国内外领先水平,且生产设备和工艺流程是最先进的,这样产品才有竞争实力。以打造生物工程及其化学制药产业为重点,加快推动生物产业基地和聚居区建设。在内蒙古也有着广阔发展前景,重点发展污水和垃圾处理、高浓度有机废水净化、脱硫脱硝等先进环保技术和装备制造等项目促进新型环保产业的发展。对此,自治区人民政府要通过发改委组织专家认真调研和论证,出台新兴产业发展规划,给予积极的政策扶持和资金支持,使其逐步发展成为接续资源型产业的支柱产业。

(五) 发展现代装备制造业

近年来,内蒙古装备制造业保持了较快的发展速度,如军民结合的特大型机械装备制造企业—内蒙古一机集团,铁路车辆定点生产企业—北方创业等。包头市历史上就是全国的重工业基地,在重型设备、重型卡车等制造业方面已经具备了相当的发展基础和发展规模,也有着广泛的市场认可。在此基础上,内蒙古要顺应"中国制造2025"和智能制造时代产业发展方向,主动促进现代信息技术与传统装备制造业的融合。今后应根据市场需求,发展具有特色和竞争力的装备制造业,在现有产业基础上,发挥资源和人才优势,重点发展煤炭设备、化工设备、火力和风力发电设备及其配套零部件生产。特别是包括电动汽车、混合动力汽车在内的新能源汽车制造,由于减轻了对传统的石化能源的依赖,降低甚至是实现了污染物零排放,代表了未来汽车业的发展方向,具有强大的潜在市场空间和广阔的发展前景。一定要看到,新能源汽车是对传统汽车制造技术的革新,谁先掌握了这项技术,谁就先形成产业优势,谁就可以实现对传统汽车制造业的弯道超车。为此,内蒙古应该利用自己独特的资源优势,依托国内企业,积极谋划并打造新能源汽车技术研发和制造为一体的现代产业基地,并力争在"十三五"时期迈出重要一步。为促进内蒙古装备制造业的集群化发展,将包头市打造成为车辆和风机制造的基地;将鄂尔多斯打造为以煤炭机械制造与维修、矿用设备、煤化工设备制造为主的装备制造业,同时积极发展相应的配套企业,增强企业竞争力。

(六) 发展新能源产业

新能源包括风能、太阳能、生物质能、地热能、海潮能等,这些都属于可再生能源。发展新能源可大大减少煤炭、石油、天然气等化石能源的消耗,减少温室气体的排放,减少环境污染和危害,缓解交通运输压力。随着技术进步,能源生产和使用结构正在发生变化,风能、太阳能以及可再生的生物质能作为新型绿色能源是能源的发展方向,既是低碳社会的必然要求,更是现代生态文明的重要标志。内蒙古在我国属于风能、太阳能和生物质能资源富集地区,具有得天独厚的资源优势,有基础也有可能发展成为我国绿色能源输出基地。内蒙古地域辽阔、人口稀少、风能分布广、稳定性好，是我国陆上风能资源最丰富的地区。据资料显示：目前在国内约 26 个省区的风能资源中，大约有 32 亿千瓦装机容量可以开发，而内蒙古可供开发的风能达 14.6 亿千瓦时，占到了全国的约一半，是我国风能储备最丰富地区。并且内蒙古自治区风速的季节变化和日变化规律基本上与生产和生活用电规律相吻合，且大部分地区为平坦的草场，十分适宜建设大型风电场。内蒙古应充分利用新能源发展的优惠政策，加速风电产业化发展，提升风力发电企业和制造企业竞争力，促进风电产业的健康发展。

内蒙古属于干旱和半干旱大陆性季风气候，太阳能资源也极为丰富。日照时数长，年日照时数在 2600~3200 小时，年太阳辐射总量在 1331~1722 千瓦时/平方米，每平方米辐射量在 4800 兆焦耳~6400 兆焦耳，居全国第二位，仅次于西藏。因此，内蒙古应在"十三五"规划中加大对太阳能产业发展的政策支持力度，加快太阳能开发和利用。这不仅可以改变多年来内蒙古对以煤炭为主的能源的严重依赖，还可以减少温室气体排放和环境污染，促进节能减排目标的及早实现。

内蒙古作为传统的农牧业大省，生物质资源种类多、面积大，具有发展生物质能源的有利条件。内蒙古的生物质资源包括秸秆、油菜籽、大豆、蓖麻、文冠果、甜高粱、森林采伐剩余物、灌木林、牲畜粪便资源、谷壳、树枝、油草、油灌木、叶梅、油葵、曼陀罗、食品废弃物、水产品残渣等非粮含油植物和水生物质等，种类比较多，且储量相对丰富，可以用来生产乙二醇和生物柴油。同时还可以充分利用内蒙古的秸秆和垃圾资源，采用垃圾和秸秆混燃的焚烧发电。据估算每 2 吨玉米秸秆的热值就相当于 1 吨标煤，与煤相比，秸秆还具有含硫量低的优点，每 5 吨生活垃圾经过科学焚烧后产生的热能相当于 1 吨标煤。可见，内蒙古应该抓住国家鼓励新能源和环保产业发展的有利时机采取积极措施，在发展传统能源的同时大力发展生物质能源。

（七）发展有机绿色农产品种植加工业和沙草产业

内蒙古地域辽阔，拥有不可替代的土地资源、地形地貌资源、牧业资源和气候资源，具有发展有机绿色农产品得天独厚的优势条件。随着我国经济发展和人民生活水平提高，人民对食品的品质和食品安全提出了新的更高需求，不仅要吃得饱，还要吃出安全、吃出绿色。这就为绿色农产品种植加工的发展提供了广阔的市场空间。所以，内蒙古在"十三五"时期要重点支持有机绿色农产品种植加工业的发展，将内蒙古建设打造成为有机绿色农产品生产加工基地，将丰富的农林牧资源转化为经济优势，既满足人们消费和健康需求，又增加广大农牧民的收入。马铃薯、大豆、玉米、红干椒等农产品是内蒙古的特色农产品，不仅产量高，而且品质好，要利用这一资源优势发展农产品加工产业。马铃薯深加工方面主要围绕薯泥、薯条及全粉、变性淀粉、颗粒粉和植物蛋白等深加工产品项目做文章，积极打造马铃薯加工产业集群。在大豆深加工方面，重点引进资金和技术，开发生产系列大豆保健食品、保健饮品。在红干椒加工方面，要重点开发色素、调味制品、化妆品等精深加工产品项目，形成红干椒深加工产业集群。在玉米深加工方面，重点放在氨基酸、调味品、抗生素、维生素、葡萄糖等深加工产品项目开发上。

随着现代农业生产技术和生物技术的进步，沙漠资源和沙草产业已经引起了大家的广泛注意。内蒙古在植树种草、发展沙草产业方面具有明显的地域和资源优势。内蒙古现有沙漠总面积达到12万平方公里，包括巴丹吉林沙漠、腾格里沙漠、乌兰布和、库布齐沙漠四大沙漠等。还有总面积17万平方公里的科尔沁沙地、浑善达克沙地、毛乌素沙地、呼伦贝尔沙地四大沙地。实践证明，通过植树种草治理沙漠，变沙海为绿洲和良田，既能够改善生态环境，又能够增加当地农牧民收入，是功在当代、利在千秋的重大之举。同时这也是把内蒙古建设成为我国北方重要的生态安全屏障的客观需要，从这个意义上来说，种树种草、治理沙漠更是一项重大的战略性任务。

（八）加快发展乳品加工、皮毛加工和服装制造等特色产业

内蒙古的资源型产业这些年来发展很快，但作为资本密集的资源

型产业，吸收劳动力就业的能力有限，"就业难"是摆在自治区各级地方政府目前的突出任务。当前，我国东部发达地区正在进行产业战略转型升级，随着沿海地区劳动力成本上升和资源环境价格上涨，玩具、服装和皮毛加工等一批传统劳动力密集产业正在向内陆转移。内蒙古应该抓住机会，主动融入环渤海经济区，积极参与京津冀产业分工，重点打造赤峰、乌兰察布两个产业转移示范区。内蒙古东西狭长，与东北经济圈、华北经济圈以及西北经济圈均具有紧密联系，再加上内蒙古具有得天独厚的皮革、绒毛等原材料资源以及与廉价的劳动力资源优势，依靠地方政府产业政策支持，应该加快发展皮毛深加工、乳品加工和绒毛纺织等劳动力密集型产业。支持蒙牛、伊利等乳品企业发展，重点发展奶油、奶酪、奶粉等乳品产业，让老百姓喝上安全奶、放心奶。肉制品加工产业要引进国内外有实力的龙头企业和知名品牌，发挥内蒙古独特的牛羊肉资源优势，如通辽市的科尔沁黄牛、锡林郭勒盟大尾羊等，当前应该打造特色品牌，培育肉制品加工产业集群。当前内蒙古各级政府应该抓住大好机遇，充分利用内蒙古地理交通与资源优势，选择呼和浩特、鄂尔多斯、包头、通辽、赤峰、乌兰察布等交通便利城市重点发展服装制造业，吸引沿海地区的转移服装企业到此落户，培育服装产业龙头企业，建设服装业产业集群，打造国内外知名的服装品牌。为此，各级政府要充分利用国家产业政策和西部开发优惠政策，在项目建设、税收、物流、营销网络等方面给予大力支持，从而把这些城市建设成为全国知名的具有特色的服装制造业基地。

（九）大力发展服务业

党的十九大报告指出加快发展现代服务业，瞄准国际标准提高水平。前面已经做出分析，2000~2012年，内蒙古的第一产业投资比例整体下降，由8.84%下降到6.10%；第二产业投资比例上升得最快，由27.36%上升到54.95%，上升了一倍多；第三产业投资比例出现了反常的下降，由43.5%下降到39.49%，累计下降4个百分点。由于对第三产业长期投资不足，导致内蒙古在 2000 年以后第三产业占 GDP 的比重逐年下降。2000~2012 年内蒙古第三产业占 GDP 的比重为从 39.3% 下降到 35.5%，而同期全国由 39% 提高到 44.6%。内蒙古由高出全国 0.3 个百分点到低于全国 9.1 个百分点。内蒙古第三产业发展滞后，不仅导致经济结构不合理，而且，还严重制约着城乡居民收入水平和消费水平的提升。对此应该引起足够重视，加快投资结构调整，优先支持第三产业发展是内蒙古今后经济发展战略要考虑的重点。大力增加第三产业的投入，特别是服务业的薄弱环节和领域，应该上一些重点项目。积极鼓励和引导社会资金投向服务业，实行生产服务业和生活服务业齐头并进、协调发展。生产服务业在现代服务业体系当中的地位和作用正在凸显，在自身创造产值的同时，对内蒙古产业结构升级有着巨大的推动作用。要积极推动生产服务业与制造业深度融合，用现代信息技术和高科技改造传统产业，提升产业技术水平。重点是支持信息服务、技术研发、工业设计和质量体系认证等现代生产性服务业项目，以及大型物流中心、集散基地和专业化市场建设项目，打造现代生产性服务业产业集群，在服务领域培育支柱产业。要把发展现代服务业、现代物流业、金融保险业和信息业作为重点。同时大力培育需求潜力大的旅游业、商会会展、健康养老、文化产业等。要运用现代服务技术和互联网技术，全面改造提升旅游、商贸、餐饮等行业，加快商贸流通组织创新，推动传统服务业的改造升级。

　　内蒙古发展物流业基础良好，近年来社会物流的总量在不断增加，今后应重点做好以下几个方面的工作。首先，要结合国家规划在区域布局、重点领域等方面进行合理规划，利用毗邻东北三省和边境的优势条件，构建区域和国际物流中心；重点建设呼包鄂区域物流，使之成为西部物流中心；建设赤通区域物流，使之成为连接东北的区域物流中心，这两大区域主要面向"三北"，形成物流通道；建设满洲里、二连浩特两个国际物流区。其次，推动物流业与优势产业相融合，建设专业化的物流企业。物流业与能源、化工、冶金、装备制造等产业密切相关,既是这些产业之间联系的纽带,也是各企业联系外部市场的重要载体。自治区政府应出台相应的措施,促进冷链物流健康发展,发展连锁经营、仓储式超市、电子商务等新兴流通业态,将小型货站和仓储企业进行整合,实现规模化经营,重点支持龙头企业,形成一批专业化、竞争力强的现代物流企业。最后,建立有特色的区域物流中心,如重点发展蒙西"小金三角"焦炭、水泥物流基地;包头的煤炭、钢铁等生产资料物流基地;呼和浩特为核心的牛奶制品物流基地;通辽市的粮食和煤炭物流基地;满洲里口岸为主的木材加工贸易物流基地等。

第二节 推进收入分配制度改革,提高城乡居民消费能力

根据前面分析,内蒙古在经济高增长阶段,城乡居民总体收入水平偏低,居民收入差距,尤其是城乡居民收入差距在不断拉大。从收入对消费和投资的决定性来看,收入水平偏低以及收入差距的扩大,对消费与投资的水平、结构、规模都会产生重要影响。收入是消费能力实现的基础,提高居民消费能力的最有效办法就是加快收入分配制度改革,改变不合理的收入分配体系,促进城乡居民收入水平不断提高。党的十八届五中全会坚持共享发展的理念,明确提出"缩小收入差距,坚持居民收入增长和经济增长同步、劳动报酬提高和劳动生产率提高同步,健全科学的工资水平决定机制、正常增长机制、支付保障机制,完善最低工资增长机制,完善市场评价要素贡献并按贡献分配的机制。"党的十九大报告又进一步强调指出:"坚持按劳分配原则完善按要求分配的体制机制,促进收入分配更合理,更有序。"党中央这一新的政策为今后收入分配制度改革指明了方向。内蒙古在经济转型调整时期,进行收入分配改革势在必行,目标是建立科学规范、公平公正的收入分配体系,重点解决城乡居民收入水平偏低和城乡居民

收入差距拉大的问题。

一、调整国民收入分配格局，提高劳动报酬在国民收入初次分配中的比重

国民收入分配主要涉及居民、企业和政府之间的利益关系，由于居民、企业和政府等主体的属性和职能具有很大差异，由此，决定了各自的收入支出的目的及范围也是不同的。居民收入主要是满足居民自身的消费需要，企业收入主要是用于扩大投资，政府收入主要是用于行使国家职能所需的政府投资和政府消费。整体来看，企业和政府在国民收入分配占比的提高必然会导致投资的增加，而居民收入分配占比的增加将有利于消费的增加。前面已经分析，内蒙古在经济高增长阶段，随着国民收入增加，不断做大的"蛋糕"没有切好分好，政府和企业的收入分配占比在提高，而劳动报酬的收入占比在下降。内蒙古在消费率持续下降的情况下，调整国民收入分配主要是提高居民收入在国民收入中的占比。2000~2013年内蒙古政府收入分配占比由11.19%上升到13.40%，上升了2.21个百分点，企业收入分配占比由13.96%上升到31.40%，上升了17个百分点；劳动收入分配占比由62.51%下降到45.32%，下降了17个多百分点。可见，内蒙古的国民收入向企业和政府倾斜的趋势是比较严重的，体现出初次分配较大的不公平性。这种收入分配格局如果继续下去，将十分不利于城乡居民收入水平的提高。在发达国家，初次分配后，劳动者的工资总额占GDP的比重一般在50%以上，有时甚至达到65%。资本分得太多，劳动分得太少，是导致居民平均收入水平较低的重要原因，对于社会主要群体来说，他们不能依靠劳动所得变得富裕，就等于失去了财产性收入之源。劳动收入是绝大多数居民的主要收入和财产积累源泉，对于社会绝大多数阶层来说，劳动报酬的提高是提高收入水平的主要途径。所以，调整国民收入初次分配关系，首先要改革收入分配关系，改变劳动收入占比下降趋势，使初次分配向劳动者倾斜。李杨、殷剑

峰（2007）针对我国城乡居民收入在国民收入分配占比较低的状况，提出了："提高居民收入应当成为我国今后宏观经济政策的长期着力点。首先需要做到的是督促企业增加劳动报酬的支付，对此，尤为重要的是完善有关最低工资标准的规定，并严格执行之。其次需要完善各种社会保障制度，适度增加社会福利支出。在国民可支配收入中，社会福利支出的占比不仅没有提高、甚至呈下滑之势，构成我国居民部门可支配收入相对下降和收入分配结构恶化的主要原因。最后是通过积极发展资本市场、发展直接融资，改变银行间接融资比重过高的状况，借以为居民获取存款利息之外的更多的财产收入创造条件。[①]"这三个方面的主张，对解决内蒙古当前城乡居民收入水平较低的问题，仍然具有现实的借鉴意义。

国际经验也表明，改善国民收入分配格局，不仅有利于提高居民收入水平和扩大居民消费，而且有利于启动内需，改善经济增长动力结构，实现经济健康可持续发展。如日本在20世纪60年代实施了"国民收入倍增计划"，实行最低工资制、提高农民收入、削减个人收入调节税、社会保障计划等一系列有利于增加劳动者收入的措施，全面启动了国内需求，成为日本经济起飞的转折点。日本这一成功经验，对我们均有重要的借鉴意义。为此，必须通过调整"两大关系"、着力"两个提高"来稳定提高居民收入，即调整政府、企业和居民三者在国民收入分配中的关系，提高居民收入在国民收入分配中的占比；调整资本和劳动两者在初次分配中的关系，提高劳动报酬在初次分配中的占比。总的原则就是党的十九大报告所提出来的，坚持在经济增长的同时实现居民收入同步，增长在劳动生产率提高的同时，实现劳动报酬同步提高。针对内蒙古的实际情况，要经过认真调研分析，出台一揽子改善收入分配的实施方案。

第一，实施有利于提高劳动者收入的工资决定制度。这项制度在经济发达国家早已有之，在确保劳动者与资方对等协商，实现劳动收

[①] 李杨，殷剑峰. 中国高储蓄率问题研究——1992~2003年中国资金流量表的分析[J]. 经济研究，2007（6）.

入合理增长方面发挥着无可替代作用。对于内蒙古这样第三产业极不发达省份来说，有大量的下岗工人、企业富余人员、进城农民工、新增城镇就业人口等。劳动力过剩状况短期内不会改变。如果在各类企业特别是私营企业和股份制企业没有工会组织的介入，企业就可以把工资压得很低，使初次分配不利于增加劳动者收入占比。因此，地方各级政府要加强企业工会组织建设，建立健全工资集体协商制度，形成职工正常增资机制和支付保障机制。现在绝大多数国有垄断企业内部普遍实行两套工资制度，人为造成了企业内部分配不公。一套是多年形成的固定用工和高工资制度，主要面向企业管理层面，工资水平普遍较高；另一套是近几年形成的市场化的合同用工和低工资制度，主要面向生产一线，工资较低。两套工资制度之间的工资水平差异非常悬殊，不符合同工同酬的公平分配原则，表面是市场化用工制度改革，其实是人为压低克扣劳动者工资，必须加以纠正。近几年来，民营企业工资增长缓慢，其主要原因是劳资双方地位不对等，劳动一方明显处于劣势，缺乏有效的保护机制。解决这一问题要参考发达地区的做法，就是按照党的十九大报告所要求的，完善政府、工会、企业共同参与的协商协调机制，构建和谐劳动关系。因此，要尽快建立起劳资双方的谈判协调机制，每年随着企业效益的提高和物价的变动，合理增加工人工资。

第二，制定最低工资标准和最高工作限时。最低工资和最高工作限时在内蒙古很多行业没有得到很好落实。不利于稳步增加劳动者收入，各级劳动监管部门要积极做好监督检查，同时要根据地区物价水平变动，及时提高最低工资标准。

第三，在税收上区别不同企业，采取不同的优惠政策。对于民营企业和小微企业，主要是落实国家减税政策，减轻企业负担，使企业有更大的利润空间提高职工工资，实现企业职工收入稳步增长。对于垄断性的国有企业，要实行加税政策，使其利润水平保持在合理区间。因为垄断性企业主要是凭借市场垄断地位获取高额垄断利润，如电信、石油、供电、金融、烟草等行业均属于这一类企业。他们所获得的高额利润是以损害消费者利益为前提的，应该通过税收手段加以调节。

通过以上办法调整收入初次分配格局，力争使劳动者收入分配占比到"十三五"结束时，提高到60%左右。

二、加大收入再分配调节力度，提高城乡居民收入占比

要发挥收入再分配的调节功能，加大政府转移支付力度，加强收入分配的税收调节，抑止收入分配差距扩大。从内蒙古实际情况出发，主要采取以下措施。

第一，进一步完善社会保险和社会福利制度。党的十九大报告提出坚持在发展中保障和改善民生。在幼有所育、学有所教、劳有所得、病有所医、老有所养、住有所居、弱有所扶上不断取得新进展。因此，政府和企业要加大社会福利、社会保险支出以及增加其他社会转移支付的力度，确保"五险一金"支付到位，并随着企业收入和地方财力增加稳步提高。

第二，发挥税收对收入分配的调节功能。要完善个人所得税制，提高个人所得税起征点，减轻工薪阶层和中低收入者的税收负担，同时加强对高收入群体税收征管；探索建立财产税制，开征财产转移环节的赠与税和遗产税；完善个人收入信息系统建设，准确掌握居民收入分配状况，为发挥税收调节作用提供基础。

第三，稳步提高机关事业单位职工工资。要深化企业和机关事业单位工资制度改革，缩小地区和行业工资差距。要通过改革措施，多渠道增加居民财产性收入，扩大中产阶层比重，实现居民收入增长略高于经济增长速度，为提升居民消费能力和消费水平奠定坚实的收入基础。2012年内蒙古职工年平均工资为26114元，不仅低于同在西部省份的西藏、青海、宁夏（这三个省区分别是47280元、30980元、30719元），而且与全国的平均水平29229元相比也偏低。这种状况与内蒙古10多年来的经济高速增长是不匹配的，城乡居民收入水平如果长期低于经济发展水平，说明发展方向是有问题，至少不符合共享发

展、和谐发展的理念。根本原因还是出在发展观念上，多年来为了增长而增长，为了 GDP 而 GDP，有很大惯性，忽视了经济发展的根本目的，势必出现长期的低工资现象。2002~2012 年内蒙古财政收入由 110.68 亿元，增加到 1552.8 亿元，年均增长 22.5%，同期职工平均工资由 6974 元增加到 51388 元，年均增长 16.6%，低于财政收入增长 5.9 个百分点。内蒙古应以党的十八届五中全会提出的"创新、协调、绿色、开放、共享"五大发展理念为指导，通过经济结构调整，促进经济发展转型，改革工资制度，提高职工工资水平，为内需拉动经济增长创造条件。从根本上解决消费不足，经济过多依赖于投资拉动的失衡局面，真正将党中央提出的"发展为了人民、发展依靠人民，实现发展成果由人民共享"落到实处。除了公务员的工资要大幅度增加，其他事业单位也要结合新的绩效工资制度，建立合理的增资机制。

三、积极引导和规范民间融资，多渠道增加财产性收入

增加居民财产性收入占城乡居民收入的比重，是衡量一个地区市场化和居民富裕程度的重要标志。据统计，2012 年城镇居民可支配收入为 23150.26 元，其中财产性收入 564.02 元，占可支配收入的比重只有 2.44% 左右。内蒙古农村居民人均纯收入 7611.31 元，其中财产性收入 322.98 元，占纯收入的比重只有 4.2%。与全国平均水平相比，内蒙古城乡居民的财产性收入明显偏低。看来在内蒙古经济总量不断做大做强的同时，政府更需要坚持"以人为本"，处理好经济发展与改善民生的关系，既要"强区"也要"富民"。而且经济发展达到一定水平，具备相当经济实力，即"强区"达到一定程度以后，应该把"富民"放在更加优先位置加以考虑，这才是真正转变发展理念和发展方式。而想方设法多途径、多来源增加城乡居民财产性收入正是"富民"的重大举措。

首先，要打破国有银行对金融市场的垄断，积极扶持民间小额贷

款公司。要积极拓展居民金融投资渠道,依法保护居民投资民间融资公司。民间融资的充分发展是市场经济成熟的表现,是其他融资形式不可替代的。它既可以解决中小企业融资难问题,还使社会闲置资本得到充分利用,同时更增加了居民财产性收入。内蒙古这些年来的经济发展主要是依靠大型项目拉动,融资渠道主要来源于国有商业银行,民间融资并不发达,与发达省份相比有很大差距,政府应该加大力度,引导其健康发展。就是按照党的十九大所提出的,深化金融体制改革,增强金融服务实体经济能力,提高直接融资比重,促进多层次资本市场健康发展。现在内蒙古个别经济发达盟市的民间融资比较活跃,也出现了资金链条断裂、个人融资无法收回的事件比较多,特别是在鄂尔多斯随着经济泡沫破灭,民间融资也遭受重创。个别地方利用民间集资诈骗也时有发生。对此,应该引起高度关注。对待这类问题,正确的做法是"易疏不宜堵",越是问题多,越是应该通过制定政策法规和加强监管引导其健康发展,而不应该采取取缔、关闭等简单粗暴的办法。

其次,积极引导民间资本参与国家重点建设项目和基础设施建设。内蒙古在重化工业发展阶段,煤炭、化工、电力、冶金等一些大型项目以及一批基础设施建设项目需要国有资本的投入。除了银行贷款和政府投入,是否可以吸引民间资本和城乡居民投资,需要进一步解放思想,更新观念,在融资体制和机制上进行创新,使融资渠道更加多元化。具体做法可以通过向民间发行专项债券或以民间资本入股的形式,让更多普通百姓分享项目投资收益。关键在于转变观念和建立吸引民间资本参与重大项目投资建设的有效机制,用好这部分资本,既可以解决大型项目建设资金短缺问题,又可以为民间资本和普通百姓创造更多的资本收入机会,从而提高自治区广大居民财产性收入比重。

最后,树立居民投资理念,加强理财知识教育。有关部门应积极创造条件,对广大居民加以引导和宣传,在全社会举办居民投资理财知识培训班,更新居民投资理财观念,普及必要的理财方法,努力营造全社会重视理财、学习理财的良好氛围。通过各种媒体和中介机构定期举办各种公益性的理财知识讲座和培训班，或者通过社区为广大居民讲授投资股票、基金、保险、黄金、期货和债券等金融产品的理财知识。要积极引导各类理财投资机构为分散投资者提供形式多样的理财顾问服务，使广大居民掌握金融理财产品、投资技术和方法，鼓励居民多渠道选择理性投资形式，认识投资风险，敢于和善于参与风险性投资，减少盲目投资。

四、多渠道增加农牧民收入，缩小城乡居民收入差距

凯恩斯的收入分配理论认为收入分配不公是产生有效需求不足的一个原因，因此，要实现充分就业的均衡必须利用分配政策解决收入分配不公的问题。他提出了解决收入分配不公主要有两种方法：一是提高对富人的所得税率；二是消灭食利阶层。根据国外学者 Murphy K.，Shleifer A. 和 Vishny R. (1989) 等人研究：在收入不公平情况下，高收入阶层将消费高档商品，而低收入阶层则由于购买力有限，很难对高档商品及普通商品形成有效购买需求。因此，低收入阶层的消费低迷将导致工业品的消费不足，从而制约工业和整个经济发展，从而，既不利于经济数量的增长，更不利于经济质量的提升[1]。可见，提高低收入阶层的收入是解决消费不足的有效途径。

从表4-1看出，内蒙古的消费率不足，主要表现为农村消费不足，2013年在城乡居民最终消费支出中，农村居民仅占20%，而城镇居民消费支出占80%，而全国的情况是农村居民占22.2%，城镇居民占77.8%。内蒙古农村消费水平与全国农村消费水平相比低了2.2个百分点，而城镇消费水平与全国相比高了2.2个百分点。

---

[1] Murphy K., Shleifer A., Vishny R., Income Distribution, Market size and Industrialization, Quarterly journal of economics, 1989 (104): 537 – 564.

表4-1　　内蒙古与全国居民消费占比对比（2005~2013年）　　单位:%

年份		2005	2006	2007	2008	2009	2010	2011	2012	2013
农村居民消费占比（%）	内蒙古自治区	28.5	25.3	23.5	22.2	19.6	18.7	19.7	19.8	20.0
	全国	27.4	26.4	25.1	24.8	23.5	22.7	23.1	22.2	22.2
城镇居民消费占比（%）	内蒙古自治区	71.5	74.7	76.5	77.8	80.4	81.3	80.3	80.2	80.0
	全国	72.6	73.6	74.9	75.2	76.5	77.3	76.9	77.8	77.8

资料来源：《中国统计年鉴》2006~2013年。

多年来，我国启动内需战略之所以收效不够明显，其主要原因还是占人口多数的农村市场消费低迷，而农村消费低迷的原因则是农民收入增长缓慢，缺乏稳定的收入支撑。这种现象在内蒙古表现得尤为典型。从表4-2的数据对比发现，内蒙古与全国及东中西部三个具有代表性的省份相比较，虽然全国及各省份农民人均收入占GDP的比重都在下降，但是内蒙古与广西下降幅度最大，达到了19个百分点，且无论与全国还是其他三个省份相比，12%的占比都是最低的，全国为21%，其余东中西三个代表省份分别为江西27%、广西21%、江苏18%。

表4-2　2000~2012年内蒙古城市居民可支配收入与农民平均收入
占GDP的比重与全国及其他省份的比较　　单位:%

年份	全国		内蒙古		江西		广西		江苏	
	城市居民	农民	城市居民	农民	城市居民	农民	城市居民	农民	城市居民	农民
2000	0.80	0.29	0.79	0.31	1.05	0.44	1.25	0.40	0.58	0.31
2001	0.80	0.27	0.77	0.27	1.05	0.43	1.43	0.42	0.57	0.29
2002	0.82	0.26	0.74	0.24	1.09	0.41	1.43	0.39	0.57	0.28
2003	0.80	0.25	0.70	0.23	1.03	0.37	1.30	0.35	0.55	0.25
2004	0.76	0.24	0.64	0.20	0.92	0.36	1.10	0.31	0.52	0.24
2005	0.74	0.23	0.56	0.18	0.91	0.33	1.06	0.28	0.49	0.21
2006	0.71	0.22	0.50	0.16	0.86	0.32	0.96	0.27	0.49	0.20
2007	0.68	0.21	0.47	0.14	0.86	0.31	0.97	0.26	0.48	0.19

续表

年份	全国		内蒙古		江西		广西		江苏	
	城市居民	农民	城市居民	农民	城市居民	农民	城市居民	农民	城市居民	农民
2008	0.67	0.20	0.41	0.13	0.81	0.30	0.97	0.25	0.47	0.18
2009	0.67	0.20	0.40	0.12	0.81	0.29	0.96	0.25	0.46	0.18
2010	0.64	0.20	0.37	0.12	0.73	0.27	0.84	0.22	0.43	0.17
2011	0.62	0.20	0.35	0.11	0.67	0.26	0.74	0.21	0.42	0.17
2012	0.64	0.21	0.36	0.12	0.69	0.27	0.76	0.21	0.43	0.18

资料来源:《中国统计年鉴》2011~2013年。

造成内蒙古城乡居民收入差距持续拉大的原因,主要在于农牧民收入增长缓慢。关于原因在前面已经作了具体分析,概括起来,主要包括对农业投入不足、农村牧区土地、房屋等产权制度不健全,金融体系不健全,社会保障体系不完善等。因此,增加内蒙古广大农牧民收入,缩小城乡收入差距主要从以下7个方面入手。

(1)增加农业投入,加快推进农业现代化。我国有近一半人口在农村,大多从事农业生产,所以,农业现代化是我国经济现代化的重中之重,也是产业政策要面对的重要内容。增加农民收入的最有效途径在于提高农业劳动生产率,加快农业技术进步,发展现代农业。党的十八届五中全会明确提出:"大力推进农业现代化,加快转变农业发展方式,走产出高效、产品安全、资源节约、环境友好的农业现代化道路。"党的十九大报告更加强调:"要坚持农业、农村优先发展,按照产业兴旺、生态宜居、乡风文明、治理有效、生活富裕的总要求,建立健全城乡整合发展体制机制和政策体系,加快推进农业农村现代化。"毕朱、柳建平(2008)等提出,"现代农业是以城乡社会发展为基本前提,坚持以工哺农的制度变革为保障,以市场驱动为基本动力,用现代工业装备农业,现代科技改造农业,现代管理方法管理农业、健全的社会化服务体系服务农业,实现农业技术的全面升级,农业结构的现代转型和农业制度的现代变迁"。[①] 国内有学者把现代农业的特

---
① 毕朱,柳建平. 现代农业的特征及发展途径[J]. 经济体制改革,2008(3).

征概括为：“要素投入集约化，资源配置市场化；市场手段科技化，产业经营一体化”。① 发展现代农业的基本目标是提高农业劳动生产率，增加农民收入，实现农业可持续发展；基本途径是大力推进体制机制创新，强化"三农"发展的制度保障，加强农业物质技术装备，健全农业产业体系；关键是工业"反哺"农业，增加农业投入，加快农业技术进步，加强农业基础设施建设。从发达国家经验来看，从传统农业向现代农业转变的最有利时期是工业化进入到中期阶段。因为到这个阶段，工业已经具备一定规模和实力，且为增加农业投入积累了足够资金，具备了"反哺"农业的条件。当前，内蒙古工业和服务业产值在社会总产值中的占比已经达到91%，完全具备了工业"反哺"农业的基本条件，可以为改造传统农业提供充足的资金来源和必要的技术支持。现代农业的基本出路在于农业技术进步和农业部门生产效率的提高，同时在信息化背景下，还要重视现代信息技术在农业中的应用，以信息化带动农业现代化，逐步提高农业生产效率，依靠技术进步和农业现代化提高农民收入，从长效机制上解决"三农"问题。

当前，内蒙古的农业现代化应该重点解决资金投入问题和农业技术进步问题。关于资金投入的问题，一是要引导民间资本向农业投入，提高农业的产出效率；二是依靠财政政策的引导，构建农业保险的风险补偿机制，由政府提供保证金、农户缴纳保费，利用社会资金弥补农户进行农业生产时可能因为自然灾害而遭受的损失。关于农业技术进步的问题，一直受到学术界的关注。多数学者认为农业技术进步对农民收入产生积极的正面影响。如李忠鹏（2006）；张志军、鲁黛迪（2013）认为农业技术进步可以提高农业资本、劳动、土地的生产率，如果促使农业与其他产业融合，形成具有较高需求弹性的新业态，从而促进农民总体增收②。刘建新（2006）研究认为受过技术培训的农

---

① 赵振华，韩保江，潘云良等. 加快经济发展方式转变十讲［M］. 北京：中共中央党校出版社，2010.

② 李忠鹏. 技术进步与农民增收［J］. 农村经济，2006（11）；张志军，鲁黛迪. 农业科技水平与农民家庭经营收入关系的实证［J］. 统计与决策，2013（8）.

民，明显高于未受过技术培训的农民收入[①]。李子联（2016）利用联立方程所进行的实证研究表明："农业技术进步对农民收入的影响因机制不同而异，通过提高生产率的收入效应为负；通过产品优质化、产品多样化，劳动力转移的收入效应为正。各种机制的作用存在抵销和累积效应，综合效应为正，即农业技术进步有利于增加农民收入。[②]"当前，我国农业结构正处在结构调整和转型阶段，特别是粮食价格低迷，一般粮食作物仍然占较大比重，农业增产不增收，农民收入增长面临着较大压力。因此，加快农业技术进步，发展现代农业，促进农业结构调整，通过农业劳动生产率提高，形成农民增收长效机制，将是今后内蒙古农业发展面临的一项长期任务。现代农业技术的进步与推广同样也离不开政府强有力的支持，特别是对广大农牧民进行的有针对性的现代农业技术的培训与指导。

（2）加快农村牧区基础设施建设，发展非农经济。内蒙古地处祖国北疆，地域辽阔，土地面积达到118.3万平方公里，人口2489.9万人。由于自然、历史和现实多方面因素的制约，内蒙古农村牧区的基础条件建设相对落后。交通、通信、供电、供水等方面的建设水平与东中部广大农村相比，还有很大差距。因此，内蒙古今后应该拓宽农村发展思路，统筹城乡发展，加强基础设施建设，为现代农业和非农经济发展打下坚实基础。近年来，内蒙古自治区在广大农村牧区实施了"十个全覆盖"工程，对于改善农村牧区基础设施还是发挥了重要作用。如赤峰市喀喇沁旗雷营子村实施了道路硬化、危房改造、安全饮水等基础设施建设工程。实施了绿化、亮化、美化工程，改善了村民的居住环境。通过一系列项目的实施，雷营子村由原本贫困落后的小山村变成了如今道路硬化、环境美化、村庄亮化、卫生净化的美丽新村，为发展农家院旅游，脱贫致富打下了坚实基础。像这样的典型很多。但在"十个全覆盖"工程建设中，确实存在过急、过快，超过

---

① 刘建新．中国农村劳动力转移实证研究［J］．劳动经济学，2006（10）．
② 李子联．收入分配与增长质量——中国经济模式的解读与重塑［M］．北京：经济科学出版社，2016．

各级政府公共支出承受能力，过度举债的问题。甚至在一些地方一度出现"面子工程""形象工程"，浪费了大量的人力、物力和财力。下一步推进乡村振兴战略应该有规划、有目标、有重点、坚持循序渐进量力而行，避免贪大求全和过度举债，造成财政紧张和资源浪费等现象的发生。

从总的发展趋势上看，随着工业化和城市化的推进，从事农业的农业人口会呈现递减趋势。美国只有16%的大农场以农业收入为主，其余84%的中小农场主要以非农业收入为主。日本通过地区工业化，发展非农产业，农业收入要占到农民全部收入的80%。中国台湾地区鼓励农村发展劳动密集型的中小企业，吸纳了台湾70%以上的就业人口。从以上各国和地区经验来看，增加农民收入，需要加快发展现代农业，但更需要积极发展非农经济。内蒙古资源丰富，各个地方的人文地理、民族文化更是各具特色，这就为灵活多样的发展非农经济奠定了良好基础。在"十三五"和今后很长一段时期，内蒙古发展非农产业应该在以下四个方面发力。据笔者从科左后旗的调研情况来看，内蒙古农村牧区产业结构调整已势在必行，而且调整发展潜力很大，对于农牧民增收意义重大。如巴彦毛都苏木是由纯蒙古族组成的民族特色苏木，近年来大力发展黄牛产业、现代农牧业和旅游业，不断拓宽农牧民增收渠道，实现了黄牛强乡、生态立乡、文化兴乡、和谐稳乡的发展目标。主动发展非粮产业，由过去种植粮食玉米，改为种植青贮玉米，再用青贮玉米作为饲料，用来养牛，改变了苏木单一的以粮食种植为主的经济结构，极大地增加了农牧民收入。2015年，全苏木种植青贮玉米2.7万亩，秸秆转化率达到90%以上，黄牛饲养量达到32700头，其中黄牛存栏24757头，新增黄牛3157头，其中新增基础母牛1600头，基础母牛数量达到1.57万头，能繁母牛数量达到1.1万头，配种改良8750头，繁殖成活率达到80%以上，配种改良率和免疫率均达到100%。新增扩繁母牛养殖示范村1个、黄牛养殖超千头村民小组1个、新增母牛养殖超10头以上30户。全苏木常住人口可支配收入达到7878元。可见，在广大农村牧区通过经济发展非农产业，增收的潜力还是非常大的。

一是积极打造民族文化产业。要充分挖掘和利用少数民族特别是蒙古族的文化体育资源，促进地方文化产业发展。传承和弘扬蒙古舞蹈、长调、马头琴、四胡等民族艺术瑰宝，使其成为发展民族文化的载体；进一步挖掘整理民族传统体育项目，如赛马、射箭、博克、打布鲁和曲棍球等，促进民族文化体育产业发展；进一步挖掘和宣传蒙古民族民俗文化，使其成为发展民俗旅游的载体。

二是高度重视旅游资源的保护、开发和利用。内蒙古各类旅游资源极其丰富，拥有草原、森林、沙漠、水域和冰雪等，以及孕育了北方十几个少数民族的鲜明特色的草原游牧文化。旅游业是朝阳产业、低碳产业，也是"美丽内蒙古"的形象产业，有着无比广阔的发展前景。要加快内蒙古旅游基础设施建设，提高设施配套水平。在这方面一定要坚持政府主导，市场化运作的原则，关键在于做好旅游发展规划和加快基础设施建设。要推进旅游标准化建设，力争创建一批国家级旅游示范区和度假区，以内蒙古独特的自然风光、民俗风情、草原文化为依托，打造全国知名旅游目的地；要进一步深化旅游企业改革，加大政策支持力度，鼓励民间资本投资旅游产业，培育发展一批具有较强竞争力的旅游业企业集团；积极发展草原旅游、乡村旅游、红色旅游以及休闲度假旅游等，实现内蒙古旅游产业多元化；要注意协调好当地政府、投资方和百姓的利益，让旅游业发展带动农牧民增收，吸引农牧民深度参与旅游资源开发，成为旅游业发展的受益者。近几年来以旅游合作社带动农家院的新型农村旅游业经营模式值得总结推广。喀喇沁旗西桥镇雷营子村位于西桥镇西部，与国家森林公园马鞍山风景区相连，村庄山清水秀、气候宜人，是远近闻名的乡村休闲旅游胜地。2015年，被赤峰市农牧业局评为农业观光与乡村旅游示范点，被国家旅游局评为全国乡村旅游扶贫重点监测村。2014年，为增强产业发展的组织化程度，村"两委"班子成员领办成立了农业观光旅游合作社，全村164户农户以土地入股的形式全部加入了合作社，在合作社的统一规划下，雷营子村确定了"以农促旅、以旅带农"的发展思路，带动全村1200亩耕地全部种植果树，建成了占地50亩的设施采摘园，发展起了品种丰富、全年全季的果蔬采摘业。全村已经发展农家院12户，住家院1处，全年可接待游客1.5万余人，基本形成以"遗迹考察＋乡村休闲＋森林养生＋观光度假"为一体乡村旅游业产业链条，参与乡村旅游业的村民达到90%，2014年末实现旅游人均纯收入3887元，预计2016年年末可达9000元，村民通过乡村旅游产业真正实现了发家致富的美好愿望。

三是加快民族传统手工业和少数民族特色餐饮业的发展。大力扶持民族服饰、装饰品、金银、皮革等蒙古族传统手工制造业发展。这方面要注意挖掘地域特色，做到"一地一品""一旗一品"，避免地区之间雷同。要做大做强独具特色的少数民族餐饮业，加强行业标准建设，培育走向全国的餐饮品牌。落实创业支持政策，有效吸引蒙古族大学生自主创业，从小微企业做起，成为发展民族手工业、蒙餐和民族文化产业的生力军。

四是大力发展面向"三农"的现代服务业。由于内蒙古的二元经济结构，现代工业与落后的传统农业同时并存，特别是工业以重化工业为主，再加上第三产业发展滞后，所以，内蒙古10多年来快速工业化不仅没有使二元经济结构得到有效改善，反而强化了二元经济结构，这并不符合工业化发展的一般规律。实践证明，大力发展第三产业是解决长期以来存在的二元经济结构的最有效办法。由于多种因素作用的结果，内蒙古农村牧区的第三产业发展长期薄弱，与全国其他省份相比，内蒙古为现代农牧业提供综合服务的现代化服务体系缺乏。广大农牧民主要从事传统农牧业经营，从事第三产业实现就业和自主创业的比例非常低。因此，在当前形势下，自治区要大力发展面向"三农"的现代服务业，利用现代信息技术和网络技术在城乡之间、工农业之间以市场为纽带，建立完备的生产要素流动渠道，通过现代农业服务体系建设，促进传统农牧业向现代农牧业转变，实现农村第一、第二、第三产业融合发展。

（3）加快培育龙头企业，促进农业产业化发展。发展经济学家托达罗指出，世界上有两种不同的农业类型，一种是发达国家的高效农业，每个农业单位的生产能力和产出水平都很高，少数农民能够供给国家所需的农产品；另外一种是发展中国家的低效农业，农业部门往往只能勉强自给自足。① 国际经验表明，一个国家的农业现代化，是一个从农业总产出偏低的结构向农业总产出更高的结构演变的过程。在当前家庭联产承包责任制经营体制下，农户是农业的基本经营单位，受制于规模、技术、融资等各方面条件，很难实现农业产业结构的高度化。因此，为加快农业产业结构调整，发展现代高效农业，应以引进或培育农业龙头企业的形式，带动一批农户或农业生产合作社，形成一村、一乡或一旗一县的农业特色产业。赤峰市喀喇沁旗近几年来，充分发挥资源和区位优势，加大资金和政策扶持力度，推进农牧业向标准化、规模化和市场化方向发展，逐步形成优势、特色农畜产品产业带核基地。目前，在政府支持下，建设一批规模大、集中连片的优势农畜产品产业带和生产基地，着力打造一批规模大、起点高、辐射带动能力强的农牧业龙头企业，加快农牧业产业化进程。比如王爷府镇以设施农业为主导产业，主要种植硬果番茄，现有2.32万亩，其中塑料大棚1.8万亩。为了促进番茄产业发展，镇政府引进了内蒙古地拓农业科技有限公司，与农户签订种植合同，确保市场价格稳定。同时新上了冷链物流、蔬菜保鲜、包装箱生产和产品深加工项目，有效拓展和完善了番茄产业链条。农业科技公司的全面介入为广大农户的规模化、标准化、专业化生产提供了良好的技术支持及市场服务，将农业生产经营可能出现的各种风险降到了最低。

近几年来，巴彦淖尔市五原县大力支持农业龙头企业发展，培育一批农业龙头企业，如民隆农业科技示范园、力华得公司、民富农业发展有限公司、其田庄园农业产业化有限责任公司等，构建了"公司+农户"的现代农业生产经营模式，促进了农业生产组织机构向现代化方向转变，实现了农业的规模化和集约化经营，加快了现代生产

---

① [美]迈克尔·P. 托达罗，斯蒂芬·C. 史密斯著，余向华，陈雪娟译. 发展经济学[M]. 北京：机械工业出版社，2010.

种植技术的应用,极大地提升了农业产出效率。位于五原县隆兴昌镇的力华得新农村建设示范区,总规划占地面积3400亩,由力华得公司统一规划、统一开发、统一建设集新村生活、高效农业、观光旅游于一体的新村庄。示范区总投资3亿元,规划建设美式乡村住宅340户,每套住宅配套建设两座节能日光温室,占地面积5.3亩,住宅建筑面积151平方米。该园区已经配套建成农产品展厅、育苗车间、交易平台、休闲广场、老年活动中心、生态餐饮等项目,并采用"公司+合作社+基地+农户"的现代化的经营模式,实行"产、供、销"一条龙的服务体系。这种由一个龙头企业带动一个乡村和一批农户的农业产业化发展模式正是未来新农村的现代农业发展模式,它既实现了一家一户不可能做到的集约化、规模化经营,极大地提升了农业生产效率;同时也为广大农民提供了三种收入机会和来源。一是入股到公司的农户将土地租给公司,可以获得土地出租收入;二是到公司务工可以获得一份工资收入;三是到年底还可以凭借合作入股的形式得到分红收入。

(4)深化农村土地产权制度改革,加快土地流转进程。党的十九大报告明确指出:巩固和完善农村基本经营制度,深化农村土地制度改革,完善绿色地"三权分置制度"。这为今后农村土地制度改革指明了方向。土地是农牧民最主要的生产资料,也是农牧民获取收入的主要生产要素。按着现在的土地征用制度,政府是征地主体,征地补偿费用并不考虑土地增值和级差地租等因素,失地农牧民只能获得必要的生产经营补偿,也就是补偿费用并不包括土地本身的增值部分,甚至出现失地农牧民生活来源缺乏必要保障的问题。王永慧(2015)认为:"现行农地非农化增值收益分配制度极大地促进了经济增长,但这种城乡土地分治、政府垄断建设用地的制度安排日益显现出局限性,已难以适应中国新形势下全面建成小康社会的发展要求。"并据此提出了现行农地非农化制度潜在的四个风险:经济发展的风险、银行金融风险、社会稳定风险、生态安全风险。[①] 总的来看,由于内蒙古农村牧

---

① 王永慧. 农地非农化增值收益分配机制研究 [M]. 北京:中国人民大学出版社,2015.

区产权制度改革滞后，土地流转困难，即便是土地被占用，但获得的补偿收入也是有限的。可见，由于制度设计得不合理，土地的资本属性已经被固化了，农牧民所依赖的主要财产土地，在产权上是不清晰的，这样也就无法实现土地流转、抵押和变现，也就是不能通过有效的市场化运作获取财产性收入。所以，要使农牧民依靠土地获得稳定的财产收入，必须进一步深化农村牧区土地制度改革。农村土地制度改革对于盘活土地资源，优化农业资源配置，促进农业规模经营，缓解工业用地紧张状况，增加农民收入都具有重要的现实意义。2015年11月中共中央办公厅、国务院办公厅印发的《深化农村改革综合性实施方案》，明确提出了："农村土地征收制度改革的基本思路是：缩小土地征收范围，规范土地征收程序，完善对被征地农民合理、规范、多元保障机制，建立兼顾国家、集体、个人的土地增值收益分配机制，合理提高个人收益。[①]"这是下一步推进农村牧区土地产权制度改革的政策依据。关于集体经营性建设用地，方案也提出："工矿仓储、商服等经营性用途的存量农村集体建设用地，与国有建设用地享有同等权利，在符合规划、用途管制和依法取得的前提下，可以出让、租赁、入股，完善入市交易规则、服务监管制度和土地增值收益的合理分配机制。[②]"这一政策的出台，对深入推进农村牧区产权制度改革，提高农牧民财产性收入具有重要意义。农村牧区土地制度流转事关经济新常态下农业生产经营制度创新，关系着农业未来可持续发展与广大农牧民增收，因此，内蒙古应该制定相应配套政策，进行积极的改革探索。

一是要进一步明晰农村牧区土地产权主体。应该从法律上明确界定到底谁是"农民集体"土地的所有者，而不仅仅是抽象概括。原则上应该把土地产权直接赋予广大农牧民，使农牧民真正享有占有、使用、处置和收益四项完整的土地产权。二是要各级地方政府要进一步转变职能，尊重农民土地产权主体的地位，保护农民土地收益，把主要精力放在土地规划的制定和执行上，积极落实中央关于农村土地制

[①②] 新浪财经，http://finance.sina.com.cn/china/20151102/174823654470.shtml，2015年11月02日17:48

度改革的文件精神，明晰农村土地产权，促进土地合理流转，发挥土地的资本属性，为农牧民带来更多的财产性收入。三是要积极培育农村土地交易市场，建立灵活多样的土地流转方式，使广大农牧民能够积极参与土地流转，探索建立农村土地股份合作社，让农民凭借土地入股，参与分红，使农牧民有机会获得土地规模化、集约化所带来的增值收入。国外已完成工业化国家的经验已经证明，要保护农民的利益必须让农民分享合理土地增值收益，最好的办法就是通过一定的制度设计使农民能够凭借手中的土地资源有机会合理分享工业化所带来的巨大利益。而我国目前的土地征用制度设计对农民的补偿计算办法存在着严重问题，其实是将广大农民排斥在工业化收益之外。这才是广大农民长期收入增长缓慢的一个重要原因。近些年来，伴随着内蒙古城市化和工业化加快，因为采矿占用耕地或草原，也会导致农牧民失地的情况发生。如何对这部分农牧民进行补偿也值得很好研究和改进。按着现行的补偿办法，农牧民缺乏话语权，补偿费用比较低，由此引发的利益冲突时有发生。根据有些地方的经验，最好是建立农牧民与征地企业的平等协商对话机制，确保农牧民与企业可以平等谈判，使失地农牧民的合理诉求得到充分满足，在合理补偿的同时，还要给予必要的就业安置和社会保障，解决生活后顾之忧。如在征地企业安排力所能及的工作，并纳入城镇社会保障，从根本上解决农牧民生活后顾之忧。当然还有一些好的做法值得借鉴推广，如企业经营用地可以采取买断期权收益的办法，给予农牧民合理补偿，也可以让农牧民以土地入股，通过土地入股，参与企业分红。要积极探索发展新型农业合作社，充分发挥其在农村土地流转和农业规模化经营方面的积极作用，要认真总结各地的典型经验，并积极推广。如赤峰市喀喇沁旗茂恒种植专业合作社对入社农民的土地实施"保姆式"管理，农民以土地或者机器加入合作社。现有社员410人，服务农户8000户以上。合作社现有播种收割设备580台，收储设备21台，工作人员30人，是一个以服务玉米种植为主的专业型合作社。2013年被自治区推进农牧业产业化领导小组评为农牧业产业化经营模范合作社。合作社按照

"民办、民管、民受益"的原则，采取订单服务、承包服务、"一条龙"服务、代耕代种等多种服务形式，较好地满足了农机户和广大农民的需要。并按照"建设标准化、管理规范化、经营企业化、作业规模化、生产科技化"的"五化"标准，明确了合作社的发展方向；积极推行合作社规范运作的"一章、两会、三制度、六统一"的制度框架。合作社把会员乃至周边农户的耕地集中起来，实行产前物资供给、技术全程服务，产后产品回收的模式，实现了规模种植，统一和分散管理兼顾。利益分配方式基本不变，合作社以 300~400 亩为一个管理区域，确定几个农技示范户和一位农机手，再由他们在本区域发展会员，并签订服务合同，形成服务链条，实行统一组织分别运作的运行模式；合作社实行统一种子、统一肥料、统一播种、统一技术的四个统一，并逐步实行统一收获和统一销售。农户只需将播种费用交到合作社就能享有合作社为社员提供的一切服务。2016 年，茂恒种植专业合作社播种玉米 8 万亩，平均亩产 2300~2500 斤，合作社采取先进种植技术，同普通种植相比每亩增产 500~800 斤，按市场最低玉米收购价格 0.8 元/斤计算，农户每亩地可增收 640 元。

再如，巴彦淖尔市在广大农户自愿的基础上，通过组建现代农业企业支持农户土地流转，收到了明显成效，并积累了可复制、可推广的改革经验。五原县其田庄园农业产业化有限责任公司以农业生产合作社的形式吸收农户以土地入股，土地集体所有性质没有改变，但使用权以转租的形式从个体农户流转到公司中，公司对成片土地进行现代规模化经营。目前，其田公司将入股土地建成现代化农业温室 66 栋，同时配套有恒温保鲜库 800 平方米，展示销售中心 1000 平方米，包装车间 800 平方米。园区内种植及销售的优质高效农产品，包括红壤火龙果、西瓜、大黄柿子、水晶红蜜瓜、草莓、葡萄、灯笼红香瓜、虎皮脆香瓜、冰草、拇指西瓜（黄瓜）、彩色青椒、黑番茄、宝塔菜、球茎茴香、金皮小南瓜等 48 个特色瓜果蔬菜品种，这些品种行销内蒙古各地，畅销全国。其田公司采用"合作社+公司+农户"的产供销一条龙的生产经营组织模式，彻底改变了过去农户单一分散的土地经营模式。再加上引进了高效品种，并采用了最先进种植技术，土地的产出效率得到了极大提升。据笔者现场调研，公司现有员工 26 名，营销人员 8 名，合作农户近 700 户。如果一个面积一亩的温室用来栽培葡萄，可以产生 6 万~8 万元的效益，栽种火龙果则可以产生 12 万元的经济效益。土地经过流转，通过公司规模化、标准化、集约化经营，一亩地的温室收入相当于 50 亩地的大田收入。

（5）健全农村房屋产权制度，保护农牧民住房权益。现在，农牧民的房屋产权与城镇居民的房屋产权有很大差别，还不是完整的法律意义上的房屋产权，因而不能进入房地产市场参与流通。城镇居民的房产由于有国家颁发的产权证书，可以受到国家法律保护，而农村牧区的房产无法取得同城镇居民同等的产权证书。这个问题应该尽快得到解决。实际上，党的十八届三中全会《关于全面深化改革若干重大问题的决定》就已经明确提出："改革完善农村宅基地制度，选择若干试点，慎重稳妥推进农民住房财产权抵押、担保、转让，探索农民增加财产性收入渠道。" 2015 年 11 月中共中央办公厅、国务院办公厅印发的《深化农村改革综合性实施方案》，明确提出了宅基地制度改革的基本思路是："在保障农户依法取得的宅基地用益物权基础上，改革完善农村宅基地制度，探索农民住房保障新机制，对农民住房财产权作出明确界定，探索宅基地有偿使用制度和自愿有偿退出机制，探索农民住房财产权抵押、担保、转让的有效途径。" 这就为农村牧区宅基地改革和房屋产权界定提供了非常明确的政策依据。因此，应以积极落实中央政策，尽快修改、完善地方有关法律法规，使农牧民在集体土地上所建房屋能够获得可以进入市场的产权证书，依法有序地进入房屋产权市场。同时更应该允许农牧民长期出租宅基地使用权。在旗县一级政府应该成立农牧民住宅交易置换中心，为农牧民房屋产权交易、评估、抵押提供便利服务。一旦盘活农牧民房屋产权，这将是一笔巨大资本，广大农牧民就可以凭借自建房产权证向银行抵押贷款，参与市场融资，为增加农业投入和发展非农产业提供有效资金来源。同时，也将是获得财产收入的有效手段。

（6）完善农村金融组织，促进农村金融发展。内蒙古城乡金融市场发展非常不平衡。一边是快速发展的城市金融市场，另一边是萎缩的农村金融市场。目前，随着国有商业银行改革的不断深入，在农村乡镇的营业机构基本被全部撤销。内蒙古农村金融机构主要以农村信用合作社为主，邮政储蓄、农业银行和农业发展银行也有一定程度的参与。农村信用社本来经营管理效率就低，再加上资金实力有限，金融服务功能较弱，无法有效满足农民日益增长的多样化的金融需求，如保险、租赁等。由于农村金融市场发育滞后，严重制约着农村牧区经济发展和农牧民收入水平的提高。一是农牧民不能有效选择效用最大化的投资方式，可供其选择的投资品也只有存款。本来有限的现金收入，存入在银行，利息非常有限。二是广大农牧民不能及时有效地获得生产经营性贷款，影响了农业扩大再生产和农村牧区多种经营。除了农作物种植需要购买种子、化肥等离不开流动贷款支持，搞养殖业、设施农业以及特色农业更需要贷款支持。目前仅靠农村信用合作社和农业银行并不能充分满足广大农牧民的贷款需求。为此党的十八届三中全会非常明确地提出了"一个维护和三个保障"。即"维护农民生产要素权益，保障农民工同工同酬，保障农民公平分享土地增值收益，保障金融机构农村存款主要用于农业农村"。这其中之一就是保障金融机构农村存款主要用于农业农村。如何做到这一点？关键是要解决好以下两个问题。一是进一步强化国有商业银行对农村牧区的金融服务。各大商业银行在注重营利性和风险性的条件下，在资金投向上，为农村牧区的各类合作社、龙头企业和专业户提供必要和多样化的融资，特别是国家政策性银行应该进一步加大对"三农"的支持力度。二是积极引导和支持农村牧区非正规金融组织发展。2015年11月中共中央办公厅、国务院办公厅关于《深化农村改革综合性实施方案》提出"坚持商业性金融、合作性金融、政策性金融相结合，健全政策支持、公平准入和差异化监管制度，扩大农村金融服务规模和覆盖面，创新农村金融服务模式，全面提升农村金融服务水平，促进普惠金融发展，加快建立多层次、广覆盖、可持续、竞争适度、风险可控的现代农村金融体系。"这一表述为改革完善农村金融体系提供了新的思路和政策依据,各级地方政府和金融机构应该积极推动落实。民间融资是正规金融的有益补充,具有独特的地缘和人缘优势,可以有效降低信用成本,对于活跃农村牧区金融市场具有不可替代作用,但也要看到高利率借贷、风险性较大、加剧分配不公等负面影响。为此,应该积极引导农村牧区各类非正规金融组织的发展,将其纳入到国家金融监管体系之中,消除一些歧视政策,促进农村牧区金融组织健康发展。根据《深化农村改革综合性实施方案》的精神,今后农村牧区金融组织建设要坚持社员制、封闭性原则,在不对外吸储放贷、不支付固定回报的前提下,以具备条件的农民合作社为依托,稳妥开展农民合作社内部资金互助试点,引导其向"生产经营合作+信用合作"延伸。这将是建设新型农村牧区金融体系的必然选择。据笔者在兴安盟调研发现,成立于2014年7月的内蒙古田域农业发展有限责任公司是一家现代农业产业化企业,公司按照不改变农村土地的使用用途,不侵犯农民利益,采取承包联产为主、托管经营为辅的方式进行整合,实现了农业规模化经营,保证了合作农户稳步增收。同时,田域公司通过与旗县(市)人民政府的股份合作,投入资金1080万元,分别在5个旗县市发起成立了4家"农村信用互助服务部"。通过采取以土地(草场)承包经营权预期收益作为还款保证的创新举措,积极推动农牧民土地(草场)货币化。"农村信用互助服务部"按照"吸股不吸存,分红不分息"的封闭运行原则,在合作社内部开展存放互助金、贷放互助金业务,实现社员之间的资金互助,有效缓解了农牧民"融资难、融资贵"的问题。同时,田域公司还通过与4家商业金融机构合作的方式,在2014～2016年,累计投放支农支牧贷款1.3亿元,惠及农牧户5600多户,拓宽了融资渠道,推广普惠金融。

(7) 深化户籍制度改革,建立城乡统一的社会保障制度。目前城乡隔绝的户籍制度,分割了统一的劳动力市场,体现了对广大农民工的歧视。这是与市场经济通行原则背道而驰的,应该通过深化户籍制度改革彻底消除。现在,中央深化体制改革领导小组已经出台了户籍制度改革方案，内蒙古应该制定具体实施细则。鼓励农民工进城，将户口迁入城市，获得稳定职业，或通过灵活就业，取得稳定收入，而农牧民原来的土地应予以保留，可以依法依规出租、转让或流转。这样做的结果可能出现一部分农牧民进城变成市民，另一部分通过土地流转获得了更多的土地经营权和使用权，从而扩大土地经营规模，实现农业的规模化、集约化经营。这件事情做好了，剩余劳动力转移和农牧民增收的问题就有了根本保证和长效机制，而困扰多年的"三农"问题也可以迎刃而解。现在内蒙古很多地方各级政府比较重视农村牧区剩余劳动力转移，但多把剩余劳动力当成了一种额外负担，而不是一种资源。普遍做法是鼓励他们到外地务工，而没有考虑在本地经过培训就业和创业，对本地来说不能不说是人力资源的利用不足。因此，今后这方面的工作一定要解放思想，积极谋划改革，推动制度创新，不断提出新的工作思路。

要实现农村牧区剩余劳动力向城镇转移，除了要有完备的劳动力市场，还需要建立城乡统一的社会保障制度。近年来，伴随着内蒙古经济总量和财政收入增加，各级地方政府确实在完善农村牧区社会保障方面采取了许多政策和措施。如全面建立农村牧区新型合作医疗，2015年，内蒙古新农合参合率达到了97%，人均筹资标准达到390元，政策内住院费报销比例达到75%以上，累计支出资金50.73亿元，受益人口980万人。大病保障病种扩大到24种，实际补偿比例70%。商业保险购买大病保险试点覆盖7个盟市630万农牧民。内蒙古农村牧区社会保障救助水平也有大幅度提高。现已确定农村牧区低保对象122.6万人，保障标准达到年人均3229元；农村牧区五保对象8.8万人，集中和分散供养标准分别达到年人均6670元和3643元；将农村牧区80周岁以上老人纳入高龄津贴发放范围。但从整体上看，自治区城乡两套社会保障制度还没有根本改变，二者在保障范围和标准方面有很大差距，这在很大程度上影响着广大农牧民的生活，并加剧了城乡居民收入差距扩大。因此，加快构建城乡一体化的社会保障制度已是势在必行。党的十九大报告提出："完善城镇职工基本养老保险和城乡居民基本养老保险制度，尽快实现养老保险全国统筹。完善统一的城乡居民基本医疗保险制度和大病保险制度"。可见，今后农村牧区的社会保障制度建设的重点在于基本养老保险制度和医疗保险制度。根据自治区经济发展水平和实际情况，应采取由低到高、因地制宜和逐步推进的思路与办法。当前内蒙古应着手建立中级水平的保障制度，具体包括农村牧区养老保险、教育救助、农村合作医疗、生育保险等。未来的目标是随着经济社会发展，政府财力增加，建立更高水平的、城乡全统一的社会保障制度。总之，通过社会保障制度的创新与完善，建立覆盖城乡居民的社会保障体系，进一步扩大社会保障的覆盖面，提高保障程度，一方面增加了农民转移收入来源，提高了农牧民财产积累；另一方面提高了农牧民风险承受能力，提高了消费倾向，适时启动农村消费市场。

五、坚持大众创业、万众创新，建立各类人群创业激励机制

党的十八届五中全会明确提出了共享发展，"促进就业创业，坚持就业优先战略，实施更加积极的就业政策，完善创业扶持政策，加强对灵活就业、新就业形态的支持力度"。当前，自治区各级政府要通过完善创业政策，建立各类人群创业激励机制，引导扶持全民创业。增加群众财产性收入首要创造的条件是促进经济又好又快发展。经济发展好了，创业的人多了，才能使更多的群众拥有更多的财产和衍生更多的财产性收入。政府要积极营造一个新的全民创富时代良好环境，积极扶持全民创业，使创业条件越来越宽松，创业氛围越来越浓厚。目前，内蒙古各个地方全民创业依然面临不少政策和体制羁绊，政府需要创造畅通的物流、信息、能源、交通条件，加强法治环境，维护公平竞争的市场环境，并从创业补助、金融、审批、税收等政策方面提供更多优惠和支持，为各类人群特别是大学生和返乡务工人员提供更好的创业保障与服务。

要积极落实小微企业扶持措施,降低小微企业准入门槛,取消股份有限公司、一人有限责任公司、有限责任公司最低注册资本金限额。落实小微企业税收优惠政策,对应纳税所得额低于 20 万元的小微企业,所得额按 50% 计入应纳所得额,按 20% 税率计征。

第三节 本章主要结论

1. 调整和优化投资结构。固定资产投资是拉动经济增长的有效手段,但这里有一个投资规模和结构问题。如何才能避免内蒙古经济增长对投资的过度依赖,除了压缩投资规模,保持合理的投资水平以外,更重要的是调整和优化投资结构。首先,要加快建立市场化投资体制,严格控制固定资产投资规模的过快增长。其次,严格控制资源型产业投资规模,因为,内蒙古固定资产投资规模偏大主要是资源型产业投资规模过大。长期下去,内蒙古经济增长方式粗放、质量低下的问题难以好转。再次,要加快第三产业投资,促进第三产业优先发展,这是转变内蒙古经济增长方式,优化经济结构的根本之举。最后,要加快制造业投资,提升内蒙古制造业发展水平,解决内蒙古制造业单一、发展滞后、结构不合理的问题。

2. 建立更加科学规范、公平公正的收入分配体系。重点解决城乡居民收入水平偏低和城乡居民收入差距拉大的问题。首先要调整国民收入分配格局,提高劳动报酬在国民收入初次分配中的比重。为此,必须通过调整"两大关系"、着力"两个提高"来稳定提高居民收入,即调整政府、企业和居民三者在国民收入中的分配关系,提高居民收入在国民收入分配中的比重;调整资本和劳动两者在初次分配中的关系,提高劳动报酬在初次分配中的比重。主要包括建立起劳资双方的谈判协调机制,每年随着企业效益提高和物价变动,合理增加工人工资。国有垄断企业两套工资制度,人为造成了企业内部分配不公,人为压低克扣劳动者工资,必须加以纠正。各级劳动监管部门要积极做好监督检查，同时要根据地区物价水平变动，及时提高最低工资标准。对于民营企业和小微企业，主要是落实国家减税政策，减轻企业负担，使企业有更大的利润空间提高职工工资，实现企业职工收入稳步增长。对于垄断性的国有企业，要实行加税政策，使其利润水平保持在合理区间。通过以上办法调整收入初次分配格局，力争使劳动者收入分配占比到"十三五"结束时，提高到60%左右。

其次要加大收入再分配调节力度，降低政府收入占比，提高城乡居民收入占比。进一步完善社会保险和社会福利制度，确保"五险一金"支付到位，并随着企业收入和地方财力增加稳步提高。发挥税收对收入分配的调节功能，要完善个人所得税制，提高个人所得税起征点，减轻工薪阶层和中低收入者的税收负担，同时加强对高收入群体税收征管；探索建立财产税制，开征财产转移环节的赠与税和遗产税；完善个人收入信息系统建设，准确掌握居民收入分配状况，为发挥税收调节作用提供基础。要深化企业和机关事业单位工资制度改革，多渠道增加居民财产性收入，扩大中产阶层比重，实现居民收入增长略高于经济增长速度，为提升居民消费能力和消费水平奠定坚实的收入基础。

3. 多渠道增加居民财产性收入。首先，要打破国有银行对进入市场的垄断，积极扶持民间小额贷款公司，拓展居民金融投资渠道，依法保护居民投资民间融资公司所获取的股息、红利。

其次，积极引导民间资本投资国家重点建设项目和基础设施建设。内蒙古在重化工业发展阶段，煤炭、化工、电力、冶金等一些大型项目以及一批基础设施建设项目离不开大量资本的投入。除了银行贷款和政府投入，可以考虑吸引民间资本和城乡居民投资。关键在于转变观念和建立吸引民间资本参与重大项目投资建设的有效机制，用好这部分资本，既可以解决大型项目建设资金短缺问题，又可以为民间资本和普通百姓创造更多的资本收入机会。

最后，树立投资理念，加强理财知识教育。有关部门和新闻媒体要加大引导和宣传力度，如组织居民投资理财知识培训班，更新居民投资理财观念，普及科学的理财方法，努力营造全社会重视理财的良好氛围。

4. 多渠道增加农牧民收入。一是要增加农业投入，发展现代农业。我国有近一半人口在农村，大多从事农业生产，所以，农业现代化是我国经济现代化的重中之重，也是产业政策要面对的重要内容。增加农民收入的最有效途径在于提高农业劳动生产率，加快农业技术进步，发展现代农业。

二是要加快农村基础设施建设，大力发展非农经济。农村传统产业以种植业为主，近几年随着我国粮食产量"六连增"，再加上粮食进口，总体上粮食供给超过了市场需求，因而出现粮价低迷、增产不增收的现象。解决这一问题的出路在于主动调整农村经济结构，大力发展非农产业。

三是要加快培育龙头企业，促进农业产业化发展。内蒙古为加快农业产业结构调整，发展现代高效农业，应以引进或培育农业龙头企业的形式，带动一批农户或农业生产合作社，形成一村、一乡或一旗一县的农业特色产业。

四是要进一步明晰农村土地产权，加快土地流转进程。伴随着内蒙古城市化和工业化加快，除了城市用地以外，煤炭和矿产露天开采，也需要占用大量的耕地或草原。解决这一问题的最好办法是探索建立农牧民与政府或企业的协商谈判机制，确保农村土地向第一产业和第二产业转移过程中所产生的增值收益主要返还农民和农业。城市用地政府除了从土地给予失地农民以补偿而外，还要进行必要的就业安置，如在征地企业安排力所能及的工作，并纳入城镇社会保障，从根本上解决农牧民生活后顾之忧。工业采矿用地更要保证失地农牧民的必要和基本权益，既可以采取买断期权收益的办法，让农牧民获得合理补偿，也可以通过土地入股的办法，让农牧民参与企业分红。

五是要健全农村房屋产权制度，保护农牧民住房权益。现在，农牧民的房屋产权与城镇居民的房屋产权有很大差别，还不是完整的法律意义上的房屋产权，因而不能进入房地产市场参与流通。应积极落实中央政策，尽快修改、完善地方有关法律法规，使农牧民在集体土地上所建房屋能够获得可以进入市场的产权证书，依法有序地进入房屋产权市场。同时更应该允许农牧民长期出租宅基地使用权。在旗县一级政府应该成立农牧民住宅交易置换中心，为农牧民房屋产权交易、评估、抵押提供便利服务。

六是要完善农村金融组织，促进农村金融发展。内蒙古城乡金融市场发展极不平衡。为此，应该积极引导农村牧区各类非正规金融组织的发展，将其纳入国家金融监管体系之中，消除不公平的歧视政策，促进农村牧区金融组织健康发展。

七是要深化户籍制度改革，建立城乡统一的社会保障制度。目前城乡隔绝的户籍制度，分割了统一的劳动力市场，体现了对广大农民工的歧视。这是与市场经济通行原则背道而驰的，应该通过深化户籍制度改革彻底消除。现在，中央深化体制改革领导小组已经出台了户籍制度改革方案，内蒙古应该抓紧时机制定必要的实施细则推动落实。总的方向是加快推进城市化以及新农村建设。要通过社会保障制度的创新与完善，建立覆盖城乡居民的社会保障体系，进一步扩大社会保障的覆盖面，提高保障程度。

5. 建立各类人群创业激励机制。内蒙古各个地方全民创业依然面临不少政策和体制羁绊，政府需要创造畅通的物流、信息、能源、交通条件，加强法治环境，维护公平竞争的市场环境，并从创业补助、金融、审批、税收、政策等方面提供更多优惠和支持，为各类人群特别是大学生和返乡务工人员提供更好的创业保障与服务。

第五章

破解内蒙古消费率偏低的政策支点

第一节 实施创新驱动发展战略，转变经济增长方式

在当今世界，传统的劳动力、土地、资源等要素已不再是推动经济增长和提升经济竞争力的关键，技术创新、制度创新管理创新的作用正在变得日益突出。发展经济学家刘易斯认为经济发展的基础要素包括自然资源、资本、智力和技术等，在边际效益递减规律的作用下，自然资源和资本对经济发展的贡献度是递减的，所以从长期看，经济发展取决于人的智力和技术。因此，必须转变资源依赖型、资本依赖型的发展方式，而转向发展人力资源和技术，只有这样，才能使经济增长获得持续的发展动力和源泉。熊彼特的创新理论认为创新是经济发展的内在因素之一，可以通过技术创新、生产方法创新、组织形式创新等方式，推动经济不断发展。内生增长理论也表明，研发活动带来的技术进步、人力资本提升等也会促进经济增长。

党的十八大作出了实施创新驱动发展战略的重大部署，强调科技创新是提高社会生产力和综合国力的战略支撑，要摆在国家发展全局的核心位置。党的十八届五中全会明确提出"培育发展新动力，优化劳动力、资本、土地、技术、管理等要素配置，激发创新创业活力，

推动大众创业、万众创新，释放新需求，创造新供给，推动新技术、新产业、新业态蓬勃发展"。党的十九大提出加快建设创新型国家，并且强调"加强应用基础研究拓展实施国家重大科技项目，突出关键共性技术、前沿引领技术、现代工程技术、颠覆性技术创新，为建设科技强国、质量强国、航天强国、网络强国、交通强国、数字中国、智慧社会提供有力支撑。"内蒙古经历了一定时期的高增长，国际国内形势、供需结构、要素条件等都发生了重要变化，传统的经济增长动力逐步减弱，在新常态下亟须实现经济发展动力的转换。即实现经济由投资拉动的增长向创新驱动的增长转变；从要素投入的粗放型增长向技术创新的集约型增长转变。实现这一转变内蒙古将可以避免陷入经济增速无序下滑，产业结构无法升级的困境，从而实现经济高质量可持续增长。

任军在《内蒙古经济增长动力机制研究》中专门研究了技术进步在推动内蒙古经济增长中的作用。得出的结论是："经济结构调整在过去二十年间对内蒙古经济增长的影响非常大，而技术创新和制度创新的作用并不是很大。但是，无论如何，内蒙古经济增长过程中的技术与制度表现得如此颓废，是不能说明理论上存在错误的，而只能说明内蒙古在挖掘技术创新和制度创新方面做得还不够好。"[1] 其他专家的研究成果也表明，内蒙古的经济增长以大量投资和资源消耗为代价取得的，是典型的粗放型经济发展方式。在"经济新常态"下，转变传统的粗放型的经济发展方式已势在必行。党的十八大报告关于创新驱动的论述表明，创新驱动已经上升为国家发展战略，坚持创新发展将成为我国促进经济发展方式转变的主要途径。党的十八届五中全会更加明确指出，"必须把发展基点放在创新上，形成促进创新的体制架构，塑造更多依靠创新驱动、更多发挥先发优势的引领型发展"。党的十九大报告又进一步强调："创新是引领发展的第一动力，是建设现代化经济体系的战略支撑。"

---

[1] 任军. 内蒙古经济增长动力机制研究 [M]. 北京：经济科学出版社，2012 (5).

内蒙古的主导产业基本以资源型产业为主,通过创新驱动发展战略加快技术进步对于推动资源型产业结构升级,加快经济发展方式转变具有极其重要的意义。因为在技术落后条件下,资源型产业主要依赖于资本、劳动力的投入和资源的消耗扩大产能;而技术进步的作用在于增加生产过程中资本、技术、投入的同时,降低资源的消耗,从而减轻了经济发展对资源的路径依赖。因此,技术进步可以降低资源消耗和保护资源、增加可替代资源,提高劳动者的素质和技术水平,从而通过资源供给的变化引起资源型产业结构的变化;并促进经济发展方式由劳动密集型向资本、技术密集型转变,从而实现资源型产业的高度化。以上分析说明实施创新驱动发展战略,加快技术进步对内蒙古资源型产业的升级,以及内蒙古的经济发展方式转变具有特殊重要的意义。当前,内蒙古实施创新驱动发展战略,促进经济发展方式转变主要解决好以下五个关键问题。

一、坚持以技术创新为核心,在重点产业领域实现突破

习近平总书记曾经指出:"实施创新驱动发展战略,最根本的是要增强自主创新能力,最紧迫的是要破除体制机制障碍,最大限度解放和激发科技作为第一生产力所蕴藏的巨大潜能。[①]"当今世界各国的发展实践也表明,科技创新是解决诸多经济瓶颈的关键,政府和企业都应加大科技研发投入,促进科技成果转化,提升改造传统产业,同时催生新的产业形成,充分发挥科技红利对经济增长的贡献。美国金融危机过后,奥巴马政府将国家科学基金会和能源部的研究费用翻了一番。结果保障了美国支柱产业如高端制造、信息技术、农业、医药军工的长期核心竞争力,同时带动了页岩气、3D 打印、电动和无人驾驶汽车、环保设施等新兴产业的发展。党的十八届五中全会提出了我国在"十三五"期间要构建产业新体系,加快建设制造强国,实施《中

---

① 中共中央文献研究室. 习近平总书记重要讲话文章选编 [M]. 北京:中央文献出版社、党建读物出版社,2016(4):150.

国制造2025》，实施工业强基工程，培育一批战略性产业，开展加快发展现代服务业行动。内蒙古要结合资源禀赋和创新资源的状况，选择适宜的创新策略，积极打造"创新内蒙古"。要明确重点领域技术跨越目标，集中有效资源，实施技术赶超战略，以集成创新和引进消化吸收再创新为主，在一些关键行业和领域，要瞄准国内外领先技术，直接加以应用吸收，通过技术赶超带动自治区产业发展的跨越。重点在新能源、新材料、大数据云计算、信息技术、生物技术、装备制造、蒙中医药、资源与环境保护、高端服务业等领域开展关键技术攻关，破除产业发展技术瓶颈，为培育发展一批战略新兴产业和高新技术产业奠定雄厚的技术基础。要进一步完善科技成果转化的体制机制，促进科技成果快速地向生产转化，以提升产业发展层次。要完善技术服务体系，充分利用技术市场促进科技成果转化，要经济发展技术评估、技术交易、知识产权、科技信息等中介服务机构，为各类技术成果转移转化提供有效的服务平台。

二、实施企业创新工程，构建以企业为主体的创新体系

熊彼特认为创新是"创造性的毁灭过程"。在信息技术飞速发展的时代，充分印证了这句话的丰富内涵。在技术革命的冲击下，一些老旧产品淘汰了，落后企业死亡了；而新的企业诞生了，新的产品投入了。如液晶显示屏替代传统显像管、硬盘和光盘替代录像带，数码相机摧毁胶卷行业。未来的量子技术、信息技术、智能制造等技术的发展还将对经济与社会领域带来重大的深刻变革。所以，李克强总理多次强调创新刻不容缓。需要说明的是创新不等于发明，发明是新技术的创造，而创新是新技术的大规模商业化应用，所以创新的主体是企业。实现创新驱动发展，最根本的是要依靠企业技术创新能力的提升。目前内蒙古的创新型企业严重不足。因此，要培育良好的创新环境，以促进企业创新为引领，组织实施企业创新工程，重点支持高科技企业发展，特别要加强对中小科技企业的支持力度。积极引导大中型企

业组建研发机构,增加研发投入,建立创新团队,不断提高自主创新能力。要加快建立产学研协同创新机制,支持企业与高校和科研机构按市场化原则建立长期稳定的技术合作关系,通过建设合作创新平台,围绕企业发展急需的实用技术、关键技术、新产品研发、生产工艺流程改进开展联合开发,打造产学研用无缝对接的技术创新体系。

三、要增加科技投入,提升科研创新能力

内蒙古经济增长过程中,科技创新的作用非常小,主要原因是科技投入严重不足。内蒙古的R&D投资在全国的排名一直在20名之后,甚至大部分年份排名都在全国倒数前三名的位置,这显然与其经济发展速度和程度是不相适应的。党的十八届五中全会提出我国要在"十三五"期间深入实施创新驱动发展战略,发挥科技创新在全面创新中的引领作用,实施一批国家重大科技项目。内蒙古要紧紧围绕地方主导产业和重点产业,争取国家有关部门支持,联合共建国家重点实验室,争取自治区国家重点实验室实现零的突破。积极提出并牵头组织国际大科学计划和大科学工程。内蒙古要及时抓住这一战略机遇,进一步加大财政的科技投入力度,鼓励企业进行自主投资,建立多元、多渠道的科技投入体系。要围绕优势特色学科建设一批自治区重点实验室,鼓励、支持组建一批以市场为导向、以企业为主体,集科技创新与产业化于一体的新型科研机构。着力提升高新区创业园区科技孵化能力,形成以内蒙古软件园、大学创新创业园、留学归国人员创业园、稀土专业孵化器为主体的产业孵化体系。

四、注重营造区域创新生态,积极培育创新集聚区

我国和国外的实践证明,通过设立创新集聚区实现产业转型和创新驱动是促进地方经济发展的最有效手段。改革开放以来,通过集聚高技术产业企业、吸引资本投入、促进创新驱动为目的,全国许多省

份先后成立了大量的高新区、经济开发区和创新示范区等,这些集聚区对促进我国新技术和先进管理模式的引进,打造区域技术创新体系,引领区域经济发展发挥了无可替代的作用。如北京的中关村、湖北的东湖、上海的张江等一批国家创新示范区先后建立,吸引了大量创新企业入驻,产生了非常明显的创新聚集效应。预计进入"十三五"以后,还会有一批国家创新示范区和省级创新示范区相继建立。内蒙古应该及早谋划,积极利用国家创新驱动发展战略深入推进的大好时机,充分用好国家加快民族地区积极发展的相关政策,营造出良好的创新生态,积极争取建设一批自治区级和国家级的高新技术产业园区和创新试验区,打造出独具自己特色的创新集聚区。

在国家新区建设方面,内蒙古目前还是空白。大家所熟知的上海的浦东新区、天津的滨海新区、重庆的两江新区、浙江的舟山群岛新区、甘肃的兰州新区、陕西的西咸新区等都是国家新区,目前,全国共设立了18个国家新区。所谓国家级新区,是由国务院批准设立,承担国家重大发展和改革开放战略任务的综合功能区。一般来说,新区的总体发展目标、发展定位等由国务院统一进行规划和审批,相关特殊优惠政策和权限由国务院直接批复,在辖区内实行更加开放和优惠的特殊政策,鼓励新区进行各项制度改革与创新的探索工作。可见,国家新区是带动区域经济增长乃至全国经济发展的新型增长极,在聚集产业、吸引人才和带动区域发展方面,发挥着无可替代的作用。在"十三五"期间,内蒙古为了实现经济转型升级,实施国家重点发展战略,着力建设国家重要能源基地、新型化工基地、有色金属生产加工基地、绿色农畜产品生产加工基地、战略性新兴产业基地和国内外知名旅游目的地,应该在国家新区建设方面发力。下一步自治区有关部门要积极做好和林格尔新区规划建设,力争在国家级新区建设上实现突破。

五、增加教育投入,重视科技人才培养

内蒙古由于科技经济发展整体状况与发达省区相比还有很大差距,

科技创新平台数量不足，在吸引科技人才特别是领军人才方面不具有竞争力。因此，高层次领军人才短缺状况一时难以改变，内蒙古承担的国家支撑计划、"863"和"973"等国家重大科技项目的首席专家本土人才比例偏低，企业重大自主创新项目和自主品牌开发更是需要引进人才。针对这种情况，为解决高层次人才匮乏的问题，内蒙古必须坚持育引并举的原则，短期着眼于引进，长远着眼于培养，针对行业发展特殊需求，采取特殊的人才支持，进一步加大高层次领军人才和高水平创新团队的引进、培养力度，重点支持行业特需、基层一线和青年人才引进、培养。推动区域创新发展，支持战略性新兴产业发展，需要一大批科技人才的支撑。所以，内蒙古在今后要高度重视科技人才队伍建设，在创新实践中，发现人才、培育人才、凝聚人才。就是按着习近平总书记所说的那样："我们要把人才资源开发放在科技创新最优先的位置，改革人才培养、引进、使用等机制，努力造就一批世界水平的科学家、科技领军人才、工程师和高水平创新团队，注重培养一线创新人才和青年科技人才。[①]"

第二节 启动内需，发挥需求对经济增长的拉动作用

在经济新常态下，内蒙古在"十三五"时期，要坚持"创新、协调、绿色、开放、共享"新的发展理念，以"调整经济结构，转变经济发展方式"为契机，调整经济发展战略导向，改变单纯追求GDP增长速度的发展思想，树立科学发展指导下的有质量、有效益、可持续的发展思想。坚持"以民为本""关注民生"，保持适当的经济增长速度，大幅度提高居民的消费能力和消费意愿，进而改善居民的生活质量，实现经济社会和谐发展目标。内蒙古在经济高速增长阶段，主要

[①] 中共中央文献研究室. 习近平总书记重要讲话文章选编[M]. 北京：中央文献出版社、党建读物出版社，2016（4）：150.

依靠投资拉动经济增长，消费的拉动作用一直偏弱。而事实上内蒙古10多年来的高速增长主要是靠大规模投资拉动实现的。2000年内蒙古的固定资产投资额只有430.42亿元，而到了2010年猛增到8971.63亿元，10年间年增加了8541.21亿元，年平均增长速度达到了38%，比同期GDP年均增长速度22.46%高出了15.54个百分点。进入"十二五"时期内蒙古固定资产投资增长速度仍然比较快，2013年达到历史最高值，为15520.72亿元。"十二五"时期内蒙古累计完成固定资产投资5.2万亿元，是"十一五"时期的2.6倍，年均增长18%，比同期GDP增长速度的10%仍然高出8个百分点。依靠大规模投资可以拉动经济短期内实现快速增长，但从长期来看进一步固化了投资驱动的经济增长模式，也为2013年以后的新一轮产能过剩和经济困境埋下了种子。在新一轮产能过剩的大背景下，内蒙古依靠大规模投资拉动经济增长已面临着诸多困境，难以为继，适时启动消费，调整经济动力结构显得尤其重要。当前，要从以下几个方面入手。

一、增加城乡居民收入，提高居民消费水平

根据凯恩斯的收入消费理论，居民收入水平的提高，能够有效提升消费水平，扩大消费总量。一般来说，居民消费水平主要取决于居民收入增长率和边际消费倾向。其中居民收入增长率又是最主要因素，居民收入增长率越高，消费水平就越高。就内蒙古当前的居民收入情况来看，从纵向比较随着内蒙古经济进入高增长阶段，内蒙古的城乡居民收入水平有了大幅度提高；但与其他省份横向比较，特别是与东部省份比较还有很大差距。在计划经济时代，内蒙古同全国一样实行的是"高积累、低消费"，"先生产、后生活"的政策，对居民收入欠账较多。改革开放以来，随着市场化改革和收入分配制度改革推进，实行"按劳分配为主，多种分配方式"并存，允许一部分地区、一部分人先富起来的分配政策。内蒙古城乡居民收入水平有了大幅度提高，消费水平也有了极大改善。但一个不争的事实是，改革开放以来的大

多数年份，内蒙古的城乡居民收入增长率仍然低于经济增长率。而且在经济高速增长阶段，这个问题更加突出。据统计2000~2013年内蒙古GDP年均增长率为18.63%，而同期城镇居民可支配收入和农村居民人均收入年均增长率分别只有12.14%和10.82%。由此看出，内蒙古城乡居民收入增长率与经济增长率相比，差距还是很大的。"十三五"时期将是内蒙古经济结构调整和发展方式转变的关键时期，改变单纯依赖投资拉动经济增长的被动局面，必须尽快启动居民消费，而要启动居民消费，就必须多渠道增加城乡居民收入水平。内蒙古当前要提高居民收入在国民收入分配中的比重，提高劳动者报酬在初次分配中的比重。按照党的十九大所提出的，坚持在经济增长的同时实现居民收入同步增长，在劳动生产率提高的同时实现劳动报酬同步提高。要制定积极的收入分配制度改革方案，以及城乡居民收入倍增计划，确保城乡居民收入增长率与经济增长率同步，甚至略高于经济增长率，以便更加有利于各阶层城乡居民形成良好的收入预期，进而达到改善消费倾向的目的；要提高职工工资，应该达到并逐步超过全国平均水平。2014年内蒙古职工工资与全国平均水平相比还有1879元差距，第一步应该拉平这个差距。

要探索建立企业工资集体协商制度，使各类企业人员工资与企业效益、物价上涨幅度相挂钩，保持合理的增长速度。提高占社会绝大多数劳动群体的收入水平，还要积极推进收入分配制度改革，保护合法收入、取缔非法收入、整顿不合理收入、调节过高收入。

要通过深化农村牧区土地制度改革增加农牧民财产性收入，形成农民增收的长效机制。农牧业是第一产业，也是弱势产业，单纯依靠农牧业本身增加农牧民收入，在农牧业生产效率没有大幅度提高的前提下，效果是有限的。因此，当前要按照三权分置原则积极推进农村土地制度改革，使农牧民既可以通过土地获得家庭经营性收入，也可以出租、抵押或流转土地获得财产性收入。目前城市的土地是国有的，农村的土地是集体的；城市居民房屋有产权证，可以买卖或抵押，农民的房屋没有产权证，不能买卖和抵押，这是非常不公平的，应该通过改革加以解决这一问题。要构建城乡统一的建设用地市场，允许农村牧区集体经营性土地以出让、租赁、入股等方式参与市场活动，同国有土地一样同等入市、同等交易，使广大农牧民能够从土地市场活动中直接获取增值收益。落实农牧民宅基地自建住房私有产权，同城镇居民享有同样的物权，允许其抵押、担保、转让，获得更多的财产性收入。同时，支持新型农村合作社发展，促进土地规模化经营，提高农业生产效率，形成农民增收的长效机制。

启动居民消费，不仅要提高城乡居民收入，还要改善城乡居民边际消费倾向。边际消费倾向主要受收入水平影响，但居民未来的收入预期对边际消费倾向也有很大影响。在居民收入增长比较稳定的条件下，如果居民对未来收入产生了不良预期，边际消费倾向也会出现衰减趋势。因此，启动城乡居民消费，既要提高收入水平，也要逐步改善消费倾向。社会各阶层居民的收入水平不同，消费倾向也不同。一般来说，收入水平相对较低的人群边际消费倾向较高；收入水平相对较高的人群边际消费倾向较低。改善城乡居民消费倾向必须首先稳定经济增长，使其形成对未来经济发展走势的良好预期。同时还应该结合"十三五"规划，制定积极的收入分配制度改革方案，以及城乡居民收入倍增计划，确保城乡居民收入增长率与经济增长率同步，甚至略高于经济增长率，以便更加有利于各阶层城乡居民形成良好的收入预期，进而达到改善消费倾向的目的。

二、培育消费热点，拓宽消费领域

要主动适应经济发展新阶段新要求，顺应城乡居民消费转型升级的变化趋势，挖掘消费热点，拓展消费市场，促进消费升级，适时扩大居民消费领域，增加服务性消费。为此，要适应消费需求，增加消费品研发投入，开发实用的具有新、奇、特功能的各种消费品，满足各类人群消费需求。各级政府要支持社会资本举办各类新兴服务机构，重点支持养老、康复、旅游、文化等服务行业的发展。要加快城乡交通基础设施建设，取消不合理限速、各种收费关卡，改善交通环境，积极扶持物流业发展，降低流通成本，促进电子商务、物流配送等发展。

信息消费是一个新的消费领域，2015年，我国信息消费已超过3.2万亿元。实践证明信息消费有利于增加城乡居民在新阶段的消费内容，同时信息消费还有助于降低城乡居民衣、食、住、行等初中级阶段的消费成本，使一定收入满足更多消费，有效地发挥扩大消费的作用。要积极拓展信息消费，推动生活性服务业向规模化、品牌化、网络化发展，提高服务消费、信息消费的水平和质量。据测算，信息消费每增加100亿元，可以带动GDP增加338亿元。因此内蒙古当前要积极落实《国务院关于促进信息消费扩大内需的若干意见》，促进信息企业发展，做好信息安全、维护消费环境等方面的工作，从而发挥拉动消费的作用。

三、扩大消费信贷，加大居民消费的金融支持力度

为居民提供形式多样的消费信贷，是成熟消费市场环境国家的通行做法。这对于帮助居民克服收入临时中断困难，提升消费水平，扩大消费规模，具有极为重要的作用。内蒙古伴随着经济发展，居民消费性信贷数额整体在增加，但与发达地区相比，消费信贷规模仍然偏低。因此，内蒙古应该加大对居民消费信贷的支持力度。一是针对不同收入群体、不同年龄的消费者，开发首付比例、借贷利率、还款方式等不同的消费信贷产品。积极发展消费循环信用，培育消费者诚信意识，提供无抵押信贷、小额信贷等低成本消费信贷产品。二是大力发展传统信用卡业务的同时，鼓励开发多样化的电子金融信用消费业务，适时启动余额宝、支付宝、微信支付等信用消费，有效降低消费信用成本，为小额信用消费提供方便快捷的支付方式。三是积极开发农村信用消费产品，探索农村土地、宅基地、房产抵押贷款消费，提高农村居民消费能力。四是进一步加强金融监管，防止各类金融监管

利用理财产品高息吸储，降低居民储蓄冲动，扩大居民现实消费，有效释放城乡居民潜在的消费能力。

四、改善消费环境，实施鼓励消费政策

就当前的消费环境来看，最主要的就是落实国家有关食品质量安全的各项政策法规，建立健全消费市场监测、应急和处理体系，将开展专项整治、严厉打击假冒伪劣整治市场秩序等落到实处。关键是通过多方面努力、多部门配合构建食品安全的长效机制，严守法规和标准，用最严格的监管、最严厉的处罚、最严肃的问责彻底治理餐桌上的污染，切实保障"舌尖上的安全"。要以建立食品药品安全标准体系、监测体系、生产流通全过程可追溯体系、市场准入制度、召回制度、诚信体系等为重点，促进消费市场有序竞争，建立覆盖各环节的食品药品安全监管制度，严厉打击各种消费侵权行为，为社会交易和居民消费打造一个规范、安全、舒适、可信的消费环境，提高人们的消费意愿。要在加快社会保障体系建设的同时，加快规范和改善消费环境，为扩大内需、增加消费、提高消费率、改善民生提供必要保障。要研究制定促进中低收入者消费需求的财税政策和收费优惠政策；积极提倡绿色消费、循环消费、生态消费，加大节能、节水和环保产品的消费政策支持力度。

伴随着经济发展，人民收入水平的提高，一些旅游消费、高端消费、甚至是奢侈消费已经提上中高端收入群体新的消费领域。由于国内流通环节成本高，税收负担较重，目前市场上大部分日用商品、奢侈品等在国内的价格明显高于国外，这就造成了大量的消费外流。一些海外旅游团成了名副其实的"抢购团"。解决这个问题，要转变观念，在温饱型消费满足以后，应该适时促进消费转型升级，鼓励高端消费。应该深化国外商品进口流通体制改革，破除进口商品代理和专营制度，继续降低消费品进口关税，降低流通成本，改善消费环境。

五、改善最终消费内部结构，提高居民消费占比

前面已经分析，内蒙古无论是居民消费率还是政府消费率在 2000 年之前与全国基本一致，此后差距逐步拉大。从这个角度也可以印证 2000 年以后内蒙古所经历的特殊发展阶段，高投资、高增长成为主要助推因素。到 2013 年内蒙古的最终消费率比全国低 8.9 个百分点，但内蒙古的政府消费率比全国高出 3.4 个百分点，而内蒙古居民消费率比全国低出了 3.3 个百分点。这说明内蒙古最终消费内部结构是极不合理的。政府消费率偏高反映出政府行政的高成本、低效率。世界各国转型发展的经验表明，凡是成功转型的国家和地区，都有一个比较高效低成本的政府作为支撑，政府的行政开支在政府财政预算中占比相对较低。而我国地方政府的运行成本普遍较高，特别是内蒙古各级地方政府的运行成本有很大的压缩空间。因此，政府应该主动给消费"挤水分"，主动压缩"三公经费"。应该通过政府管理体制、预算体制和收入分配制度改革，促进政府转变职能，大幅度压缩"三公经费"，降低各级政府运行成本支出，以此调整最终消费构成中政府消费占比，提高居民消费占比，用政府的"紧日子"换来老百姓的"好日子"。

第三节 完善城乡社会保障体系，促进社会公平和谐

社会保障就是以国家立法的形式，保障所有公民的基本生存、保障所有劳动者的基本生活待遇，逐步增加公民福利水平，提高全体国民生活质量。党的十八大报告指出："要在全体人民共同奋斗、经济社会发展的基础上，加紧建设对社会公平正义具有重大作用的制度，逐步建立以权利公平、机会公平、规则公平为主要内容的社会保障体系，

努力营造公平的社会环境，保障人民平等参与、平等发展权利。"可见党的十八大报告特别强调了社会保障体系的公平性。更加公平的社会保障体系的建立可以保持社会安定、促进经济增长和社会进步，可以弥补市场初次分配的不足，对于缓解社会矛盾、促进社会和谐、维护社会安定无疑具有重要意义。地方政府的财政支出优先满足公共需要支出是建立公共服务型政府的最基本要求。党的十九大报告进一步提出："按照兜底线、织密网、建机构的要求，全面建成覆盖全民城乡统筹、权责清晰、保障适度、可持续的社会保障体系。"这就进一步明确了社会保障体系建设的目标。内蒙古今后要重点提高社会保障、医疗卫生、文化教育三个方面的投入水平。在居民收入水平一定的条件下，一个地区的公共需要水平如果长期得不到提升，居民的消费水平也不能提升，过高的储蓄率自然不能降下来，消费对经济的拉动作用也不可能充分发挥出来。所以今后自治区各级政府应该采取有效措施，积极调整政府财政支出结构，确实保证财政资金优先满足公共需要。

一、逐步建立社会公平保障体系

社会保障是政府调节收入差距的重要手段之一，不仅有助于改善弱势群体的生活境遇，而且可以消除收入分配不公引发的社会矛盾，促进社会和谐。多数发达国家将保护弱势群体作为首要任务，建立了比较完善的社会保障制度和社会福利制度，促进了社会稳定。如加拿大政府用于社会保障和健康的支出占财政支出的比重多年一直在44%以上；用于教育方面的支出占财政支出比重多年一直在15%以上。[1]因此，内蒙古要积极探索建立覆盖全社会的多层次的社会保障体系，力争几年内解决几个关键问题。

---

[1] 高亳洲. 加拿大收入分配和社会保障机制给我们的启示 [J]. 安徽省情省力, 2007 (3).

（一）建立覆盖城乡的社会保障制度

社会保险制度在社会保障体系中居于核心地位。内蒙古的社会保障体系还不完善不健全，城镇社会保障覆盖面窄，统筹层次低，农村牧区社会保障还处在探索起步阶段，保障水平比较低。因此，应尽快建立起覆盖城镇各类从业人员的社会保障体系，特别是应当将农民工纳入城市社会保障体系，为他们在城市工作生活撑起保护伞。要加快整合城乡居民的基本养老保险制度，要建立无差别的覆盖城乡全体居民的社会保障待遇。要完善社会救助制度，"健全残疾人权益保障、困境儿童分类保障制度，健全农村留守儿童、妇女、老年人关爱服务体系等社会价值社会救助机制。"① 要完善社会优抚安置制度，提高对现役军人、复员、退伍、残疾军人以及军烈属的抚恤和优待，维护军人在国家和社会中的光荣地位。要加大力度，增加社会福利经费投入，确保内蒙古社会福利事业稳步发展。

自治区财政应加大支持农村的社会保障制度建设，逐步增加公共财政对农村牧区保障投入，在农村牧区构建起包括养老保险、社会救济和最低生活保障在内的三道社会保障线，使广大农牧民"老有所养、病有所医和病有所济"，进而缩小城乡居民在享受社会保障方面存在的差异。

第一，建立与农村牧区经济发展水平相适应的农村社会养老保险制度。目前，农村牧区的社会养老保险制度不仅覆盖面小，而且保障水平低，基本没有解决社会养老问题。农村牧区的养老保障制度可以先按最低标准建立，随着地方政府财力增强，再逐步提高标准。随着农村牧区人口的老龄化的出现，传统的家庭养老已受到了挑战。在内蒙古农牧业人口较多，经济基础相对薄弱，所以在农村牧区，必须把土地作为生活养老保障的重要手段，在个人储蓄账户的基础上，再由财政给予必要的支持，确保养老金稳步增长。

---

① 中共中央关于全面深化改革若干重大问题的决定，新华网：2013 - 11 - 15.

第二，完善农村牧区居民最低生活保障制度。最低生活保障制度是任何社会解决生活贫困的有效救助制度，是现代社会保障体系中不可或缺的组成部分。最低生活保障是每个公民都应该享受到的基本权利，也是实现社会稳定的基本制度保障。因此，应从保障农牧民生活出发，完善农村牧区居民最低生活保障制度。为了解决贫困人口的最低生活，需要根据当地经济发展水平、政府财力和生活成本等基本要素，科学合理确定保障标准。保障对象应重点放在特困户上，资金来源应以政府财政资金为主。

（二）健全稳定的社会保障资金筹措机制

稳定、可靠的社会保障资金来源是确保社保事业发展的必要支撑。社保资金来源包括企业、个人按照法定比例缴纳部分，也包括政府的直接财政转移支付。目前，随着退休人群不断扩大，人口老龄化逐步到来，社保支出不断扩大，必须健全社保资金的稳定来源。内蒙古经过多年经济高增长，地方财政收入规模逐步扩大，具备了增加社保资金财政投入的基础。近几年要提高社保在财政支出中的比例，并采取有效办法补足社会保障资金，并进一步加强对社保资金的有效运营，以弥补资金缺口。同时要随着地方工资水平提高，逐步提高社会保险基金征缴率，确保各单位及其职工都要按规定参加社会保险并缴纳相关费用。还要进一步加强社保资金的监管，确保资金保值增值。社保资金的收缴、支出及运营要规范化、制度化，做到公开、透明、安全。

（三）加快社会保障服务信息网络建设

按照国家统一规划，下一步社会保障资金收缴和发放要实现全国联网，内蒙古第一步要做到区内联网，坚持规划先行，稳步实施，最终建立一个功能齐全、规范透明、覆盖面广的社会保障信息网络，社会保障资金的缴纳、核算、记录、支付以及查询服务都要纳入计算机管理系统，并实现网上查询和支付。

二、建立覆盖全社会的医疗保障制度

（一）从办医和就医两方面深化医药卫生体制改革

党的十九大提出了"健康中国战略"，并且提出建立中国特色医疗卫生制度、医疗保障制度和优质高效的医疗卫生服务体系，健全现代医疗管理制度。在医疗体制改革方面，政府要放开医疗机构准入限制，优先支持非营利医疗机构发展，允许民营资本进入医疗服务市场，同公立医院展开竞争，带动医疗效果、医疗水平和医疗效率的整体提高。要逐步将民办医疗机构纳入医保定点范围。从实行医药价格补偿机制、允许医师多点执业、重特大疾病救助制度、促进医疗资源纵向流动、完善全民医保体系等方面入手，推进医疗卫生改革，逐渐改变"老百姓看病难、看病贵"的问题。

（二）增加医疗卫生公共投入

为了增加优质医疗资源，解决广大人民群众"看病难、看病贵"，实现2020年人人享有基本医疗卫生服务的目标，医药卫生体制改革势在必行。医改的重心逐步从基层上移到公立医院。医疗卫生是公共产品，应该以政府投入为主，但内蒙古这些年来伴随着经济增长和财政收入增加，医疗卫生的财政支出并没有同步增加，导致居民的"看病难""看病贵"，加重了居民医疗负担，特别是公立医院改革背离了公共属性，简单的市场化改革，使公立医院以追求盈利为目的，医疗收费偏高，远远超过普通百姓的承受能力。而旗县以下的医保报销标准又很低，另外，城市一部分下岗人员、进城农民工、灵活就业人员以及一部分农牧民至今没有纳入医保范围。因此，当前内蒙古应该将增加医疗卫生公共投入，完善医疗保障制度作为民生工程的重要内容，采取切实可行的有力措施加以落实。

第一，加大对公立医院的财政差额补助，改善公立医院医疗条件，加强各级财政对医院硬件建设的支持力度，尽快扭转"以药养医"的错误做法，消除医院简单以盈利为目的，最大限度降低患者的医疗负担。

第二，建立覆盖全社会的医保体系，逐步实现城乡统筹，取消"三六九"等不合理的分类，将城乡各弱势群体纳入医保范围，使他们遇到各种疾病能够得到及时救治。

第三，提高财政对医保基金的支持力度，进一步扩大医药费用报销范围，大幅度提高报销标准，使患者的住院报销比例特别是重大疾病的报销比例不断增加。

第四，改进公立医院管理服务水平，强化医护人员培训，提高医院特别是旗县以下医院医护人员诊疗水平，改善服务质量，有效提升医疗服务收入占比，降低药费收入占比。

（三）要更加重视农村牧区医疗卫生事业发展

逐步实现城乡医疗卫生一体化。20世纪80年代以来，随着联产承包责任制全面铺开，我国人民公社体制下的农村合作医疗制度纷纷解体。由于政府对农村医疗卫生长期投入不足，导致城乡医疗卫生方面存在较大差距。尽管新型农村合作医疗制度的建立初步解决了农村牧区"有病不医"的问题，但只有到了一定程度的大病才可以纳入医保范围，而且报销标准相对又较低，农村牧区"缺医少药"的现实状况没有改变。因此从促进城乡公共卫生事业一体化的思路出发，进一步加强新农合制度建设，加大各级对农村医疗卫生的支持显得尤为重要。

第一，增加公共医疗财政投入。医疗具有公共产品属性，政府是公共医疗的责任主体。过去很长一段时期，医疗卫生机构被推向市场，自收自支，大多数乡镇医院和村卫生室处于关闭或半关闭状态，由此导致农牧民就近"看病难"的问题。因此，要及时纠正公共医疗市场化的错误做法，增加公共医疗财政投入，新增的卫生经费主要向农村牧区倾斜。

第二，加强农村医疗卫生服务供给。加强以乡镇卫生院和村卫生室建设，健全农村三级医疗卫生服务体系和网络；增加农村卫生人才培养的经费预算，加大对农村地方病、传染病和人畜共患疾病的防治力度，以提高农村医疗服务水平和应对突发公共卫生事件的能力。对自治区贫困的县村，地方财力不足的，要给予适当的转移支付。

第三，全面建立和发展新型农村合作医疗和农村医疗救助制度。积极建立新型合作医疗制度，实行对贫困农民的医疗救助是农村医疗卫生保障等制度改革的一项重要内容，也是促进农村卫生事业发展的关键，财政应发挥其特有的作用，支持农村合作医疗制度的建立、发展及农村医疗救助制度的建立。

第四，要加大力度培养一批留得住、用得上的农村牧区医护人员。近几年来，内蒙古乡镇苏木卫生院、村级卫生室已初步建立起来，现在急需一大批医护人员。乡镇一级的医护人员需要专科层次培养，可以通过高等学校、高职院校等进行定向培养。村一级的卫生室仅需要中职层次的医护人员，可以通过卫生学校或高职院校里的中职班进行培养。自治区教育厅、卫生厅、财政厅等相关部门要制订农村牧区医护人员专门培养计划，划出单独招生计划，实行全科免费培养并签订定向培养就业协议，确保学生毕业后能够充实到乡镇以下医院和卫生室工作。

三、大幅度增加政府教育经费投入

党的十九大报告提出："教育强国是中华民族伟大复兴的基础工程，必须把教育事业放在优先位置，建设深化教育改革，加快教育现代化，办好人民满意的教育。"办好人民满意的教育最重要也是最关键的在于增加教育投入。统计显示，2000~2012年，内蒙古的教育经费由580.86亿元增加到5040.01亿元，绝对增加额4459.15亿元，但年均增长率只有16.4%，而同期内蒙古的GDP年均增长率达到了21.5%，教育经费增长速度比GDP增长速度低了4.7个百分点。从教育经费占GDP的比重来看，内蒙古在2000年是3.8%，在2002年达到了4.4%，此后又逐年下降到2008年的2.4%，以后也没有太大幅度的增长，到2012年也只有3.2%，这比2000年的3.8%还低0.6个百分点。也就是说内蒙古教育经费占GDP的百分比从2000~2012年不升反降。

教育公平是社会公平的基础,为公民创造平等的受教育机会,是缓解收入不平等的根本之举。内蒙古当前要进一步完善公共教育政策,实现教育机会均等,促进教育均衡发展。首先,要将落实九年义务教育制度落到实处。一方面要加强九年义务教育重要性的宣传,在全社会营造浓厚的重视教育良好氛围,消除所谓"读书无用论";另一方面要帮助农村牧区的贫困家庭解决家庭实际困难,防止困难家庭子女为了解决家庭生活来源而辍学,确保每一个贫困家庭的孩子都有学可上。中小学、政府教育主管部门、社区组织都要重点关注特困家庭和留守儿童的教育问题,一旦出现辍学,应及时发现,分析原因,并妥善解决。只有这样,才能够使义务教育成为免费教育和强制教育。其次,要大幅度增加各级政府教育经费投入,力争自治区教育经费占GDP的比重达到全国平均水平。自治区增加的教育经费主要用于多年来教育经费投入不足的欠账,优先用于改善基础教育办学条件,积极发展中等职业教育,并提高高等教育办学质量。最后,要多渠道筹措教育经费,健全政府主导、社会参与、办学主体多元、充满生机活力的办学体制。落实国家新的民办教育促进法,积极引导社会资金投入教育领域,大力支持民办教育发展,形成以政府办学为主体、全社会积极参与、公办教育和民办教育共同发展的良好局面。

第四节 深化行政体制改革,转变政府职能

中国改革开放近40年来,实现了近两位数的经济增长,并一跃成为第二大经济体。是什么成就了中国的经济增长?原因可能很多,从表面来看,就是中国的劳动力便宜,资源价格较低,在国际经济竞争体系当中有一定的竞争优势。但计划经济时期这些比较优势就存在,为什么没有增长?因此,说到底,一个国家或地区的经济增长能否实现,关键在于是否通过制度创新,有效降低制度成本,并使其他资源

的比较优势也能够有效发挥出来。我国自1978年以来，从农村改革起步，实施了全面的市场化改革，开始了从计划经济向市场经济的转轨，使原来闲置的生产要素得到了充分的合理利用。如原来的农村剩余劳动力，在计划经济时代始终处于隐蔽性失业状态，而实行家庭联产承包责任制改革以后，由于明晰了农村土地使用权，实现了劳动力与土地这种生产资料的有机结合，促进了农村劳动力资源的优化配置，不仅提高了农业劳动生产率，解决了长期以来农民吃饭穿衣这个老大难问题，而且还促使剩余劳动力得以转移，直接带动了乡镇企业和个体、私营经济的发展。可见，没有改革开放所带来的制度创新，没有"渐进"式的市场化改革，我国的经济增长是无从谈起的。

随着国际形势变换，我国经济已经步入"新常态"，劳动力成本在上升，土地价格也在上升，传统的国际竞争的比较优势在丧失，中国还能不能保持现在的中高速增长？从国际经验来看，经济增长达到一定阶段，土地、劳动力等各种经济资源的成本上升是必然趋势，但伴随着工业化、城市化和信息化步伐加快，中国经济增长潜力仍然是巨大的。特别是中国转轨的任务远没有完成，改革仍处在重要的攻坚期。正如习近平同志所讲的："中国改革已进入深水区，可以说，容易的、皆大欢喜的改革已经完成了，好吃的肉都吃掉了，剩下的都是难啃的硬骨头。"[1]所以，决定未来中国经济增长的不是劳动力和土地资源怎么样？主要取决于是否可以通过制度创新继续释放改革红利。我国正处在从计划经济向市场经济转轨的深水区，转轨的艰巨性、复杂性要超过以往任何一个时期。目前的制度安排还并非理想的制度安排，是过渡性的。诺贝尔经济学奖得主诺斯认为："制度框架由三部分组成：（1）政治结构，它界定了人们建立和加总政治选择的方式；（2）产权结构，它确定了正式的经济激励；（3）社会结构，它包括行为规范和习俗，它确定了非经济中的非正式激励。"[2]任何一个成熟的市场经济

---

[1] 习近平．习近平谈治国理政［M］．北京：外文出版社，2014（10）：101．

[2] ［美］道格拉斯·诺思．理解经济变迁过程，钟正生、邢华等译［M］．北京：中国人民大学出版社，2008：46．

制度都要有效解决好这三个方面的结构设计问题，中国也不例外。正如习近平总书记2014年8月18日在中央全面深化改革领导小组第四次会议上所强调的那样："突破既得利益，让改革落地，需要有组织、有胆识、有担当。畏首畏尾，不敢出招，怕得罪人，是难以落实措施、推动工作的"，总书记强调"要真枪真刀推进改革，为今后几年改革开好头"。当前要以党的十九大报告所提出健全人民当家做主制度体系，发展社会主义民主政治。因此我国当前政治、经济和社会领域的改革任务是极其繁重的，深入推进各项改革仍然可以为经济增长释放出巨大的改革红利。全国如此，对内蒙古来说，更是如此。

一、加快转变政府职能

深化机构和行政体制改革是发挥社会主义市场经济体制优势的必然要求，是发挥市场配置资源基础作用的必然要求，是实现政府有效治理的内在要求。因此必须创新政府行政管理方式，转变政府职能，增强政府公信力和执行力，实现政府治理的科学化、民主化和法制化。政府职能转变是转型经济条件下必须面临的一个重要问题，而内蒙古处在跨越式发展阶段，又离不开政府的强烈支持和干预。但这不等于政府要包办一切，而是按着社会主义市场经济的基本要求，切实把各级政府的职能从过去的直接管理，转变到主要为企业提供良好服务和创造完善的市场环境上来。要进一步加强政府治理体系和治理能力建设，深化政府机构改革，理顺层级之间、部门之间职责，提高行政效率，降低行政成本，建立高效政府。一定要突出政府的社会管理和公共服务职能，积极从全能型、管制型政府向管理型、服务型、法制型政府转变。凡不需要政府投资的一般性项目以及非限制类项目，应实行备案制。要进一步深化政府机构改革，加快转变政府职能，改进经济管理方式方法，建设有限的服务型政府。多年的实践证明，越是经济落后地区，由于市场发育不足，越是依赖于政府的主导作用促进经济发展，这就很容易造成政府与市场的功能错位，出现政府替代市场现象。而且，内蒙古各级地方政府也普遍存在行政能力较低，服务意识不强，缺乏现代政府应具备的执政经验等问题，更需要加大力度推进政府管理体制改革。就当前来说，内蒙古的政府治理体系改革要突出以下几个方面。

第一，坚持和完善民族区域自治制度，用足用好国家政策。民族区域自治制度是我国的一项基本政治制度，是中国特色解决民族问题的正确道路的重要内容和制度保障。内蒙古自治区要充分利用国家赋予的权利和政策，根据自治区实际情况制定适合自治区经济增长的相关政策，促进民族地方的繁荣发展。

第二，全面推进依法行政和依法治理，健全政府科学决策机制和监督机制，建设"法治政府"。党的十九大报告指出："全面依靠治国是国家治理的一场深刻革命，必须坚持厉行法治，推进科学立法，严格执法、公正司法、全民守法。"这为建设法治政府指明了方向。政府管理经济主要依靠法律和经济手段，而不是行政手段，主要通过规划、政策、信息发布等手段和政府掌握的公共资源配置引导要素流向、投资方向和产业发展。各级地方政府，特别是地方主要党政领导应进一步完善地方法律法规体系，努力为企业营造一个公平竞争的市场秩序和市场投资环境。

第三，理顺政府与企业、政府与市场、政府与社会的关系，合理定位政府在市场经济条件下的职责范围。我们要清醒地认识到，经过三十多年的市场化改革，市场配置资源的基础作用开始显现，但目前仍存在政府替代市场，要素市场发展不全，市场规则不健全，市场竞争充分等问题。这些问题的根源还在于政府和市场的关系没有完全理顺，政府替代市场、干预企业的事情还普遍存在。要从根本上解决这些问题，关键在于继续推进市场化改革，处理好政府与市场的关系。党的十八届三中全会提出使市场在资源配置中起决定性作用，从根本上理顺政府和市场的关系。党的十九大提出加快完善社会主义市场经济体制。实现内蒙古经济的平稳快速发展始终都要坚持发挥市场的基础作用，凡属应有市场发挥作用的领域，政府要坚决退位，让位给市场，让市场充分发挥资源配置的基础作用。从内蒙古过去十余年的发展历程来看，政府与市场边界不清，政府替代市场较普遍存在。这在经济发展初期阶段尚可，当经济增长达到一定阶段以后，就会成为影响经济发展的制度性障碍。对此，要引起高度注意。

第四，要进一步加强政府的公共服务能力建设。一方面，要合理界定支出范围，政府要把主要精力和财力集中在提供公共产品供给上，政府要承担起基础设施建设、医疗卫生、基础教育及生态环境保护等方面的责任，以政府的力量，保证公共产品的有效供给；另一方面，要保护社会弱势群体，为他们提供最基本生活需要，实现社会公平正义。

二、深化行政审批制度改革

党的十九大对深化机构和行政体制改革作出了具体部署，即"转变政府职能，深化简政放权，创新监管方式，增强政府公信力和执行力，建设人民满意的服务型政府。"随着行政体制改革的推进，必须取消和下放不必要的行政审批事项，简化行政审批程序，原则上凡是市场能够调节的经济活动，应一律取消审批。各个盟市和旗县区也要做好取消下放和承接工作，不得截留上级政府已经取消的审批权限。对应该保留的行政审批事项要编制目录并向社会公开，以便社会各方面公开监督。要优化审批流程，减少审批环节，提高审批效率，有效降低办事成本，为经济发展创造出良好环境。地方政府要把主要精力用于公共事业管理，全面履行公共服务、市场监管、社会管理、环境保护等职责，最大限度减少政府对微观事务的直接管理，特别是对企业的直接干预。要继续推进政府机构改革，提高各级政府依法行政水平，自觉接受同级人大及其常委会、人民政协和社会各界的监督，主动听取民主党派、工商联和无党派人士的意见建议。要加强行政执法监督，防止权力滥用和权力寻租，严格规范行政执法行为。

三、深入推进财政税收制度改革

促进内蒙古经济转型，提高经济增长质量，财政税收制度改革势在必行。首先，按着财权与事权相统一原则，理顺中央政府与地方政府的收入分配关系。各级政府之间的收入分配关系不合理，突出表现在地方政府承担绝大多数公共职能，财力又集中在中央政府，特别是中央政府向下一级政府的转移支付又不够规范。在这种财政制度下，很容易出现地方政府为了保财政收入，不惜以生态环境破坏为代价，上项目、铺摊子、扩投资，从而导致规模扩张和粗放型发展模式难以从根本上遏制。这是造成地方经济长期依赖投资驱动，经济增长质量不高的主要原因。解决这个问题，要以税收制度改革为突破点，合并国税局与地税局两套税收机构，合理划分中央与地方税收来源，科学设计中央政府与地方政府的收入分配关系，确保地方政府尤其是欠发达地区的政府有稳定的收入来源，有足够财力履行公共职能。

其次，要进一步优化税收结构。个人所得税改革要坚持"增低、扩中、调高"的原则，从分类征收向分类与综合相结合的方向转变，建立基本与专项扣除标准，适当提高起征点，使其有利于增加低收入群体的收入，并有利于缩小居民收入差距，更好发挥收入分配调节功能。深入推进"营改增"，彻底解决重复征税，有效降低企业税收成本，增强企业经营与创新活力。适当提高环境税征收标准，增加企业乱排乱放等环境污染成本，加快低效率、重污染等"僵尸企业"从市场退出，促进经济转型升级。尽快出台房产税，有效抑制房地产投机行为，降低房产空置率，促进社会资本从虚拟经济向实体经济流动，使地方经济从依靠房地产向依靠战略新兴产业转变。

四、转变政府绩效考核方式

1994年实现分税制改革以来，地方政府为了追求本地区财政收入最大化，不惜一切"招商引资"、扩大投资规模，把谋求地方经济快速增长作为第一要务，而上级政府通常会向下一级政府层层加压，把GDP作为衡量考核下级政府和官员政绩的主要指标，由此导致地方政府官员对GDP盲目崇拜。为了增加地方GDP，什么好上就来什么，什么快就来什么，完全不顾当地生态环境是否受到破坏，资源是否出现过度开采。一味追求GDP还会导致盲目攀比，甚至不惜GDP掺水，而忽略经济效益和质量。实事求是讲，GDP只是反映了一个地区的经济增长速度，它不代表一个地区的经济质量，更不能够代表一个地区居民的生活水平以及社会发展水平。因此，GDP指标只是考核政府绩效的一方面，事实上一个地区经济社会发展水平到底怎么样？不仅要看经济增长速度和经济总量，更要看经济增长质量如何，经济结构是否优化，经济增长是否带来了居民收入水平的提高，医疗卫生、教育、社会保障等公共事业是否得到同步发展以及地区生态环境是否得到改善等。对地方政府的考核评价方式，决定着上一级政府对下一级政府的行为导向。因此，对地方政府的考核评价不能片面化，要坚持全面公正的原则，科学合理制定地方政府考核评价体系，客观评价政府业绩，不仅有利于提升地方各级政府治理能力，而且有利于消除"唯GDP"所带来的消极后果，加快转变经济发展方式，促进经济社会全面发展。2013年11月，党的十八届三中全会《中共中央关于全面深化改革若干重大问题的决定》明确提出，纠正单纯以经济增长速度评定政绩的偏向，并具体提出完善发展成果考核评价体系，除了经济增长指标外，加大资源消耗、环境损害、生态效益、产能过剩、科技创新、安全生产、新增债务等指标的权重，更加重视劳动就业、居民收入、社会保障、人民健康状况等。2013年12月，中共中央组织部印发了《关于改进地方党政领导班子和领导干部政绩考核工作的通知》，要求各地组织部门"要突出政绩考核工作的科学发展导向、完善政绩考核评价指标、对限制开发区域不再考核地区生产总值、加强对政府债务的考核、加强对政绩的综合分析、选人用人不能简单以地区生产总值及增长率论英雄、实行责任追究、规范和简化各类工作考核，这八个方面的要求为地方政绩考核指明了新方向"。① 因此，地方党委、政府要树立科学的政绩观，探索新形势下行之有效的绩效考核指标，从根本上改变对地方政府只以 GDP 考核评价的错误做法，合理全面设置政绩考核指标体系，突出发展质量、生态效益、社会管理、改善民生、党的建设等方面的考核评价，并增加科技创新、资源消耗、文化教育、社会保障、政府负债等权重指标。

关于 GDP 含金量这个指标已经引起了人们的广泛重视。内蒙古要尽快引入 GDP 含金量这一指标。GDP 含金量是一个地区城乡居民收入水平与 GDP 的比值。它不仅能够反映一个地区的经济发展总量及其发展水平，而且更能够反映出这个地区的经济发展给这个地区的老百姓所带来的实际物质利益水平。所以采用 GDP 这一指标衡量地方政府的业绩，会促进地方政府不仅仅追求经济增长速度最大化，而应该追求在合理经济增长速度基础上的居民收入最大化。自然而然会弱化地方政府对 GDP 增长的热衷，坚持从群众利益出发，积极改善城乡居民福利，关注居民实际生活水平的提升。除了 GDP 含金量，还应该增加绿色 GDP 考核内容。所谓绿色 GDP 是从生产总值中，扣除资源环境成本以后的生产总值，这样的 GDP 是更加真实的。实行绿色 GDP 核算可以有效地改进技术，大大减轻积极发展对生态环境的破坏，促进经济与生态协调发展。多年的发展实践证明，经济增长速度并不代表一切，在当前经济转型阶段，内蒙古要切实防止牺牲环境换取经济增长、举债搞"政绩工程""新官不理旧账"等现象的重演，以提高经济增长质量和改善人民群众生活为根本，处理好局部和整体、眼前和长远的利益关系，促进经济社会全面协调可持续发展。

五、塑造内蒙古经济发展软环境

经济软环境的塑造是内蒙古在未来几年发展面临的一个重大任务，

---

① 改进政绩考核．推动科学发展专题［J］．党建内参，2014（1）：1-11．

经济软环境是一个需要结合内蒙古本身投资条件、投资环境、资源开发计划和环境保护的综合性环境，而绝不仅仅是投资环境。因此，软环境建设具有很大难度和挑战。2016年发布的21世纪经济研究院课题组关于全国《2016年投资环境指数报告》，选取了6大类指标，分别是软环境（权重30%）、市场环境（20%）、商务成本环境（权重15%）、基础设施（权重15%）、生态环境（权重10%）、社会服务环境（占10%），来测算各地投资环境。结果内蒙古排在倒数第8位，且民间投资增长速度列后3位。这说明内蒙古民间投资环境还有很大的改进空间。

多年来，一些地方政府为了吸引区外资本进驻，往往过度提供优惠条件，降低了招商引资门槛，结果就造成了对资源的过度开采，和对生态环境的极度破坏。因此，软环境的塑造不是简单的招商引资和给予投资优惠。软环境建设要具有引导性，主要引导投资者向内蒙古的科技研发、信息咨询等高端服务业上来，要对内蒙古产业结构调整、经济转型升级产生积极的促进作用。软环境的建设要与国家"主体功能区"建设结合起来，对不同区域、不同产业的不同开发可以通过软环境塑造加以引导。软环境建设更要同人才支撑体系建设结合起来，高等院校主动向应用型方向转变，对接地方产业需求，为地方经济转型升级提供人才支持。软环境建设要重视培育良好的市场环境，激发企业等各类市场主体投资、创业和创新的活力。为了充分发挥市场决定资源配置基础作用，为民间资本投资和民营企业创新发展提供良好的市场环境，必须防止政府对微观经济活动的直接干预，并以法律形式维护平等的市场准入、产权保护和公平的市场竞争，以利于市场机制发挥资源配置作用。软环境的塑造是一个庞大的系统工程，不可能一蹴而就，需要进行合理规划，逐步实施，不能过分盲目地强调招商引资，软环境是经济建设的前提，不能用招商多少来衡量，不能本末倒置。当前应积极落实中央关于开放民间资本投资的各项政策以及自治区非公有制经济工作会议精神，加快推进体制机制创新，主要包括垄断行业向民间资本开放，促进民间投资从传统产业向现代产业转移，特别是破除民间投资进入现代制造业、高新技术产业和现代服务业的"门槛";发展民间资本与国有资本的混合所有制经济;积极推动金融体制改革,加快建立多层次、广覆盖、有差异的地方现代金融服务体系,引导民营企业从多种渠道获得融资;采取有效措施为民营企业减负,降低融资成本、物流成本、用电成本、社保成本等。

第五节　以绿色发展理念引领内蒙古生态文明建设

党的十八大报告指出:"把生态文明放在突出地位,融入经济建设、政治建设、文化建设、社会建设各方面和全过程。"党的十九大报告则提出:"加快生态文明体制改革,建设美丽中国。"这不仅标志着我们党在实践基础上对生态文明的认识达到了新的高度,也标志着生态文明建设已经成为中国特色社会主义发展道路的一个基本点和社会主义现代化建设的主要领域。党的十八届五中全会又提出了绿色发展理念。内蒙古多年来的经济高增长是在特定时期以特定方式实现的,大规模投资支撑、资源的超强度开采、生态环境破坏是成就内蒙古经济高增长所付出的必要代价。进入"十三五"时期,内蒙古应该牢固树立绿色发展理念,把生态文明建设提到空前高度。必须将合理开发和节约利用资源放到国家发展全局考虑,通过开源节流、节约利用,增强经济社会发展的资源保障能力。经济增长必须以保护生态环境为基本前提,将内蒙古资源环境承载能力作为开发建设活动的约束条件,严格环境准入,从而实现对自然资源的永续利用。

内蒙古的生态文明建设意义十分重大。内蒙古近些年来重点发展冶金、电力、煤化工、电解铝、盐化工等一批资源型产业,基本上都是耗水和"三废"大户,这些产业的发展,水资源是否可以保障,生态环境是否可以承受,不仅关系到这些产业的发展前景,更关系到内蒙古经济未来的可持续发展。"金三角"中的呼包二市水资源严重缺乏，而号称内蒙古"煤都"的鄂尔多斯市，恰恰是全区荒漠化、沙化严重地区之一。再往西部的阿拉善盟已经是茫茫沙漠，是我国沙尘暴源头之一；乌海过去作为自治区的一个煤炭资源城市，现在已列入了全国资源枯竭城市，发展遗留的环境问题还没有很好解决；东部的科尔沁草原早已经退化为沙地，在生态地理学上被命名为科尔沁沙地；锡林郭勒、呼伦贝尔两大草原也在工业化发展中，随着露天煤矿开采的扩大，不仅面积日趋减少，而且在快速退化。生态环境的建设，是内蒙古地区最大的基础建设。当前要彻底摒弃"先开发、再环保""先污染、后治理"的传统发展观念，树立"生态环境建设优于经济建设""生态安全重于经济安全"的新的可持续发展观念，正如习总书记所说的"绿水青山本身就是金山银山""要像保护眼睛一样，保护生态环境"。因此，应把内蒙古的生态环境建设提高到发展战略的高度，作为最大的基础设施工程，坚持长期建设。

一、实施生态保护工程

内蒙古地处干旱、半干旱地区，气候稳定性差，生态环境十分脆弱，一旦遭到破坏，很难在短时间内得到恢复，所以，防止水土流失和土地荒漠化的意义十分重大。在经济发展过程中始终要把高度重视生态环境保护工程。正如党的十九大报告所提出的，我们要牢固树立社会主义生态文明观，推动形成人与自然和谐发展现代化建设新格局，为保护生态环境作出我们这代人的努力！

第一，落实好国家主体功能区规划。要按照全国主体功能区规划，确定内蒙古优先开发、重点开发、限制开发、禁止开发等主体功能区。严守生态红线，保障国家和区域生态安全。生态空间边界一旦划定，就要实施严格的用途管制，无论所有者是谁，无论是优先开发区域，还是限制开发区域，都要遵循用途管制，不得任意改变。

第二，要加强草原保护与建设。草原对于内蒙古经济社会发展具有极其特殊的意义，有了草原就有了绿色，有了草原就有了草原文化，有了草原就有了草原旅游，因此，应该像保护眼睛一样，保护草原。按照草畜平衡、"以草定畜"原则，实施退（耕）牧还草、禁牧舍饲等工程，彻底解决草原超载和过牧的问题。严禁在草原开地，对于已经开垦或水土流失的耕地，必须严格按照国家的有关政策规定，尽快退耕还草、还湿，在资金和项目上予以重点支持。积极争取中央财政资金转移支付，扩大"草原奖补"政策实施范围，适当提高奖补标准，充分调动广大农牧民退耕还草的积极性。要处理好发展畜牧业与草原保护的关系，沙化严重地区要坚决禁牧；中度退化沙化草原，要适度禁牧；半农半牧区旗县要以舍饲为主。要制定相关政策促进传统畜牧业向现代畜牧业转型，积极发展节水灌溉饲草料基地，积极发展沙地草业，鼓励企业进口优质牧草，缓解天然草原过牧压力。

第三，稳步实施生态移民工程。对人口稠密，土地退化，植被稀少，生态脆弱而位置又十分重要，基本不适于人居住的地区，要果断进行生态移民，建立"生态无人区"，减少人为破坏，促进生态环境休养生息和良性恢复。

二、合理开采和有效利用资源

党的十八届五中全会进一步强调了绿色发展理念，提出"全面节约和高效利用资源，树立节约集约循环利用的资源观"。党的十九大则强调"推进绿色发展，加快建立绿色生产和消费的法律制度和政策导向，建立健全绿色低碳循环发展的经济体系。"内蒙古虽然是资源富集地区，但资源富集总是相对的。国内外实践已经证明，经济学上的"资源诅咒"命题是成立的，而且，历史上遭受"资源诅咒"国家和地区也不乏其例。对资源的不适当开发利用，不仅会加快资源耗竭，而且还会造成生态环境破坏。要实现经济发展与生态文明共赢，在资源开发方面就要坚持可持续和循序渐进的原则，不能一哄而起，到处乱采乱开，任何开发项目都要做到科学规划，合理布局，杜绝重复建设、盲目建设。在资源开发立项审批上务必坚持"生态优先"和"清洁环保"的原则。在确定某种资源能否开发时,把对生态环境的影响放在第一位;如果没有把握保障生态安全或环境保护时,宁可不开发或者推迟开发,决不能走"先开发、后治理"的老路。

提高资源有效利用和综合利用。积极发展热电联产和集中供热,提高城市集中供热和使用清洁能源的比例。实施燃煤电厂脱硫工程,减少二氧化硫排放,以电力、水泥、电解铝等行业为重点,淘汰落后生产工艺和技术,实现工业大气污染全面达标排放。实现固体废弃物减量化、资源化、无害化,积极开展煤矸石、粉煤灰、冶炼废渣、尾矿和生活垃圾的回收和综合利用。要重视矿区生态建设尤其是老矿区的生态恢复,诸如对乌海、鄂尔多斯市棋盘井区、赤峰市元宝山区、包头石拐区、满洲里市扎赉诺尔区、呼伦贝尔大雁和宝日希勒矿区、通辽霍林河矿区8大资源枯竭矿区,主要交通干线两侧采石和采砂坑等。

内蒙古要充分用足用好国家的资源税政策,促进资源开发和利用的节约。2011年11月1日《国务院关于修改中华人民共和国资源税暂行条例的决定》开始实施,资源税税额由"从量计征"改为"从价计征",从"量"到"价"的改变是我国资源税政策的重要调整。对内蒙古来说,应以资源税改革为契机,出台有关资源税征收的实施细则,用足用好国家政策,适当适时调整资源税率,发挥资源税的调节作用,促使企业合理开发利用各类资源,实现节能降耗、集约开发,促进经济发展方式的转变。

三、完善生态保护和建设补偿机制

按着等价交换原则,要对生态产品生产者给予补偿,对生态产品消费者要收费。由于我国生态补偿制度起步比较晚,生态补偿标准普遍偏低,跨行政区的生态补偿系统服务提供方和受惠方之间的补偿架构薄弱。所以,中央财政要加大对重点生态功能区、特别是西北地区和民族地区的生态补偿转移支付力度落实并提高生态环境保护补偿基金，同时提高资源税收标准，用于支持生态脆弱区和资源富集区发展替代产业，增加当地居民收入，避免"生态贫民""资源贫民"现象。要将资源型地区列入生态环境综合治理重点地区，实施统一的补偿政策，研究探索生态补偿主客体、补偿方式、补偿标准、资金渠道、检测评估、监管办法等，增加资源型地区生态环境保护建设专项资金。突出搞好国家重点生态项目建设，加大生态补偿投入力度，加强监督，确保生态补偿资金发挥效益。同时积极推动国家有关部门加快出台生态补偿政策法规，建立健全生态补偿长效机制。

四、改革生态环境监管体制

依法治理是对生态文明建设的基本要求。迄今为止，我国已经制定了多部环境保护法律和自然资源法律，还有50多项环境保护行政法规。但有许多法律法规并没有得到严格执行。主要原因就是地方保护主义造成"有法不依、执法不严、违法必究"的现象比较普遍，对应该关闭的污染企业长期下不了决心、动不了手。因此，应认真学习党的十九大报告所提出的改革生态环境监管体制，以加强对生态文明建设的总体设计和组织领导。进一步加大环境治理力度，实行最严格的环境保护制度，建立和完善严格监管污染物排放的环境保护制度。为了使环保监测执法具有独立性、权威性，盟市以下环保机构监测监察执法由自治区人民政府垂直管理。对造成生态环境损害的责任者，要坚决赔偿，对构成犯罪行为的要追究刑事责任。

五、将生态环境建设指标纳入干部考核体系

应将生态环境建设指标包括资源消耗、环境损害、生态效益等纳入地方各级干部考核体系当中，各类建设项目一律进行事前项目生态保护评估，统筹经济效益、社会效益和生态效益。凡是危及生态环境安全的项目，无论近期效益有多高，都要实行"一票否决制"。要逐步

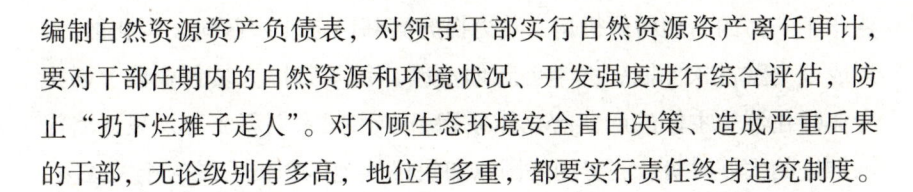

编制自然资源资产负债表，对领导干部实行自然资源资产离任审计，要对干部任期内的自然资源和环境状况、开发强度进行综合评估，防止"扔下烂摊子走人"。对不顾生态环境安全盲目决策、造成严重后果的干部，无论级别有多高，地位有多重，都要实行责任终身追究制度。

第六节　本章主要结论

　　破解民族地区在经济高增长阶段消费率持续偏低的困境，应从投资和收入分配两个方面入手，加快经济结构调整，促进经济发展方式转变，同时调整国民收入分配关系，提高城乡居民收入水平，并进而提升消费水平和消费能力。为此，还要实行强有力的公共政策，引导经济发展方式由投资主导型向消费主导型转变。具体包括实施创新驱动发展战略、提振城乡居民消费、完善社会保障体系、深化行政管理体制改革以及推进生态文明建设五个方面的政策支点。

　　1. 实施创新驱动发展战略，加快技术进步。这对内蒙古资源型产业的升级和经济发展方式转变具有特殊重要的意义。一是要明确重点领域技术跨越目标，集中有效资源，实施技术赶超战略，以集成创新和引进消化吸收再创新为主，在一些关键行业和领域，要瞄准国内外领先技术，直接加以应用吸收，通过技术赶超带动自治区产业发展的跨越。重点在新能源、新材料、煤化工、信息技术、生物技术、装备制造、绿色农畜产品、资源与环境保护、高端服务业等领域开展关键技术攻关，破除产业发展技术瓶颈，为培育发展一批战略新兴产业和高新技术产业奠定雄厚的技术基础。二是实施企业创新工程，构建以企业为主体的创新体系。积极引导大中型企业组建研发机构，增加研发投入，建立创新团队，不断提高自主创新能力。支持高科技企业发展，特别要加强对中小科技企业的支持力度。三是增加科技投入，提升科研创新能力。要围绕优势特色学科建设一批自治区重点实验室，鼓励、支持组建一批以市场为导向、以企业为主体，集科技创新与产业化于一体的新型科研机构。着力提升高新区创业园区科技孵化能力，形成以内蒙古软件园、大学创新创业园、留学归国人员创业园、稀土专业孵化器为主体的产业孵化体系积极利用国家创新驱动发展战略深入推进的大好时机，充分用好国家加快民族地区积极发展的相关政策，营造出良好的创新生态，积极争取建设一批自治区级和国家级的高新技术产业园区和创新试验区，打造出独具自己特色的创新集聚区。四是注重营造区域创新生态，积极培育创新集聚区。内蒙古应该及早谋划，积极利用国家创新驱动发展战略深入推进的大好时机，充分用好国家加快民族地区积极发展的相关政策，营造出良好的创新生态，积极争取建设一批自治区级和国家级的高新技术产业园区和创新试验区，打造出独具特色的创新集聚区。五是增加教育投入，重视科技人才培养。内蒙古由于科技经济发展整体状况与发达省区相比还有很大差距，应引育并举的原则，短期着眼于引进，长远着眼于培养，针对行业发展特殊需求，采取特殊的人才支持，进一步加大高层次领军人才和高水平创新团队的引进、培养力度，重点支持行业特需、基层一线和青年人才引进、培养，在创新实践中，发现人才、培育人才、凝聚人才。

2. 启动内需，发挥需求对经济增长的拉动作用。一是增加城乡居民收入，提高居民消费水平。内蒙古当前要提高居民收入在国民收入分配中的比重，提高劳动者报酬在初次分配中的比重，努力实现城乡居民收入增长与经济增长同步。积极推进收入分配制度改革，保护合法收入、取缔非法收入、整顿不合理收入、调节过高收入。二是培育消费热点，拓宽消费领域。主动适应经济发展新阶段新要求，顺应城乡居民消费转型升级的变化趋势，挖掘消费热点，拓展消费市场，促进消费升级，适时扩大居民消费领域，增加服务性消费。加快规范和改善消费环境，为扩大内需、增加消费、提高消费率、改善民生提供必要保障。在温饱型消费满足以后，应该适时促进消费转型升级，鼓励高端消费。三是扩大消费信贷，加大居民消费的金融支持力度，内蒙古应该加大对居民消费信贷的支持力度。针对不同收入群体、不同年龄的消费者，开发首付比例、借贷利率、还款方式等不同的消费信贷产品；大力发展传统信用卡业务的同时，鼓励开发多样化的电子金融信用消费业务，适时启动余额宝、支付宝、微信支付等信用消费；积极开发农村信用消费产品，探索农村土地、宅基地、房产抵押贷款消费，提高农村居民消费能力；进一步加强金融监管，防止各类金融监管利用理财产品高息吸储，降低居民储蓄冲动，扩大居民现实消费，有效释放城乡居民潜在的消费能力。四是改善消费环境，实施鼓励消费政策。就当前的消费环境来看，最主要的就是落实国家有关食品质量安全的各项政策法规，建立健全消费市场监测、应急和处理体系，将开展专项整治、严厉打击假冒伪劣整治市场秩序等落到实处。要以建立食品药品安全标准体系、监测体系、生产流通全过程可追溯体系、市场准入制度、召回制度、诚信体系等为重点，促进消费市场有序竞争，建立覆盖各环节的食品药品安全监管制度，严厉打击各种消费侵权行为，为社会交易和居民消费打造一个规范、安全、舒适、可信的消费环境，提高人们的消费意愿。要研究制定促进中低收入者消费需求的财税政策和收费优惠政策；积极提倡绿色消费、循环消费、生态消费，加大节能、节水和环保产品的消费政策支持力度。五是改善最终消费内部结构，提高居民消费占比。应该通过政府管理体制、预算体制和收入分配制度改革，促进政府转变职能，大幅度压缩"三公经费"，降低各级政府运行成本支出，以此调整最终消费构成中，政府消费占比，提高居民消费占比，用政府的"紧日子"换来老百姓的"好日子"。

3. 完善城乡社会保障体系，促进社会公平和谐。在居民收入水平一定的条件下，一个地区的公共需要水平如果长期得不到提升，居民的消费水平也不能提升，过高的储蓄率自然不能降下来，消费对经济的拉动作用也不可能充分发挥出来。一是尽快建立城乡统一的社会保障体系。将农民工纳入城市社会保障体系，为他们在城市工作生活撑起保护伞。要加快整合城乡居民的基本养老保险制度，要建立无差别的覆盖城乡全体居民的社会保障待遇。逐步增加公共财政对农村牧区保障投入，在农村牧区构建起包括养老保险、社会救济和最低生活保障在内的三道社会保障线。二是增加医疗卫生公共投入，完善医疗保障制度。加大对公立医院的财政差额补助，改善公立医院医疗条件，尽快扭转"以药养医"的错误做法，最大限度降低患者的医疗负担；建立覆盖全社会的医保体系，逐步实现城乡统筹，将城乡各弱势群体纳入医保范围，使他们遇到各种疾病能够得到及时救治；提高财政对医保基金的支持力度，进一步扩大医药费用报销范围，大幅度提高报销标准；要更加重视农村牧区医疗卫生事业发展，逐步实现城乡医疗卫生一体化。三是内蒙古当前要进一步完善公共教育政策，实现教育机会均等，促进教育均衡发展。要将落实九年义务教育制度落到实处。防止困难家庭子女为了解决家庭生活来源而辍学，确保每一个贫困家庭的孩子都有学可上。要大幅度增加各级政府教育经费投入，力争自治区教育经费占GDP的比重达到或全国平均水平。要多渠道筹措教育经费，健全政府主导、社会参与、办学主体多元、充满生机活力的办学体制。

4. 深化行政体制改革，转变政府职能。一是按照社会主义市场经济的基本要求，切实把各级政府的职能从过去的直接管理，转变到主要为企业提供良好服务和创造完善的市场环境上来。要进一步加强政府治理体系和治理能力建设，深化政府机构改革，理顺层级之间、部门之间职责，提高行政效率，降低行政成本。二是深化行政审批制度改革。要取消和下放不必要的行政审批事项，简化行政审批程序，原则上凡是市场能够调节的经济活动，应一律取消审批。要优化审批流程，减少审批环节，提高审批效率，有效降低办事成本，为经济发展创造出良好环境。三是深入推进财政税收制度改革。要以税收制度改革为突破点，合并国税局与地税局两套税收机构，合理划分中央与地方税收来源，科学设计中央政府与地方政府的收入分配关系，确保地方政府尤其是欠发达地区的政府有稳定的收入来源，有足够财力履行公共职能。要进一步优化税收结构，深入推进个人所得税改革和"营改增"，适当提高环境税征收标准，尽快出台房产税。四是地方党委、政府要树立科学的政绩观，探索新形势下行之有效的绩效考核指标。从根本上改变对地方政府只以 GDP 考核评价的错误做法，合理全面设置政绩考核指标体系，突出发展质量、生态效益、社会管理、改善民生、党的建设等方面的考核评价，并增加科技创新、资源消耗、文化教育、社会保障、政府负债等权重指标。五是塑造内蒙古经济发展软环境。当前应积极落实中央关于开放民间资本投资的各项政策以及自治区非公有制经济工作会议精神，加快推进体制机制创新，主要包括垄断行业向民间资本开放，促进民间投资从传统产业向现代产业转移；积极推动金融体制改革，加快建立多层次、广覆盖、有差异的地方现代金融服务体系；采取有效措施为民营企业减负。

5. 以绿色发展理念引领内蒙古生态文明建设。内蒙古应该牢固树立绿色发展理念，把生态文明建设提到空前高度。一是在经济发展过程中始终要把高度重视生态环境保护工程。要按照全国主体功能区规划，确定内蒙古优先开发、重点开发、限制开发、禁止开发等主体功能区。二是合理开采和有效利用资源。在资源开发立项审批上务必坚持"生态优先"和"清洁环保"的原则，如果没有把握保障生态安全或环境保护时，宁可不开发或者推迟开发，决不能走"先开发、后治理"的老路。三是完善生态保护和建设补偿机制。要将资源型地区列入生态环境综合治理重点地区，实施统一的补偿政策，研究探索生态补偿主客体、补偿方式、补偿标准、资金渠道、检测评估、监管办法等，增加资源型地区生态环境保护建设专项资金。四是改革生态环境监管体制。为了使环保监测执法具有独立性、权威性，盟市以下环保机构监测监察执法由自治区人民政府垂直管理。对造成生态环境损害的责任者，要坚决赔偿，对构成犯罪行为的要追究刑事责任。五是生态环境建设指标包括资源消耗、环境损害、生态效益等纳入到地方各级干部考核体系当中，各类建设项目一律进行事前项目生态保护评估，统筹经济效益、社会效益和生态效益。凡是危及生态环境安全的项目，无论近期效益有多高，都要实行"一票否决制"，对领导干部实行自然资源资产离任审计。

第六章

结论与展望

第一节 研究结论

进入 21 世纪以来，内蒙古经济发展步入快速工业化阶段，其中，2001~2010 年这 10 年间是内蒙古历史上经济增长最快时期，2011 年内蒙古人均国民生产总值达到了 57974 元，按当年人民币对美元汇率 6.5 折算，人均达到 8919 美元，已经超过中等收入国家水平。但与中等收入国家相比，内蒙古的消费率要差将近一半。内蒙古在经济高增长阶段消费率持续走低，不仅低于国内外公认的标准值，也低于全国平均水平。据统计，截至 2014 年内蒙古的消费率为 40.3%；而全国的平均消费率为 51.4%。这说明内蒙古的消费率比全国低出了 11.1 个百分点，与钱纳里提出的国际标准 77% 相比，则更是低出了近 37 个百分点。本书的目的就是运用相关经济学理论，特别是国内外关于消费率研究的一般性方法与成果，深入研究内蒙古进入快速工业化阶段以后消费率变化的特点，及其消费率持续下降的深层次原因与特殊性和复杂性，进而揭示出民族地区单纯以扩大资源型产业投资的方式推进工业化与拉动经济增长的粗放型发展方式与消费率持续下降之间的因果关系，并表明民族地区单纯倚重自然资源优势，过度利用资源型产业推进工业化的发展方式是不可持续的，进而提出民族地区抑制或避免消费率持续下降的有效路径及其政策支点。

本书的结论如下。

一、内蒙古的消费率持续下降有着深刻的内在发生机理

内蒙古在经济高增长阶段消费率持续走低，不仅低于国内外公认的标准值，也低于全国平均水平。这说明内蒙古近10年来的投资率和消费率变化不仅偏离了国内外所公认的标准值，也偏离了快速工业化阶段所能允许的最大变化区间。内蒙古在经济高增长阶段所出现的消费率持续下降有着深刻的内在发生机理，与长期投资资源型产业拉动经济增长及其所致的经济结构失衡密不可分。内蒙古的高投资虽然换来了经济高增长，但内蒙古处于工业化初期，且投资主要集中于资源型产业，由此引发经济结构失衡，而失衡的经济结构必然会扭曲收入分配结构，拉大收入差距，进而导致消费率下降和消费不足。这时的经济增长虽然实现了高速增长，但脱离了消费驱动，一旦资源型产业达到市场饱和状态，供给结构不合理和产能过剩等问题会突然爆发出来，大规模投资于资源型产业已不可能，而投资于消费品产业又受制于消费不足的制约。这时的经济增长会因为投资与消费双不足而陷于长期乏力状态。

二、内蒙古在快速工业化阶段消费率持续下降具有深层次原因

导致内蒙古快速工业化阶段消费率持续下降的原因是多方面的，具体表现为投资规模偏大与投资结构不合理、收入分配结构、居民收入差距特别是城乡居民收入差距拉大等三方面原因。首先，内蒙古长期投资规模偏大且结构不合理是导致消费率持续偏低的主要因素。内蒙古从2000年以后出现消费率持续下降，这正是内蒙古依靠大规模投资拉动经济高速增长时期。2000~2012年，内蒙古的投资率年均增长

率达到了 31.84%，大大高于全国平均水平。因为长期高投资，投资率持续上升，不断挤压消费，致使消费率持续下降。其次，内蒙古的国民收入初次分配和再分配结构不合理，导致城乡居民可支配收入占比下降，这也是内蒙古消费率持续下降的一个重要因素。最后，由于内蒙古居民收入差距不断扩大，特别是农牧民长期收入水平偏低，制约了消费倾向的提高，从而成为制约内蒙古居民消费率提升的又一个因素。

三、内蒙古消费率持续下降暴露了投资驱动的经济增长模式是不可持续的

内蒙古坚持以加大资源型产业投资、以发展重化工业推进工业化，短期看实现了经济高增长、并加快了工业化步伐，总体上增强了民族地区经济发展实力；但长期看是不可持续的。内蒙古在快速工业化阶段，为了追求 GDP 高增长，从充分发挥自身资源优势出发，发展以资源型产业为主导的重化工业推进工业化，这固然有其合理的一面。但长此以往，过度发展资本密集的资源型产业，不仅产业结构低端化、附加值低、抗风险能力弱，而且不可避免造成生态环境破坏、资源过度开采，进一步加剧工业化、经济增长与资源与环境双重约束的矛盾。另外就是资源型产业的过度发展挤压了一般制造业和服务业的发展，特别是弱化了第三产业发展，日趋加重产业结构不合理的状况，同时降低了经济增长对就业的充分吸纳，使劳动收入占比在国民收入分配结构中偏低，不利于城乡居民收入水平提高，进而弱化城乡居民消费能力和消费水平提升，反过来又导致消费无法发挥对经济增长的有效拉动作用。总之，脱离了消费的经济增长，即使增长的再快，由于不能带动城乡居民消费水平的提升，因而不能促进人的发展，这与共享发展理念是背道而驰的。

对于一个地区来说，消费率长期偏低对经济发展会产生两个负面影响：一是消费率偏低会制约服务业发展空间，使产业结构升级面临

着巨大挑战。一方面因为内需不足使得许多依赖消费需求的服务业发展缓慢，如文化、旅游、医疗保健等服务产品供给不足，难以满足居民消费结构升级的需要。另一方面，由于内需不足，很多产品不得不出口到国外，由此导致围绕产品销售的设计、维修、物流及售后服务等为生产服务的第三产业也在国外。二是消费率偏低会导致投资驱动型增长模式不断自我强化。特别是很多投资不能与国内市场需求相匹配，内蒙古的许多资源型产业投资是属于低附加值的生产，当遇到国际经济不景气或国内经济下行压力时，极易产生产能过剩现象。与此同时，市场所需要的高档产品与消费品又缺乏有效供给。这时政府为了稳增长，又会启动新一轮更大规模的投资，结果又会进一步强化投资驱动的经济增长模式，制造出更加严重的低端产品产能过剩，从而使经济增长陷入低水平恶性循环的怪圈。

四、破解内蒙古消费率持续偏低的路径选择

保持消费率的合理水平是促进民族地区经济又好又快发展和社会全面进步的必要条件之一。其基本路径就是从根本上改变失衡的经济增长模式，即以优化内蒙古投资结构为切入点，改变对资源型产业的过度依赖，尽快调整不合理的经济结构，实施供给侧改革，压缩过剩产能，促进经济发展方式从投资主导型向消费主导型、从要素投入型向创新驱动型转变；要加快调整国民收入分配结构，提高城乡居民收入占比，大幅度提高城乡居民收入水平，尽快提升内蒙古城乡居民消费水平，调整经济增长动力结构，充分发挥消费拉动作用。加快推进以经济体制改革为核心的各项改革，充分发挥市场机制在资源配置中的基础作用，处理好政府、市场和社会各自的边界和责任，实现经济发展方式的根本转变；坚持共享发展，明确经济增长的根本目的在于提高全体居民的消费质量和水平、在于促进人的发展。"发展为了人民、发展依靠人民、发展成果由人民共享"，为此，需要改变以GDP增长为目标的政绩观，不以GDP论英雄，纠正"唯GDP论"的发

展模式。

五、解决内蒙古消费率持续偏低的政策支点

破解民族地区破解消费率持续走低难题要调整政府的公共政策导向,用强有力的公共政策引导经济发展方式由投资主导型向消费主导型转变,并采取强有力的政策措施,促进居民消费能力和消费水平提高。

一是实施创新驱动发展战略,积极打造"创新内蒙古"。要明确重点领域技术跨越目标,集中有效资源,以集成创新和引进消化吸收再创新为主,瞄准国内外最先进的技术,通过技术跨越带动重点产业发展;要组织实施企业创新工程,重点支持一批高科技企业发展;进一步加大财政的科技投入力度,鼓励企业进行自主投资,建立多元化、多渠道的科技投入体系;积极利用国家创新驱动发展战略深入推进的大好时机,充分用好国家加快民族地区积极发展的相关政策,打造出独具特色的创新集聚区,通过设立创新集聚区实现产业转型和创新驱动促进地方经济发展。

二是启动内需,发挥消费对经济的拉动作用。坚持"以民为本""关注民生",保持适当的经济增长速度,大幅度提高居民的消费能力和消费意愿,进而改善居民的生活质量,实现经济社会和谐发展目标;结合"十三五"规划,制定积极的收入分配制度改革方案以及城乡居民收入倍增计划,确保城乡居民收入增长率与经济增长率同步,甚至略高于经济增长率,以便更加有利于各阶层城乡居民形成良好的收入预期,进而达到改善消费倾向的目的;加快规范和改善消费环境,为扩大内需、增加消费、提高消费率、改善民生提供必要保障。

三是进一步完善社会保障体系,促进社会公正和谐。内蒙古要抓紧时间建立起覆盖城镇各类从业人员的社会保障体系,特别是应当将进城务工人员尽快纳入城市社会保障体系,建立无差别的覆盖城乡全体居民的社会保障待遇。要加快整合城乡居民的基本养老保险制度逐

步加大公共财政对农村牧区保障制度建设的投入，在农村牧区构建包括养老保险、社会救济和最低生活保障在内的三道社会保障线，让农牧民老有所养、病有所医和病有所济，进而缩小城乡居民在享受社会保障方面存在的差异。内蒙古应该将增加医疗卫生公共投入，完善医疗保障制度作为民生工程的重要内容，采取切实可行的有力措施加以落实。要改善公立医院医疗条件，尽快扭转"以药养医"的错误做法，消除医院简单以营利为目的，最大限度降低患者的医疗负担；建立覆盖全社会的医保体系，逐步实现城乡统筹，取消"三六九"等不合理的分类。要积极落实九年义务教育，一方面要开展九年义务教育宣传，在全社会营造重视教育的良好氛围，消除所谓"读书无用论"；另一方面要帮助农村牧区的贫困家庭解决实际困难，防止子女辍学，确保每一个家庭的孩子都有学可上。要继续增加教育经费投入，力争教育经费占GDP的比重在今后三年内达到全国平均水平，并逐步提高。

四是深化行政体制改革，建设现代服务型政府。要按着社会主义市场经济的基本要求，切实把各级政府的职能从过去的直接管理，转变到主要为企业提供良好服务和创造完善的市场环境上来。要进一步加强政府治理体系和治理能力建设，深化政府机构改革，提高行政效率，降低行政成本，建立高效政府。一定要突出和强化政府的社会管理和公共服务职能，促进各级政府从全能型、管制型向管理型、服务型转变。凡不需要政府投资的一般性项目以及非限制类项目，均应取消审批或登记备案等。要树立科学的政绩观，探索新形势下行之有效的绩效考核指标，从根本上改变对地方政府只以GDP考核评价的错误做法，科学合理设置政绩考核指标体系，更加突出发展质量、改善民生、生态效益及社会管理等方面的考核评价，并适当增加科技创新、资源消耗、文化教育、社会保障、政府负债等权重指标。

五是推进生态文明建设，建设绿色内蒙古。内蒙古应该牢固树立绿色发展理念，把生态文明建设提到空前高度。必须将合理开发和节约利用资源放到国家发展全局考虑，通过开源节流、节约利用，进一步增强经济社会发展的资源保障能力。经济增长必须以保护生态环境为基本前提,将内蒙古资源环境承载能力作为开发建设活动的约束条件,严格环境准入,从而实现对自然资源的永续利用。要彻底摒弃"先开发、再环保""先污染、后治理"的传统发展观,树立"生态环境建设优于经济建设""生态安全重于经济安全"的可持续发展观,把内蒙古的生态环境建设提高到发展战略的高度,作为最大的基础设施工程,坚持长期建设。要将资源型地区列入生态环境综合治理重点地区,实施统一的补偿政策,研究探索生态补偿主客体、补偿方式、补偿标准、资金渠道、检测评估、监管办法等,增加资源型地区生态环境保护建设专项资金。高度重视国家重点生态项目建设,加大生态补偿投入,确保生态补偿资金发挥效益。要进一步加大环境治理力度,改革生态环境监管体制建立严格监管污染物排放的环境保护制度,盟市以下环保机构监测监察执法由自治区人民政府垂直管理。对造成生态环境损害的责任者要严格实行赔偿,对构成犯罪的要依法追究刑事责任。凡是危及生态环境安全的项目,无论近期效益有多高,都要实行"一票否决制"。

第二节 研究展望

本书主要采用定性与定量分析、实证与规范分析、横向与纵向归纳分析、比较分析、案例分析等多种研究方法,从民族地区进入快速工业化阶段的实际出发,并从理论经济学、发展经济学、区域经济学、资源经济学、民族学、公共政策学等多学科、多视角,深入研究内蒙古进入快速工业化阶段以后消费率变化的特点,找出导致消费率持续下降的深层次原因,进而揭示出民族地区单纯以扩大资源型产业投资的方式推进工业化与消费率持续下降之间的因果关系,并进一步分析消费率长期偏低、内需不振对内蒙古经济实现可持续增长所产生的负面影响。在此基础上提出民族地区避免消费率持续下降和实现经济可持续发展的有效路径及政策支点。由于时间与研究者水平所限,本书还有很多不足之处，特别是围绕内蒙古消费率变化需要展开的研究内容还很多，为此需要进一步进行深入的细化研究。

一、关于民族地区快速工业化阶段消费率变化的合理区间的研究

钱纳里模型根据世界上大多数工业化国家的发展进程，针对投资率、消费率变化与国民收入关系进行统计回归所得到的一条基本统计规律，反映了世界各国工业化过程中投资率、消费率变化的普遍规律。但中国实际情况与钱纳里模型所确定的标准区间还是有差距的。一般认为中国的消费率偏低20%～30%，投资率偏高15%～25%。这可能是由中国特殊的国情和特殊国际发展背景下的特殊因素所决定的。这些特殊因素主要有哪些？又在多大程度上对中国投资率、消费率发生了影响？由这些特殊因素所决定的中国投资率、消费率变化的合理区间到底是多少？对这些问题多数属于定性研究，用一个具有说服力的数量模型少之又少。而关于民族地区投资率与消费率变化的合理区间模型还是一个空白。本书参照了钱纳里模型以及国内学者关于中国投资率、消费率变化区间的模型，根据民族地区工业化发展阶段的产业结构特点，提出了民族地区投资率、消费率变化的检验标准。下一步应该加强关于投资率、消费率变化区间的各种理论研究，确定民族地区的影响投资率、消费率的修正参数，在此基础上建立民族地区投资率、消费率变化的数量模型。

二、关于新常态下民族地区经济发展方式转变的细化研究

虽然内蒙古的经济高增长时代已经过去，高投资率、低消费率的不正常状况也有所缓解，但从总体上看在新常态下内蒙古以投资驱动为主的经济增长方式是不可持续的。本书关于内蒙古消费率变化的分析，发现了民族地区经济发展方式存在的突出问题，也提出了解决问

题的路径选择，以及必要的政府政策支点。但是要看到，实践层面的经济发展方式转变必须有强大的理论研究作为支撑。这方面，下一步需要研究的问题很多。如怎样启动消费，改善内蒙古的经济增长动力结构，以摆脱对投资的过度依赖；怎样更好发挥技术创新、制度创新的作用，实现内生性增长，摆脱对自然资源的过度依赖；怎样协调好工业化与城镇化的关系，更好地走新型工业化与城镇化道路，摆脱对传统工业化与城镇化的路径依赖。所有这些问题的研究对于一个经济总量超过万亿元而跻身全国前十五位，人均 GDP 超过 1 万美元而跻身全国第十位的少数民族地区来说，都显得那么迫切、那么重要。因为这关切到民族地区的发展后劲，关切到全国区域的协调发展，更关切到民族地区的和谐稳定。

因此，在新常态下首先要认识新常态，正确把握民族地区经济的发展前景；更要主动适应新常态，积极探索民族地区新的经济增长点；还要引领新常态，努力使民族地区增长潜力转化为现实生产力。在经济新常态下，保持内蒙古经济中高速发展，应该实现四个转变：就是从投资主导性向消费主导型转变；从要素驱动型向创新驱动型转变；从资源粗放利用向资源节约型转变；从经济结构失衡向结构优化方向转变。如何实现上述"四个转变"，还需要从理论到实践层面进行全面系统的研究探索。

三、关于民族地区经济发展与人的发展关系的深入研究

党的十八届五中全会提出坚持共享发展，"必须坚持发展为了人民、发展依靠人民、发展成果由人民共享，作出更有效的制度安排，使全体人民在共建共享发展中有更多获得感"。中共中央关于制定国民经济和社会发展第十三个五年规划也提出"必须坚持因人民为中心的发展思想，把增进人民福祉、促进人的全面发展作为发展的出发点和落脚点"。党的十九大又进一步强调坚持以人民为中心，把人民对美好生活的向往作为奋斗目标。"必须始终把人民利益摆在至高无上的地

位,让改革发展成果更多更公平惠及全体人民,朝着实现全体人民共同富裕不断迈进"。这说明中央已经站在很高的政治高度确定了经济发展与人的发展的关系。在今后的经济发展过程中如何树立新的共享发展理念,把坚持以人为中心发展落到实处还有好长的路要走。我国很长一段时期以来所出现的一些结构性问题,如消费率持续低于公认的国际标准,其实就是没有处理好经济发展与人的发展的关系,"为了增长而增长、为了发展而发展",长此以往,必然出现民生保障水平低于经济发展水平,最终导致经济发展与人的发展相脱节。

  本书采用实证的分析方法,用了大量篇幅分析像内蒙古这样的民族地区在快速工业化阶段经济高速增长与消费率持续下降内在关联性。说明经济高增长与消费率持续下降不是偶然经济现象,除了内蒙古不可改变的客观因素,在发展指导思想及其发展理念的选择等主观方面的因素还是主要原因。如何解决这个问题,同样应该从解决人的认识方面入手,即进一步深化关于经济发展与人的发展的关系研究,从促进发展指导思想转变、发展战略调整等方面入手,实现经济发展方式从以投资驱动为主向以消费驱动为主转变,为将以人为中心的发展、共享发展落到实处而提供理论支持和政策支撑。

四、关于民族地区新常态下经济增长动力机制的研究

  到2015年,内蒙古GDP总量仍然达到了18032.8亿元,人均GDP达到71903元,按年均汇率计算折合为11547美元,明显高于全国平均水平。但黄金10年结束以后,进入"十二五"时期,内蒙古受到国际金融危机的影响,全国经济增长出现下行趋势,2013年、2014年、2015年、2016年分别为9%、7.8%、7.7%、7.2%。新常态不是高速增长,但也不等于低速增长,应该是中高速增长。经济增长速度下降不可怕,怕的是经济增长速度的快速下降或频繁、剧烈波动。所以,在经济转型期,如何保持内蒙古经济稳定、持续和中高速增长,是值得深入研究的。当前,内蒙古的经济增长压力主要来自四个方面:城

乡居民消费不足、经济结构失衡、技术创新偏弱以及资源与环境不可持续等。如何破解上述困扰内蒙古经济增长的瓶颈，重构内蒙古经济增长动力，确保新常态下经济中高速增长，需要学界同仁坚持理论与实际相结合，与时俱进，从对策与制度层面进行全方位、多视角的深入探索，着力解决制约内蒙古经济增长的一系列重大问题，这方面的研究任重而道远！内蒙古如何加快人力资源开发，积极利用国家创新驱动发展战略深入推进的大好时机，充分用好国家促进民族地区经济发展的相关政策，营造出良好的创新生态，使创新成为经济增长的主要动力；如何实施供给侧改革，加快经济结构转型升级，大力发展战略性新兴产业、高端制造业、现代服务业等，减少对资源型产业的过度依赖；如何深化收入分配体制改革，提高劳动收入占比，加大再分配调节力度，增强城乡居民消费能力，培育消费热点，使消费成为拉动经济增长的主要动力；如何积极推进"放、管、服"改革，转变政府职能，深化农村土地制度改革；如何多措并举，创造民营经济发展的制度环境，扩大民间投资规模，使体制机制创新成为经济增长的主要保障等这一系列问题，尚须要进行深入而细致的研究。

参考文献

［1］毕朱，柳建平．现代农业的特征及发展途径［J］．经济体制改革，2008（3）．

［2］卜春燕．内蒙古经济增长因素分析及对策研究［J］．科学管理研究，2001（4）．

［3］蔡昉，王德文，都阳．中国农村改革与变迁：30年的历程和经验分析［M］．北京：格致出版社，2008．

［4］蔡昉．中国的人口红利还能持续多久［J］．经济学动态，2011（6）．

［5］蔡跃洲，袁静．消费率影响因素与促进居民消费的几点建议［J］．中国经济导刊，2009（23）．

［6］曹立．路径与机制转变发展方式研究［M］．北京：新华出版社，2014．

［7］曹霞．西部民族地区经济增长与经济差距——以内蒙古为例［M］．北京：经济科学出版社，2009．

［8］查道中，吉文慧．城乡居民消费结构与产业结构、经济增长关联研究——基于VAR模型的实证分析［J］．经济问题，2011（7）．

［9］钞晓静．中国经济增长质量的理论与实证分析［M］．北京：人民出版社，2010．

［10］车春鹂，高汝熹，李铁霖．消费率对中国经济危害的实证分析及对策［J］．宏观经济研究，2008（11）．

［11］陈爱雪．我国战略性新兴产业研究［M］．呼和浩特：内蒙

古大学出版社，2015.

［12］陈昌兵．城市化与投资率和消费率间的关系研究［J］．经济学动态，2010（9）．

［13］陈佳贵，黄群慧，铝铁，李晓华．中国工业化进程报告（1995—2010）［M］．北京：社会科学文献出版，2012.

［14］程志强．资源繁荣与发展困境［M］．北京：商务印书馆，2010.

［15］迟福林．第二次转型［M］．北京：中国经济出版社，2010.

［16］初春霞，孟慧君．生态移民与内蒙古经济可持续发展［J］．农业现代化研究，2006（2）．

［17］邓小平．邓小平文选［M］．北京：人民出版社，2001.

［18］中国共产党第十九次全国代表大会文件汇编［M］．北京：人民出版社，2017.

［19］党的十八大文件汇编［M］．北京：党建读物出版社，2012.

［20］习近平读治国理政［M］．北京：外文出版社，2014.

［21］习近平谈治国理政（第二卷）［M］．北京：外文出版社，2017.

［22］董直庆，王林辉．分类要素贡献和中国经济增长根源的对比检验［J］．经济科学，2007（6）．

［23］杜两省．投资与经济增长［M］．北京：中国财政经济出版社，1996.

［24］杜亚丽，孟耀．投资与消费比例失调的影响及其对策［J］．东北财经大学学报，2010（2）．

［25］杜焱．大国经济增长的需求动力结构调整 以中国为例的研究［M］．上海：格致出版社、上海人民出版社，2015.

［26］樊纲，王小鲁，张立文．朱恒鹏．中国各地区市场化相对进程报告［J］．经济研究，2003（3）．

［27］樊纲，王小鲁．中国市场化指数——各地市场化相对进程报告（2000年）［M］．北京：经济科学出版社，2001.

[28] 樊纲. 让"三驾马车"均衡前行 [J]. 金融经济, 2009 (10).

[29] 樊明. 中国高投资率、低消费率的政治因素——基于中美政治制度比较的一种解释 [J]. 经济经纬, 2009 (2).

[30] 范剑平. 中国居民消费率偏低的原因分析与开拓城镇市场的对策选择 [J]. 宏观经济研究, 1999 (6).

[31] 方福前. 中国居民消费需求不足原因研究——基于中国城乡分省数据 [J]. 中国社会科学, 2009 (2).

[32] 傅家骥. 技术创新学 [M]. 北京：清华大学出版社, 1998.

[33] 傅晓霞, 吴利学. 制度变迁对中国经济增长贡献的实证分析 [J]. 南开经济研究, 2002 (4).

[34] 改进政绩考核. 推动科学发展专题 [J]. 党建内参, 2014. (1).

[35] 高保中. 收入分配与经济增长稳态转换 [M]. 北京：社会科学文献出版社, 2014.

[36] 高亳洲. 加拿大收入分配和社会保障机制给我们的启示 [J]. 安徽省情省力, 2007 (3).

[37] 高汉. 集体产权下的中国农地征收问题研究 [M]. 上海：上海人民出版社, 2010.

[38] 高铁梅主编. 计量经济分析方法与建模 [M]. 北京：清华大学出版社, 2006.

[39] 耿午. 对内蒙古区域经济发展格局的初步思考 [J]. 内蒙古统计, 2006 (2).

[40] 龚刚, 杨光. 从功能性收入看中国收入分配的不平等 [J]. 中国社会科学, 2010 (2).

[41] 古炳鸿, 李红岗, 叶欢. 我国城乡居民边际消费倾向变化及政策含义 [J]. 金融研究, 2009 (3).

[42] 郭克莎. 努力提高我国居民消费率的几点建议 [J]. 当代经济, 2011 (11).

[43] 郭克莎. 努力提高消费率特别是居民消费率的建议. http://www.sina.com.cn 2011-09-07 10:40.

[44] 郭克莎. 我国投资消费关系失衡的原因和"十二五"调整思路 [J]. 开放导报, 2009 (6).

[45] 郭庆旺, 贾俊雪. 中国全要素生产率的估算: 1979-2004 [J]. 经济研究, 2005 (6).

[46] 郭世坤. 衡量投资结构的方法论及标准 [J]. 投资研究, 1987 (5).

[47] 国务院发展研究中心农村经济部课题组. 中国特色农业现代化道路研究 [M]. 北京: 中国发展出版社, 2012.

[48] 韩卫刚. 中国投资和消费均衡问题研究 [M]. 北京: 中国财政经济出版社, 2007.

[49] 洪丽. 经济发达国家居民收入差距研究 [M]. 北京: 人民出版社, 2013.

[50] 侯东民. 草原人口生态压力持续增长态势与解决方法——经济诱导式生态移民工程的可行性分析 [J]. 中国人口科学, 2002 (4).

[51] 胡乃武, 阎衍. 中国经济增长区际差异的制度解析 [J]. 经济理论与经济管理, 1998 (1).

[52] 胡志平, 李惠. 中资费低迷的制度解构与重构 [J]. 社会科学研究, 2010 (1).

[53] 黄泰岩. 增加居民消费的渠道与措施 [J]. 前线, 2010 (2).

[54] 黄晓虎. 征地制度改革的经济学思考 [J]. 中国土地, 2002 (8).

[55] 晁钢令, 王丽娟. 我国消费率合理性的评判标准——钱纳里模型能解释吗? [J]. 财贸经济, 2009 (4).

[56] 纪玉山, 曹志强等. 现代技术创新经济学 [M]. 长春: 长春出版社, 2001.

[57] 纪玉山，代栓平．制度网络：概念界定及形式建构．制度经济学研究，2007（2）．

[58] 江林，马椿荣．中国最终消费率偏低的心理成因实证分析[J]．中国流通经济，2009（3）．

[59] 将省三，等．中国土地政策改革[M]．上海：上海三联书店，2010．

[60] 金玉国．宏观制度变迁对转型时期中国经济增长的贡献[J]．财经科学，2001（2）．

[61] 雷辉．我国固定资产投资与经济增长的实证分析[J]．国际商务，2006（2）．

[62] 雷辉．改革开放以来我国投资率、消费率的国际比较及趋势分析[J]．开发研究，2009（4）．

[63] 李稻葵，刘霖林，王红领．GDP中劳动份额演变的U形规律[J]．经济研究，2009（1）．

[64] 李稻葵．关于供给侧结构性改革[J]．理论视野，2015（12）．

[65] 李稻葵．我国现阶段初次分配中劳动收入下降分析[J]．经济理论与经济管理，2010（2）．

[66] 李稻葵．重视GDP中劳动收入比重的下降[J]．新财富，2007（9）．

[67] 李方．我国消费率偏低的原因与对策探析[J]．商业时代，2009（2）．

[68] 李江涛．产能过剩——问题、理论及治理机制[M]．北京：中国财政经济出版社，2006．

[69] 李仁虎．大转型中国经济发展方式变革之路[M]．北京：中国言实出版社，2015．

[70] 李世祥．中国工业化进程中的能源矿产消耗及其效率研究[M]．北京：中国地质大学出版社，2010．

[71] 李相合，范彦君．内蒙古经济增长中技术效率分析[J]．内

蒙古大学学报（人文社会科学版），2006（6）.

[72] 李相合，邹俊伟. 经济增长极理论与内蒙古经济增长极的选择 [J]. 内蒙古师范大学学报（哲学社会科学版），2006（1）.

[73] 李杨，殷剑峰. 中国高储蓄率问题研究——1992~2003年中国资金流量表的分析 [J]. 经济研究，2007（6）.

[74] 李忠鹏. 技术进步与农民增收. 农村经济，2006（11）.

[75] 李子联. 收入分配与消费需求：理论与实证 [J]. 会计与经济研究，2013（2）.

[76] 李子联. 收入分配与增长质量——中国经济模式的解读与重塑 [M]. 北京：经济科学出版社，2016.

[77] 李子联. 中国农民增收：困境与路径 [J]. 社会科学，2014（6）.

[78] 厉以宁. 中国经济双重转型之路 [M]. 北京：中国人民大学出版社，2013.

[79] 林毅夫. 中国的城市发展与农村现代化 [J]. 小康（财智），2014（10）.

[80] 刘国光. 促进消费需求提高消费率是扩大内需的必由之路 [J]. 财贸经济，2002（5）.

[81] 刘建新. 中国农村劳动力转移实证研究. 劳动经济学，2006（10）.

[82] 刘世锦. 进入新常态下的中国经济. 中国发展观察 [J]，2014专号171-18.

[83] 刘守英. 土地制度变革与转变发展方式 [M]. 北京：中国发展出版社，2012.

[84] 刘学敏，陈静. 生态移民、城镇化与产业发展——对西北地区城镇化的调查与思考 [J]. 中国特色社会主义研究，2002（2）.

[85] 刘学敏. 西部地区生态移民的效果与问题探讨 [J]. 中国农村经济，2002（4）.

[86] 卢现祥，朱巧玲. 新制度经济学 [M]. 北京：北京大学出

版社，2007.

[87] 卢中原，胡鞍钢. 市场化改革对我国经济运行的影响 [J]. 经济研究，1993（12）.

[88] 吕清禄，赵云平. 全力打造六大优势特色产业集群. 促进整体经济又好又快发展 [J]. 研究与预测，2007（11）.

[89] 吕炜. 中国公共政策：演进、评估与展望 [M]. 沈阳：东北财经大学出版社，2006.

[90] 罗长远. 比较优势、要素流动与劳动收入占比：对工业部门的应该数值模拟 [J]. 世界经济文汇，2011（5）.

[91] 罗长远. 中国劳动收入占比变化的趋势、成因和含义 [M]. 上海：格致出版社，上海人民出版社，2014.

[92] 罗云毅. 关于最优消费投资比例存在性的思考 [J]. 宏观经济研究，2006（12）.

[93] 马健，邵赟. 经济增长中的制度因素分析 [J]. 上海经济研究，1999（8）.

[94] 马贤磊，曲福田. 经济转型期土地征收增值收益形成机理及其分配 [J]. 中国土地科学，2006（5）.

[95] 马晓河. 我国消费率偏低并持续下降的成因解析 [J]. 前线，2010（1）.

[96] 马晓红. 提高我国居民消费率的正确选择 [J]. 发展研究，2007（1）.

[97] 内蒙古自治区统计局编. 内蒙古统计年鉴 [M]. 北京：中国统计出版社，2000－2013.

[98] 欧阳昌鹏. 中国转轨时期投资率与消费率分析 [J]. 经济与管理研究，2005（6）.

[99] 潘士远. 内生制度与经济增长 [J]. 浙江社会科学，2005（5）.

[100] 潘向东，廖进中，赖明勇. 经济制度安排、国际贸易与经济增长影响机理的经验研究 [J]. 经济研究，2005（11）.

[101] 庞明川. 中国的投资效率与过度投资问题研究 [J]. 财经问题研究, 2006 (2).

[102] 庞明川. 中国的投资效率与经济可持续增长 [M]. 北京: 中国社会科学出版社, 2008.

[103] 钱龙, 周绍东, 胡成恩. 我国投资率与消费率之间变动规律分析 [J]. 西安财经学院学报, 2008 (2).

[104] 钱震杰. 中国国民收入的要素分配份额研究 [M]. 北京: 中国金融出版社, 2011.

[105] 乔为国. 我国居民低消费率的成因——以国民收入流量循环为框架的分析 [J]. 学海, 2007 (5).

[106] 乔为国. 中国高投资率低消费率研究. [M]. 北京: 社会科学文献出版社, 2007.

[107] 乔榛, 曹利战. 我国初次收入分配结构变迁 [J]. 经济学动态, 2012 (10).

[108] 任碧云, 王留之. 中国消费与投资关系的调整及其机制研究 [M]. 天津: 南开大学出版社, 2010.

[109] 任军. 关于内蒙古经济增长的动力与可持续性研究 [J]. 社会科学战线, 2012 (6).

[110] 任军. 金融危机背景下内蒙古资源型产业的困境及其出路 [J]. 税务与经济, 2009 (6).

[111] 任军. 内蒙古经济高增长背景下的"高投资、低消费"难题解析 [J]. 内蒙古民族大学学报 (社会科学版), 2011 (2).

[112] 任军. 内蒙古经济增长动力机制研究 [M]. 北京: 经济科学出版社, 2012.

[113] 任军. 内蒙古居民消费不足的成因与对策研究 [J]. 工业技术经济, 2010 (6).

[114] 任军. 增长极理论的演进及其对我国区域经济协调发展的启示 [J]. 内蒙古民族大学学报 (哲学社会科学版), 2005 (2).

[115] 沈坤荣, 李剑. 中国贸易发展与经济增长影响机制的经验

研究 [J]. 经济研究, 2003 (5).

[116] 盛洪. 现代制度经济学 [M]. 北京：北京大学出版社, 2003.

[117] 盛来运. 转型期农业发展与农民增收 [M]. 北京：中国统计出版社, 2016.

[118] 史东朋. 和谐的增长新时期经济增长动力与机会研究 [M]. 北京：清华大学出版社, 2007.

[119] 舒元. 现代经济增长模型 [M]. 上海：复旦大学出版社, 1998.

[120] 宋立. 提高消费率途径探析 [J]. 宏观经济管理, 2010 (9).

[121] 孙冠南, 肖士恩, 李斯佩. 从经济增长理论看河北经济增长因素 [J]. 经济论坛, 2005 (18).

[122] 孙弘. 中国土地发展权研究 [M]. 北京：中国人民大学出版社, 2004.

[123] 孙雷. 中国城镇化进程中土地征用补偿机制研究 [D]. 南开大学博士学位论文, 2004.

[124] 汤向俊, 任保平. 投资消费结构转变与经济增长方式转型 [J]. 经济科学, 2010 (6).

[125] 滕泰, 范必. 等供给侧改革 [M]. 北京：人民东方出版传媒东方出版社, 2016.

[126] 田为民. 基于经济增长的最优消费规模 [J]. 财贸研究, 2008 (6).

[127] 汪同三, 张涛. 注意从收入分配角度促进经济结构平衡 [J]. 数量经济技术经济研究, 2003 (12).

[128] 王铎主编. 当代中国的内蒙古 [M]. 北京：当代中国出版社, 1992.

[129] 王金照等. 典型国家工业化历程比较与启示 [M]. 北京：中国发展出版社, 2010.

[130] 王来喜. 西部民族地区产业结构优化路径分析 [J]. 社会科学战线, 2011 (1).

[131] 王立国. 经济可持续增长中的投资效率问题探讨 [J]. 投资研究, 2006 (1).

[132] 王瑞芬, 白建刚. 内蒙古固定资产投资与经济增长关系的实证分析 [J]. 内蒙古财经学院学报, 2006 (3).

[133] 王仕军. 发展阶段—发展观—发展战略——我国消费率低迷问题的形成机理及其解决路径 [J]. 宏观经济研究, 2009 (2).

[134] 王文, 洪亚敏, 彭文英. 中国农村集体建设用地流转收益关系及分配政策研究 [M]. 北京: 经济科学出版社, 2013.

[135] 王小鲁. 中国经济增长的可持续性与制度变革 [J]. 经济研究, 2000 (7).

[136] 王雪峰. 中国消费率问题研究 [M]. 北京: 社会科学文献出版社, 2013.

[137] 王永慧, 张丽农. 地发展权与失地农民利益保护 [J]. 农业经济, 2007 (1)

[138] 王永慧. 农地非农化增值收益分配机制研究 [M]. 北京: 中国人民大学出版社, 2015.

[139] 王志刚. 内蒙古经济增长与居民储蓄、投资关系动态分析——基于VAR模型的实证研究 [J]. 统计教育, 2010 (6).

[140] 韦森. 大转型中国改革下一步 [M]. 北京: 中信出版社, 2012.

[141] 吴群刚. 制度变迁对长期经济绩效的影响机制: 理论、模型及应用 [D]. 清华大学博士学位论文, 2002 (8).

[142] 吴晓波. 历代经济变革得失 [M]. 杭州: 浙江大学出版社, 2013.

[143] 吴易风. 西方经济学家论马克思主义经济增长理论 [J]. 中国人民大学学报, 2002 (6).

[144] 吴忠群. 最优消费率的存在性及其相关问题 [J]. 中国软

科学增刊（上），2009.

[145] 武献华．投资效益分析与评价［M］．沈阳：辽宁人民出版社，1994.

[146] 肖红叶，陈志国，周国富．中国地区经济实力比较与分析［M］．北京：中国统计出版社，2007.

[147] 熊学华．中国消费率和投资率的合理性判断［J］．广东金融学院学报，2008（1）．

[148] 徐红罡．"生态移民"政策对缓解草原生态压力的有效性分析［J］．国土与自然资源研究，2001（4）．

[149] 徐康宁，邵军．自然禀赋与经济增长：对"资源诅咒"命题的再检验［J］．世界经济，2006（11）．

[150] 徐康宁，王剑．自然资源丰裕程度与经济发展水平关系的研究［J］．经济研究，2006（1）．

[151] 徐现祥，王海港．我国初次分配中的两极分化及成因［J］．经济研究，2008（2）．

[152] 徐瑛，陈秀山，刘凤良．中国技术进步贡献率的度量与分解［J］．经济研究，2006（8）．

[153] 徐盈之，胡永舜．内蒙古经济增长与资源优势的关系——基于"资源诅咒"假说的实证分析［J］．资源科学，2010，32.

[154] 徐忠，张雪春，丁志杰，唐天．公共财政与中国国民收入的高储蓄倾向［J］．中国社会科学，2010（6）．

[155] 徐忠，张雪春，张颖．初始财富格局与居民可支配收入比重下降趋势［J］．金融研究，2011（1）．

[156] 许和连，赖明勇．湖南省经济增长影响因素的实证分析：1980－2000［J］．湖南大学学报（自然科学版），2003（4）．

[157] 许永兵，李永红．我国消费率持续走低的原因及其经济影响［J］．生产力研究，2005（10）．

[158] 许永兵．对中国居民消费率下降原因的再认识［J］．财贸经济，2005（12）．

[159] 许永兵. 中国居民消费率研究 [M]. 北京：中国社会科学出版社，2013.

[160] 杨臣华，2010 年我区经济运行分析及 2011 年展望和发展取向 [J]. 北方经济，2010 (21).

[161] 杨臣华. 内蒙古现象的机遇、思路和资源禀赋因素 [J]. 实践（思想理论版），2007 (9).

[162] 杨承训. "深化收入分配制度改革"的经济学解析 [J]. 经济学动态，2008 (1).

[163] 易纲，樊纲，李岩. 关于中国经济增长与全要素生产率的理论思考 [J]. 经济研究，2003 (8).

[164] 尹世杰. 再论以提高消费率拉动经济增长 [J]. 社会科学，2006 (12).

[165] 于存海. 论西部生态贫困、生态移民与社区整合 [J]. 内蒙古社会科学（汉文版），2005 (3).

[166] 袁庆明. 技术创新的制度结构分析 [M]. 北京：经济管理出版社，2003.

[167] 张军. 资本形成、投资效率与中国的经济增长 [M]. 北京：清华大学出版社，2005.

[168] 张俊山. 关于当前我国收入分配理论研究的若干问题思考 [J]. 经济学家，2012 (12).

[169] 张林. 新制度主义 [M]. 北京：经济日报出版社，2006.

[170] 张全红. 中国低消费率问题探究，1992－2005 年中国资金流量表的分析 [J]. 财贸经济，2009 (10).

[171] 张鑫. 中国城乡居民收入差距及其成因的演化路径研究 [M]. 北京：经济管理出版社，2011.

[172] 张宇薇，时朝霞. 对内蒙古"金三角"崛起的新思考 [J]. 北方经济，2006 (7).

[173] 张志军，鲁黛迪. 农业科技水平与农民家庭经营收入关系的实证. 统计与决策，2013 (8).

[174] 张卓元."十二五"规划应着力解决经济发展面临的几个失衡问题 [J]. 经济纵横, 2009 (9).

[175] 章元, 刘时箐, 刘亮. 城乡收入差距、民工失业与中国犯罪率的上升 [J]. 经济研究, 2011 (2).

[176] 赵海东. 产业结构、节能减排与转变内蒙古经济发展方式 [J]. 北方经济, 2007 (12).

[177] 赵海东. 资源型产业集群与中国西部经济发展研究 [M]. 北京: 经济科学出版社, 2007.

[178] 赵振华, 韩保江, 潘云良等. 尽可能经济发展方式转变十讲 [M]. 北京: 中共中央党校出版社, 2010.

[179] 郑新立. 提高居民消费率是宏观调控的重大任务 [J]. 理论参考, 2008 (3).

[180] 郑玉歆. 全要素生产率的测度及经济增长方式的"阶段性"规律 [J]. 经济研究, 1999 (5).

[181] 中共中央关于全面深化改革若干重大问题的决定. 新华网 2013-11-15.

[182] 中共中央文献研究室. 习近平总书记重要讲话文章选编 [M]. 北京: 中央文献出版社、党建读物出版社, 2016.

[183] 杨天宇: 中国的收入分配与总消费理论和实证研究 [M]. 北京: 中国经济出版社, 2009.

[184] 中华人民共和国统计局编. 中国统计年鉴 [M]. 北京: 中国统计出版社, 2000-2013.

[185] 周灿芳. 农民收入增长机制研究——以广东为例 [M]. 北京: 中国农业出版社, 2012.

[186] 周英章. 蒋正声. 我国产业结构变动与实际经济增长关系实证研究 [J]. 浙江大学学报 (人文社会科学版), 2002 (3).

[187] 朱保华. 新经济增长理论 [M]. 上海: 上海财经大学出版社, 1999.

[188] 朱红章, 王学军. 经济增长的因素分析 [J]. 技术经济,

2006（5）.

[189] 诸培新. 农地非农化配置：公平、效率与公共福利 [M]. 北京：中国大地出版社，2006.

[190] [美] 罗斯托. 经济成长的阶段 [M]. 中译本. 北京：商务印书馆，1962.

[191] [德] 卡尔·马克思. 资本论（第二卷）[M]. 北京：人民出版社，1975.

[192] [德] 卡尔·马克思. 资本论（第三卷）[M]. 北京：人民出版社，1975.

[193] [德] 卡尔·马克思. 资本论（第一卷）[M]. 北京：人民出版社，1975.

[194] [美] 诺斯，托马斯. 西方世界的兴起 [M]. 中译本. 北京：华夏出版社，1999.

[195] [美] S. 罗森堡，L. 伯泽尔. 西方致富之路 [M]. 中译本. 上海：三联书店，1989.

[196] [美] 布坎南. 自由、市场与国家——80年代的政治经济学 [M]. 中译本. 上海：上海三联书店，1989.

[197] [美] 道格拉斯·C·诺思. 制度、制度变迁与经济绩效 [M]. 中译本. 上海：上海人民出版社，上海三联书店，1994.

[198] [美] 凡勃伦. 有闲阶级论 [M]. 中译本. 北京：商务印书馆，1964.

[199] [美] 科斯，诺思等. 财产权利与制度变迁上海 [M]. 中译本. 北京：三联书店，1991.

[200] [美] 刘易斯. 经济增长理论 [M]. 中译本. 北京：商务印书馆，1983.

[201] [美] 罗伯特·M. 索洛. 经济增长要素分析 [M]. 中译本. 北京：商务印书馆，1998.

[202] [美] 罗斯托. 经济成长的阶段 [M]. 中译本. 北京：商务印书馆，1962.

[203] [美] 罗斯托. 经济增长的阶段: 非共产党宣言 [M]. 中译本. 北京: 中国社会科学出版社, 2001.

[204] [美] 迈克尔·P. 托达罗, 斯蒂芬·C. 史密斯. 发展经济学 [M]. 中译本. 北京: 机械工业出版社, 2010.

[205] [美] 诺曼·尼科尔森. 制度分析与发展的现状 [M]. 中译本. 北京: 商务印书馆, 1992.

[206] [美] 钱纳里, 鲁宾逊, 塞尔奎因. 工业化和经济增长的比较研究 [M]. 中译本. 上海: 上海三联书店, 1995.

[207] [美] 西蒙·库兹茨兹. 各国的经济增长 [M]. 中译本. 北京: 商务印书馆, 1985.

[208] [美] 约瑟夫·E. 斯蒂格利茨. 社会主义向何处去 [M]. 中译本. 长春: 吉林人民出版社, 1998.

[209] [美] 约瑟夫·熊彼特. 经济发展理论 (中文本) [M]. 中译本. 北京: 商务印书馆, 2000.

[210] [英] 卢瑟福, 马尔科姆. 经济学中的制度: 老制度主义与新制度主义 [M]. 中译本. 北京: 中国社会科学出版社, 1999.

[211] [英] 亚当·斯密. 国富论 [M]. 中译本. 长沙: 中南大学出版社, 2003.

[212] Acemoglu, D., 2005, "The Form of Property Rights: Oligarchic vs. Democratic Societies," NBER working paper, No. 10037.

[213] Acemoglu, D., Simon Johnson and James Robinson, 2001, "The Colonial Origins of Comparative Development: An Empirical Investigation," American Economic Review, Vol. 91, pp. 1369 – 1401.

[214] Acemoglu, D., Simon Johnson and James Robinson, 2004, "Institutions as the Fundamental Cause of Long-Run Growth," NBER working paper, No. 10481.

[215] Acemoglu, D., Simon Johnson and James Robinson, 2005, "The Rise of Europe: Atlantic Trade, Institutional Change and Growth," American Economic Review, Vol. 95, pp. 546 – 579.

［216］Acemoglu, Daron, Simon Johnson, and James A. Robinson, 2001, "The Colonial Origins of Comparative Development: An Empirical Investigation", American Economic Review, Vol. 91, pp. 1369 – 1401.

［217］Auty, R. M., 1990, Resource-Based Industrialization: Sowing the Oil in Eight Developing Countries, New York: Oxford University Press.

［218］Barro, Robert, & Sala-i-Martin, Xavier, 1995, Economic Growth. New York: Mcgraw-Hill.

［219］Barro, Robert, 1991, "Economic Growth in a Section of Countries." Quarterly Journal of Economics, Vol. 106, pp. 407 – 444.

［220］Bush, Paul D., 1983, "An Exploration of the Structural Characteristics of a Veblen-Ayres-Foster Defined Institutional Domain", Journal of Economic Issues, Vol. 19, No. 1, pp. 35 – 66.

［221］Bush, Paul D., 1987, "The Theory of Institutional Change", Journal of Economic Issues, Vol. 21, No. 3, pp. 1075 – 1116.

［222］Bush, Paul D., 1994, "The Pragmatic Instrumentalist Perspective on the Theory of Institutional Change", Journal of Economic Issues, Vol. 25, No. 2, pp. 321 – 346.

［223］Clarence E. Ayres, 1935, "Moral Confusion in Economics", International Journal of Ethics, Vol. 45, No. 2, pp. 170 – 199.

［224］Clarence E. Ayres, 1943, "The Twilight of the Price System", Antioch Review, Vol. 3, summer, pp. 162 – 181.

［225］Clarence E. Ayres, 1944, The Theory of Economic Progress: A Study of the Fundamentals of Economic Development and Cultural Change, Originally Published by University of North Carolina Press. Reprinted by Michigan: New Issues Press, Western Michigan University, 1978.

［226］Davidson, Hendry and Yeo, 1978, "Econometric Modelling of the Aggregate Time-series Ralationship between Consumer's Expenditure and Income in the United Kingdom ," Economic Journal, Vol. 88. pp. 661 – 692.

［227］Domar, Evsey D., 1946, "Capital Expansion, Rate of Growth, and Employment," Econometrica, Vol. 14, pp. 137 – 147.

[228] Engle, Robert F. and C. W. J. Granger, 1987, "Co-integration and Error Correction: Representation, Estimation, and Testing," Econometrica, Vol. 55, pp. 251 – 276.

[229] Foster, J. Fagg, 1981, "The papers of J. Fagg Foster," Journal of Economic Issues, Vol. 15, pp. 857 – 1012.

[230] Frankel, J. A. and Romer, D., 1999, "Does Trade Cause Growth?" The American Economic Review, Vol. 6, pp. 379 – 399.

[231] Gelb, A. H., 1988, Oil Windfall Gains: Blessing or Curse? New York: Oxford University Press.

[232] Habakkuk, H. J., 1962, American and British Technology in the Nineteenth Century, Cambridge, MA: Cambridge University Press.

[233] Harrod, Roy, F., 1939, "An Essay in Dynamic Theory," Economic Journal, Vol. 49, pp. 14 – 33.

[234] Hulten, C. R., 2000, "Total Factor Productivity: A Short Biography", NBER Working Paper, No. 7471.

[235] Jones, Charles, 1995, "R&D-Based Models of Endogenous Growth." Journal of Political Economy. Vol. 103, pp. 759 – 784.

[236] Jones, E. L., 1987, The European Miracle: Environments, Economics, and Geopolitics in the History of Europe and Asia. Cambridge University Press.

[237] Jones, E. L., Frost L. and White C., 1994, Coming Full Circle: An Economic History of the Pacific Rim. Melbourne: Oxford University Press.

[238] Khan, Zorina, 2004, "Technological Innovations and Endogenous Change in US Legal Institutions, 1790 – 1920," NBER Working Paper, No. 10346.

[239] Lin, J. Y., 1992, "Rural Reform and Agricultural Growth in China", American Economic Review, Vol. 82, No. 1, pp. 34 – 51.

[240] Lucas Robert E., Jr., 1988, "On the Mechanics of Economic Development," Journal of Monetary Economics. Vol. 22, pp. 3 – 42.

[241] Mackinnon, James G. 1996, "Numerical Distribution Functions for Unit Root and Co-integration Tests", Journal of Applied Econometrics, No. 11, pp. 601 – 618.

[242] Mackinnon, James G., Alfred A. Huang and Leo Michelis, 1999, "Numerical Distribution Functions of Likelihood ratio Tests for Co integration." Journal of Applied Econometrics, No. 14, pp. 563 – 577.

[243] Maddison Angus. 1982, Phases of Capitalist Development. Oxford: Oxford University Press.

[244] Maddison Angus. 1991, Dynamic Forces in Capitalist Development. Oxford: Oxford University Press.

[245] Maddison Angus., 1995, Monitoring the World Economy, 1820 – 1992. Paris: Development Centre Studies, OECD.

[246] Matsuyama, K., 1992, "Agricultural Productivity, Comparative Advantage, and Economic Growth", Journal of Economic Theory, Vol. 58, pp. 317 – 334.

[247] N. Rosenberg, 1982, Inside the black box, London: Cambridge University Press.

[248] North, D. 1983, Structure and Change in Economic History. New Haven. Yale University Press.

[249] North, Douglas, C. and Weingast, B. R. 1989, "Constitutions Governing Public Choice in Seventeenth Century England." Journal of Economic History, Vol. 49, pp. 803 – 832.

[250] Ramsey, Frank, 1928, "A Mathematical Theory of Saving," Economic Journal, Vol. 38, pp. 543 – 559.

[251] Ricardo, David, 1817, On the Principles of Political Economy and Taxation, Cambridge, Cambridge University Press, 1951.

[252] Romer, Paul M., 1986, "Increasing Returns and Long-Run

Growth," Journal of Political Economy, Vol. 94, No. 5, pp. 1002 – 1037.

［253］ Romer, Paul M., 1990, "Endogenous Technological Change," Journal of Political Economy, Vol. 98, No. 5, S71 – S102.

［254］ Sala-i-Matin, Xavier & Arvind Subramanian, 2003, "Addressing the Natural Resource Curse: an Illustration from Nigeria," IMF Working Paper, WP/99/85.

［255］ Schumpeter, Joseph A., 1934, the Theory of Economic Development, Cambridge MA, Harvard University Press.

［256］ Smith, Adam, 1776, An Inquiry into the Nature and Causes of the Wealth of Nations, New York, Random House, 1937.

［257］ Solow, Robert M., 1956, "A Contribution to the Theory of Economic Growth," Quarterly Journal of Economics, Vol. 70, No. 1, pp. 65 – 94.

［258］ Solow, Robert M., 1957, "Technical Change and the Aggregate Production function," Review of Economics and Statistics, Vol. 39, pp. 312 – 320.

［259］ Swan, T. W., 1956, "Economic Growth and Capital Accumulation." Economic Record, Vol. 32, pp. 334 – 361.

［260］ Tool, Marc R., 1986, Essays in Social Value Theory: A Neoinstitutionalist Contribution. New York: M. E. Sharp, Inc.

［261］ Uzawa, Hirofumi, 1965, "Optimum Technical Change in an Aggregative Model of Economic Growth." International Economic Review, Vol. 6, pp. 12 – 31.

［262］ Veblen, Thorstein, 1914, The Instinct of Workmanship, reprinted by London: Routledge, 1994.

［263］ Veblen, Thorstein, 1921, The Engineers and the Price System, reprinted by Augustus M. Kelly (New York) 1965.

［264］ Murphy K., Shleifer A. and Vishny R. Income Distribution, Market size and Industrialization. Quarterly journal of economics, 1989,

104: 537 - 564.

[265] Wright, G., 1990, "The Origins of American Industrial Success, 1879 - 1940," American Economic Review, Vol. 80, pp. 651 - 666.